미국 국립문서보관소의 한국현대사자료

방선주 저작집 2

미국 국립문서보관소의 한국현대사자료

초판 1쇄 발행 2018년 9월 28일

엮은이 ㅣ 방선주선생님저작집간행위원회
발행인 ㅣ 윤관백
발행처 ㅣ 🅺도서출판선인

등록 ㅣ 제5-77호(1998.11.4)
주소 ㅣ 서울시 마포구 마포대로 4다길 4 곳마루 B/D 1층
전화 ㅣ 02)718-6252 / 6257   팩스 ㅣ 02)718-6253
E-mail ㅣ sunin72@chol.com

정가(세트) 96,000원

ISBN 979-11-6068-210-6 94900
ISBN 979-11-6068-208-3 (전3권)

·잘못된 책은 바꿔 드립니다.

방선주 저작집 2

미국 국립문서보관소의
한국현대사자료

방선주선생님저작집간행위원회 편

도서출판 선인

▌ 간행사 ▐

　이 책은 방선주 선생님의 학문적 업적을 기념하고 그가 한국현대사 연구에 기여한 공로를 기념하기 위한 목적으로 상재하는 것이다. 재미역사학자 혹은 미국국립문서기록관리청(NARA)의 터줏대감으로 유명한 선생님은 한국 근현대 관련 미국자료의 최고 전문가이자 중요 자료의 최초 발굴자로 널리 알려져 왔다. 한국 근현대사 관련 자료를 찾아 "나라(NARA)"를 방문해본 연구자라면 누구든 깡마른 체구에 도수 높은 안경을 쓰고 자료 더미를 뒤지거나 복사를 하며 진실 너머를 찾고 있는 노학자를 기억할 것이다. 선생님은 학위논문이나 연구논문을 준비하는 연구자들은 물론 중요 자료를 수집하고 간행함으로써 위상을 정립한 연구기관들과 역사의 진실을 규명할 수 있는 결정적 자료들에 목말라하던 개인 · 단체 · 국가기관에게 언제나 큰 도움을 주었다. 미군정기 이래 한국전쟁기에 이르는 한국현대사 관련 미국 자료들은 거의 대부분 그의 손을 거쳐서 국내에 소개되었거나 입수되었다고 해도 과언이 아니다.

　한국현대사 연구와 현대사 관련 자료 발굴의 국보적 존재라고 할 수 있는 선생님은 국사편찬위원회, 군사편찬연구소, 한림대 아시아문화연구소 등을 위해 한국현대사 관련 중요 자료들을 수집했고, 이들 기관들을 통해 방대한 분량의 한국현대사 관련 자료집이 간행되었다. 이 자료집들은 1990년대 이래 한국현대사 연구가 발전할 수 있는 자료적 초석이 되었다. 나아가 선생님의 작업을 목격한 한국의 연구자, 언론인 등의 지적 계몽을 거쳐

'문서관 연구(archives research)'가 현대사 연구의 주요 방법론으로 등장하는 계기가 마련되었다. 1990년대 이래 사실과 자료에 근거한 현대사 연구는 선생님의 노고로부터 출발했다고 해도 과언이 아니다. 새롭고 중요한 자료의 발굴과 그 해석을 통해서 선생님은 특정한 이론, 가설, 추정, 당파적 주장에도 흔들리지 않는 현대사 연구의 무궁무진한 가능성과 실례를 펼쳐보였다. 사실 수많은 후학들이 선생님의 선행 연구를 본받았고, 그가 발굴하고 해석한 자료들을 활용했으나, 정확한 출처를 밝히지 않은 경우도 많았다.

선생님의 원래 전공은 중국 고대사이다. 중국 고대사로 한국에서 석사학위를 마친 후, 미국과 캐나다에서 박사과정을 이수한 정통 역사학자이다. 중국 고대사 전공자가 한국현대사 연구의 개척자이자 한국 관련 미국 자료의 최고 전문가가 된 것은 한국현대사 학계와 연구자들에겐 행운이지만, 당사자에겐 파란과 우여곡절의 한국현대사를 몸에 새긴 결과이기도 했다.

선생님은 1933년 7월 15일 평안북도 선천에서 독실한 기독교 목회자의 집안에서 태어났다. 그의 조부 방효원 목사와 부친 방지일 목사는 한국 기독교사를 빛낸 중국 산동 선교사였다. 아버지와 아들이 모두 산동 선교사를 지낸 한국 기독교계의 유력 가문인 셈이다. 선생님은 부친 방지일 목사를 따라 5살 되던 해 중국으로 건너가 산동성 청도(靑島)에서 성장했다. 방지일 목사는 숭실전문학교를 나온 후 중국 청도에서 중국인을 상대로 선교를 하며 진정한 기독교 선교사의 전범이 되었다. 빈민굴의 신자를 위해 기꺼이 수혈을 마다하지 않았고, 정성으로 돌보는 일이 다반사였다. 선생님의 가족은 방지일 목사, 어머니, 누나, 남동생으로 구성되어 있었다. 방지일 목사는 중국인 교회에서 시무하며, 가난한 중국인 교인들의 존경을 받았고, 성인으로 취급받을 정도였다. 청도는 1차 세계대전 이후 일본의 점령지이자 일본의 세력권이었다. 중국인 교인들의 존경과 사랑을 받던 방지일 목사는 일제 강점기는 물론 국공내전과 공산화 이후에도 청도에 남아 목회활동을 지속했다. 지역민들의 존경을 잘 알고 있던 중국공산당은 대륙 공산화 이후에도 방지일 목사를 탄압하지 못했고, 옛 교인들은 곤궁에 처한 방지일 목사 가족을 위해 담장 너머로 쌀자루며 곡식부대를 던져 놓고 가곤했다. 방지일 목사와 가족들은 1957년 홍콩을 거쳐 한국으로 귀국했다. 평양 출신으로 북한이 고향이던 방지일 목사 가족은 중국공산당의 회유와 협박이 있었지만, 국제 기독교계의 호소와 도움 덕에 남한으로 귀환할 수 있었다. 냉전의 극단기에 중국에서 남한으로 귀환한 이 가족의 사례는 매우 희귀한 경우였다. 서울 주재 미국대사관 직원은 중국 대륙에서 귀환한 방지일 목사를 인터뷰(1957. 12. 2)했고, 관련 기록은 서울 주재 미국대사관 문서철에 남았다. 생전에 이 자료를 살펴본 방지일 목사는 자신의 기억과 문서내용에 차이가 있다며 갸우뚱하는 모습을 보였다.

중국 시절 선생님은 일본인학교에서 초등·중등학교 교육을 받았고, 양명학과 고증학에 관심을 갖게 되었다. 유명한 중국학자들의 글을 읽고 이들을 찾아다니며 공부하며 산동대학에서 청강했다. 집에서는 한글 성경을 읽으며 매일같이 한국어로 가족예배를 드렸다. 이런 연유로 20대 중반의 선생님은 한국어, 일본어, 중국어를 유창하게 말하고 읽고 쓸 수 있는 어학능력을 갖게 되었다. 귀국할 당시 언어감각은 중국어 글쓰기가 가장 유려한 상태였다.

처음 선생님의 관심사는 중국 고대사 혹은 한중관계사였다. 한국으로 귀국한 뒤 선생님은 숭실대학에 편입할 수 있었다. 중국에서 학력을 증명할 수 없어 어려움을 겪었으나, 부친 방지일 목사가 졸업한 숭실대학이 북한 출신에 대해 호의를 베풀었다. 선생님은 1960년 숭실대학 사학과를 졸업하며 「문헌상으로 비교 고찰한 한중언어관계(韓中言語關係)」라는 제목의 졸업논문을 제출했다. 한국어와 중국어의 언어적 연관성을 다양한 문헌과 자료를 통해 설명하려는 시도였으며, 그가 학문세계에 호기심을 갖고 진입하게 된 배경을 보여주는 글이었다. 이 글에 대한 애착은 남달라 36년 뒤 「문헌상으로 고찰한 한중언어관계(韓中 言語關係)」(『아시아문화』 제12호, 한림대학교 아시아문화연구소, 1996)라는 제목으로 간행하기까지 했다. 선생님은 자신의 학문적 좌표와 정신적 위치가 중국고대사에서 발원한 것임을 늘 잊지 않고 있었던 것이다. 학부 졸업 후 평양 출신이던 최영희 교수의 인도로 고려대 사학과에 진학했다. 선생님은 본격적으로 중국고대사를 연구하며 1960~70년대 한국, 일본, 대만, 미국 등에서 다양한 중국고대사 관련 논문을 발표하기 시작했다. 1962년에 쓴 석사학위논문 「고구려상대(高句麗上代) 전설(傳說)의 연구(硏究) - 특(特)히 맥족원류(貊族源流)와 관련(關聯)하여 - 」는 학계의 주목을 받았다. 저작목록에 나타나듯이 선생님은 1960년부터 박사학위를 받은 1977년까지 수십 편의 논문을 발표했다. 1977년 선생님의 박사학위논문에 첨부된 논저목록에 따르면 중국어 논문 10편, 일본어 논문 3편(번역 2편 포함), 한국어 논문 10편 등 총 23편의 논문을 발표한 것으로 나타나 있다. 물론 여기에 포함되지 않은 글들도 있어, 전체 글의 숫자는 더 늘어난다. 1960~70년대 한국학계의 상황을 돌이켜 보자면 선생님은 한국어, 중국어, 일본어, 영어로 논문을 작성할 수 있었던 매우 특출하고 국제적인 소장학자였음을 알 수 있다.

대학원 졸업 후 선생님은 1962~64년간 대전대학교(현 한남대학)에서 전임강사로 중국사와 중국문학을, 1962~63년간 숭실대학교에서 중국어를 강의하며 후학을 양성했다. 계속 대학에 몸담고 있었다면 선생님은 저명한 중국고대사학자로 굴곡 없는 인생을 사셨을 것이다. 그런데 1964년 연구년 기회를 얻은 선생님은 시애틀의 워싱턴주립대학(University of Washington)에 진학하기로 결심했다. 몇 년 만에 간단히 끝날 것으로 예상했던 도미유학으로 인생의 경로가 바뀌게 될 줄은 알지 못했다. 미국에 건너와서도 여전히 연구 주제는 언어고증적 중국고대사였다. 선생님은 1963~66년간 「독서영지록(讀書零知錄)」이라는 글을 『중국학보(中國學報)』에 4편 실었는데,

1964년 제2호 말미의 저자의 글에 1964년 10월 27일 시애틀 워싱턴 호숫가에서 글을 쓴다고 적고 있다.

선생님은 1971년 시애틀의 워싱턴주립대학(University of Washington)에서 동이족(東夷族) 연구로 두 번째 석사학위를 받았는데, 이 논문은 상(商)·주(周)시대 갑골문에 기초한 것이었다. 1970년대 초중반은 선생님에게 시련의 시기였다. 로스앤젤레스에서 택시운전사를 하는 한편 일본영화관의 영사기사 조수 노릇을 하며 생계를 유지해야 했다. 한국은 유신으로 대표되는 공포정치의 상황이 본격화되는 시점이었다. 반(反)유신운동에 관련되었다는 혐의를 받은 선생님은 미국을 떠나 캐나다 토론토대학 동아시아과 박사과정에 입학했다. 1973년부터 1977년까지 토론토 생활이 시작된 것이다.

토론토대학의 지도교수는 중국계였는데, 박사학위가 시급했던 40대 초반의 학생에게 학위논문 대신 자신의 프로젝트 뒷수발을 들게 했다. 박사학위논문에 첨부된 박사과정 중 연구목록에 지도교수 등과 진행한 3건의 연구 프로젝트 제목이 나타나있다. 지도교수가 진행한 프로젝트는 중국사와 관련된 중국자료 원문 및 참고문헌 작성 작업으로 언제 끝날지 예상할 수 없는 일이었다. 중국어와 영어, 일본어까지 자유자재로 구사하는 선생님은 가장 최상의 연구보조원이자 최저 임금의 노동력이었다. 선생님에게는 갓 결혼한 정금영 여사와 갓난 아들이 있는 상황이었다. 부인은 미국 나이아가라폭포 쪽에 취직했고 선생님은 캐나다 나이아가라폭포 쪽에서 학업을 지속하며 수도 없이 나이아가라폭포를 오고가는 생활을 해야 했다. 결국 지도교수에게 박사학위문제로 항의했고, 일이 커져 워싱턴대학의 지도교수가 자비로 토론토로 건너와 심사위원회를 꾸려 가까스로 박사학위를 받을 수 있었다. 박사학위논문은 중국 서주(西周)시대 연구로 선생님은 당시 갑골문을 해독할 줄 아는 몇 안 되는 미주지역 중국고대사 연구자로 인정받았다. 그러나 토론토대학의 지도교수는 자신이 있는 한 북미대륙의 학계에서 발붙이는 일은 없게 될 것이라는 악담을 서슴지 않았다.

박사학위를 받았지만, 북미 역사학계에서 자리를 얻을 수 없게 된 선생님은 가족들을 이끌고 승용차에 트레일러를 매달고 워싱턴 디씨로 내려왔다. 워싱턴 디씨에서 신원조회를 하지 않던 전화번호부 배달, 막노동일 등을 하며 생계를 꾸렸다. 그러던 중 당시 미국립문서기록관리청(NARA)에서 한국관련 자료가 공개되고 있다는 것을 알게 되었다. 마침 대학시절 은사이던 최영희 교수가 국사편찬위원회 위원장으로 자리를 옮긴 때였다. 선생님은 이들 문서들을 수집해 국사편찬위원회에 보내겠다는 제안을 했고, 최영희 위원장은 흔쾌히 승낙했다. 1979년의 일이었다.

이후로 선생님은 미국 국립문서기록관리청에서 한국 근현대사 관련 자료 조사·수집에 전념했고, 최영희 위원장이 재임하던 시절부터 국사편찬위원회에 미국 자료를 제공하기 시작했다. 선생님은 1983년 국사편찬위원회 국외사료조사위원이라는 공식 직함을 얻어 활동을 시작했다. 1979년부터 선생님의 저작목록에 한국 근현대사 글들이 본격적으로 등장하기 시작한다.

선생님이 한국현대사 연구자이자 자료 전문가로 이름을 얻게 된 계기는 1986년과 1987년에 쓴 2편의 자료 해제 겸 소개였다. 첫째는 한국전쟁기 미군이 북한에서 노획한 소위 '북한노획문서'에 대한 해제 및 소개였다. 외국학자가 쓴 한국현대사·한국전쟁에 관한 저서가 대학가와 학계에 막강한 영향력을 행사할 때 나온 북한노획문서 소개는 그 어떤 말로도 표현할 수 없을 정도의 지적 충격과 자극을 한국 역사학계에 주었다. 300만 페이지에 달하는 북한 노획문서 전체 분량을 2차례 이상 통람한 이후 쓴 이 글은 한국전쟁의 개전 책임이 북한에 있다는 점을 북한 문서를 통해 완벽하게 증명했다. 뿐만 아니라 한국전쟁기 전장에서 노획된 다양한 북한 문서들이 어떤 연구의 가능성을 열어놓을 수 있는지를 구체적으로 입증해 주었다. 이 해제 뒤에 부록으로 실린 다양한 북한 노획문서 실물들은 한국전쟁기 연구의 핵심자료로 부각되었고, 국내외 연구자들에 의해 반복적으로 활용되었다. 선생님의 해제 발표 이후 한국 학계에서는 북한 노획문서를 다 통람했느니 수십만 장을 열람했느니 주장하는 연구자가 종종 나타나곤 했다. 대부분의 한국 학자들은 선생님이 국사편찬위원회와 군사편찬연구소에 선별·수집해 보낸 문서들을 손쉽게 보았을 뿐이다. 선생님은 북한 노획문서 연구과정에서 중요한 노획문서들이 비공개된 상태인 것을 발견했다. 선생님의 지속적 노력을 통해 미군이 중요하게 선별해 놓은 중요 북한 노획문서, 일명 신노획문서 180상자가 새로 공개될 수 있었다. 이를 통해 지금 한국현대사 연구자들이 보배처럼 생각하는 구노획문서와 신노획문서가 연구자와 대중들에게 공개될 수 있게 된 것이다.

둘째는 미군정기 주한 미24군 정보참모부(G-2) 예하에 있던 군사실(軍史室) 자료에 대한 해제 및 소개였다. 주한미군사·점령사를 쓰기 위해 군사관들이 수집하고 편찬한 자료들은 해방직후 한국현대사에 관한 내밀한 비밀들을 가감 없이 보여주는 것들이었다. 미군 정보당국이 수집한 다양한 정보보고들은 한국 측 자료로는 다가설 수 없는 현대사의 깊이와 진실들을 보여주는 것들이었다. 이승만, 김구, 여운형, 김규식, 박헌영 등의 중요 인물은 물론 주요 정당, 사회단체, 주요 사건 등에 대해서 전혀 상상하지 못했던 정보들을 전해주었다. 민간인의 전화·편지·전보를 감청하던 민간통신검열단(CCIG-K)의 정보보고서, 주한미군 정보참모부의 일일보고서·주간보고서(G-2 Periodic Report, Weekly Summary), 방첩대(CIC)의 보고서, 군사관의 인터뷰, 하지 장군의 정치고문 버치 중위의 내밀한 한국정치 비사 등 최고급 정보와 감춰진 진실들이 이 해제를 통해 알려졌다. 여운형을 암살하려 한 극우 테러리스트가 극우 친일파 이종형에게 보낸 편지사본, 이승만의 정치자금 모금에 대한 미군정의 태도, 여운형이 암살 당시 소지하고 있던 다양한 메모와 편지들도 부록으로 덧붙여졌다. 당시 한국은 물론 세계 어디에서도 찾을 수 없는 최고급 정보와 흥미로운 이야기들이 그

의 손을 통해 한국에 알려졌다. 이 글을 보고 한국의 연구자들과 언론인들
은 미국 국립문서기록관리청이라는 곳에 주목하게 되었고, 귀중한 문서를
찾기 위해 이곳을 방문해야겠다는 동기를 부여받았다. 이는 새로운 문화
운동의 일환으로 한국 지성계에 영향을 주었다. 한국의 국가기록원 역시
정부기록보존소에서 국가기록원(The National Archives of Korea)으로 거듭
나게 되는데 이러한 문화운동의 혜택을 입었다.

국사편찬위원회 위원장이던 최영희 교수는 이번에는 한림대로 옮겼고,
한림대 아시아문화연구소를 통해 선생님을 지원했다. 선생님은 한림대 윤
덕선 이사장의 배려로 한림대 객원교수 겸 한림대 아시아문화연구소 특별
연구원으로 오랫동안 자료수집 작업에 전념할 수 있었다. 한림대 아시아
문화연구소는 선생님이 선별 수집한 자료들을 1980년대 중반부터 집중적
으로 간행하기 시작했고, 국사편찬위원회와 군사편찬연구소 역시 북한 노
획문서를 비롯한 중요 문서들을 간행하기 시작했다. 주한미군 정보참모부
일일정보요약(G-2 Periodic Report) · 주간정보요약(G-2 Weekly Summary) 등
주한미군정보일지, 미군사고문단(KMAG)정보일지, 주한미군북한정보요약,
주한미군 시민소요 · 여론조사 보고서, 주한미군 방첩대(CIC) 보고서, 하지
(John R. Hodge)문서집, 노동관련보고서, 법무국 사법부 보고서, 전범대재
판기록, 맥아더사령부 주한연락사무소(KLO) · TLO문서, 한국전쟁기 빨치산
자료집, 한국전쟁기 중공군 문서, 한국전쟁기 삐라, 북한경제관련문서집,
북한경제통계자료집, 조선공산당문건자료집, 북한노획문서 자료집 등 300책
이상의 자료집이 간행되었다. 선생님의 손을 통해 국내에 수집 · 공개된
미국립문서관리기록청 등의 문서는 150만 장 이상이다. 이로써 1990년대
초반부터 한국현대사 연구의 대폭발이 일어날 수 있게 되었다.

선생님은 워싱턴 디씨에 Amerasian Data Research라는 개인 연구소를 운
영하면서 새로 발굴한 자료를 토대로 다양한 글을 쓰기 시작했다. 선생님
의 연구주제는 다양하고 방대한데 그중 대표적인 것으로 재미한인 독립운

동, 해방직후 한국현대사, 한국전쟁, 일본군위안부 등을 들 수 있다. 선생님을 통해 박용만, 이승만, 서광범, 변수 등 재미한인 주요 인물연구는 물론 재미한인 독립운동사에 관해서 새로운 자료의 발굴과 신선한 조명작업이 이루어졌다. 선생님의 작업의 가장 큰 특징은 놀랍도록 새로운 자료를 찾아내고, 이를 토대로 새롭게 인물과 역사를 조명하는데 있는데 이는 인물연구에서 큰 빛을 발한다. 재미한인독립운동에 대한 선생님의 애정은 첫 저작인 『재미한인의 독립운동』에 집약되어 있다.

일본군 위안부에 관한 선생님의 선구적 연구와 자료 발굴도 빼놓을 수 없는 일이다. 현재 한국에 알려져 있는 미국 국립문서기록관리청에서 발굴된 일본군위안부 관련 자료의 첫 출발점은 모두 선생님이 출처이다. 이 저작집에 수록된 일본군위안부 관련 글들을 일별한다면 그 애정과 자료 발굴의 중요성을 모두 절감하게 될 것이다. 선생님의 선구적 연구와 자료 발굴은 한국현대사 연구에 큰 학문지남(學文之南)이 되었다.

선생님은 한국현대사와 관련해 수많은 원한을 해소하고 묻혀진 영웅들의 이야기를 발굴하는데 큰 공로를 세웠다. 태평양전쟁기 미국 전략첩보국(OSS)의 한반도 침투작전인 냅코 프로젝트(Napko Project)를 발굴했고, 이에 기초해 참가했던 일본군 학병탈출자 박순동, 이종실은 물론 미군에서 복무했던 박기벽 등이 대한민국 독립유공자로 포상받았다. 이분들은 2만 리 장정으로 유명한 장준하 · 김준엽 지사에 못지 않은 애국지사였지만 그간 역사에서 전혀 주목을 받지 못했던 분들이었다. 또한 선생님은 한국전쟁기 노근리사건과 관련된 미군 제1기병사단의 기록 및 북한노획문서 등을 찾아냄으로써 불행했던 진실의 실체에 다가설 수 있는 획기적 계기를 제공했다. 한국전쟁 직전 벌어진 경북 문경 석달리사건의 경우에도 수십 년간 맺혔던 유족들의 한을 풀어줄 수 있는 결정적 문서를 발굴 · 제공하기도 했다. 2001년 백범 김구의 암살범 안두희가 미군 방첩대의 정보원 · 요원이었으며, 백의사의 암살단 조장이었음을 증명하는 유명한 문건을 발굴한 것도 선생님이었다. 미국에서 최초의 농학사 학위를 받은 구한말 망명객 변수의 묘지, 서광범의 사망증명서와 관련 기록, 이승만의 아들 이태산의 묘지와 관련기록, 박에스더의 남편 박여선의 묘지, 김규식이 미군 수송함 토마스호로 밀항하다가 남긴 독립운동관련 문서 등을 찾은 것도 모두 선생님이었다. 자신이 부평초처럼 흘러와 뿌리를 내린 미국사회에 대한 애정이 남달랐던 선생님은 재미한인 독립운동사와 이민사에 깊은 관심을 가지고 주요 인물들과 그 흔적들을 찾아 전 미주를 찾아다녔다. 그러나 이러한 '최초'의 발견이 자기과시나 과장으로 이어지지 않았고, 언론과 학계의 무관심과 무지 속에 종종 잊혀져 갔다. 그 후 문서나 유적에 대한 선생님의 최초 발견을 자신이 처음 했다고 주장하는 우극이 끊이지 않았다.

선생님은 1999년 10월 11일 한국국가기록연구원이 제정한 제1회 '한림기록문화상' 수상했고, 2007년 3월 7일 국민교육발전에 기여한 공로로 '국민훈장 동백장'을 수여받았다. 부친 방지일 목사도 1998년 기독교계 대표 지도자 중 한 사람으로 '국민훈장 모란장'을 받았으니, 부자가 모두 국민훈장을 받은 대한민국의 공로자인 것이다. 국사편찬위원회는 2016년 3월 23일 창립 70주년에 맞춰 선생님에게 공로상을 수여했다.

선생님의 직계가족은 간호인류학을 전공하고 하워드대학(Howard University) 교수로 오래 봉직한 정금영(Keum-young Chung Pang) 여사와 아들 방수호(David S. Pang) 판사, 며느리, 3명의 손주가 있다. 이제 노경에 접어든 선생님은 국립문서기록관리청의 작업을 더 이상 진행하지 않지만, 선생님으로부터 그 가치와 중요성, 방법을 배운 후학들이 여전히 그 작업을 계승하고 있다.

저작집간행위원회는 선생님의 학문적 가르침과 자료적 도움에 은혜를 받은 사람들로 구성되었다. 김광운, 박진희, 이현진, 정병준, 정용욱, 홍석률이 실무를 맡았다. 여러 차례의 논의를 거쳐 선생님의 저작 중 한국 근

현대사와 관련된 중요 연구 성과들을 추려서 그 중요한 대강을 밝히고자
했다. 오래된 자료의 입력을 위해서 이화여자대학교 대학원의 조혜정, 이
희재가 노고를 아끼지 않았고, 제1차 교정작업에는 안정인, 김서연 등이
수고했다. 국사편찬위원회 박진희, 이동헌, 이상록, 김소남, 고지훈, 정대
훈 등이 2차 교정 작업에 도움을 주었다. 이분들의 도움과 노고에 특별한
감사의 인사를 드린다.

　어려운 출판계의 상황에도 불구하고 이 책의 간행을 흔쾌히 맡아준 선
인출판사의 윤관백 사장님과 편집진에게도 감사의 말씀을 드린다. 모쪼록
이 저작집이 한국현대사 연구의 길잡이로서 아직도 유효하게 기능할 것을
기대한다.

　이 저작집의 저자이자 한국근현대사 연구의 개척자이신 방선주 선생님
의 건강과 평안을 기원한다.

2018년 9월

방선주선생님저작집간행위원회

▎ 차례 ▎

제1부 미국 국립문서보관소의 한국현대사 중요자료 해제

제2부 기타 발굴자료

방선주 저작집 1
재미한인의 독립운동

방선주 저작집 3
한국현대사 쟁점 연구

제1부 일본군 '위안부' 문제
- 미국 자료에 나타난 한인(韓人) '종군위안부(從軍慰安婦)'의 고찰
- 일본군 '위안부'의 귀환: 중간보고
- 송산(松山: 拉孟) 섬멸전 중의 한인위안부들
- 등충(騰衝, 騰越) 섬멸전 중의 한인위안부들
- 내몽고 장가구(張家口) 일본군의 위안부 수입

제2부 노근리 · 북한 문제
- 한반도에 있어서의 미 · 소 군정(軍政)의 비교 고찰
- 한국전쟁 당시 북한 자료로 본 '노근리' 사건
- 1946년 북한 경제통계의 일 연구
- 『1946년도 북조선인민경제통계집』 등 북한 경제 통계 문서의 해제

제3부 미주 이민 문제
- 한국인의 미국 이주: 그 애환의 역사와 전망
- 한인 미국 이주의 시작: 1903년 공식 이민 이전의 상황 진단

제4부 칼럼

▌ 방선주(方善柱) 선생님 약력 ▌

1933년 7월 15일 평양북도 선천에서 방지일 목사의 아들로 출생. 조부
　　　　는 중국 산동선교사로 활동했던 방효원 목사.

1937년 산동선교사로 파견된 부친을 따라 중국으로 건너가, 산동성 청
　　　　도(靑島)에서 초·중등학교 졸업, 산동대학교에서 청강.

1957년 국내 귀국, 숭실대학교에 편입.

1960년 숭실대학교 사학과 졸업, 졸업논문「문헌상으로 비교고찰한 한
　　　　중(韓中)언어관계」.

1960년 고려대학교 대학원 사학과에 진학.

1961년 고려대학교 대학원 사학과 졸업, 석사학위논문『고구려 상대전
　　　　설(上代傳說)의 연구 : 특히 맥족원류(貉族源流)와 관련하여』.

1962~64년 대전대학교(현 한남대학) 전임강사로 중국사와 중국문학 강의.

1962~63년 숭실대학교 중국어 강의.

1964년 渡美 하버드옌칭 방문연구자.

1971년 워싱턴주립대학에서 동이족 연구로 문학석사 취득, 석사학위논
　　　　문 Sunjoo Pang, "Tung-I peoples according to the Shang-Chou
　　　　bronze inscriptions," 1971 Thesis (M.A) University of Washington.

1972년 정금영 여사(Keum Young Chung Pang)와 결혼. 1962년 연세대학
　　　　교, 간호학과 BSN; 1965-1966년 Royal College of Nursing, London,
　　　　England. Ward Administration and Teaching. Certificate; 1970~1972년
　　　　University of Washington, Psychosocial Nursing and Anthropology,

MA; Catholic University of America, Medical Anthropology, Ph.D.; Professor Emerita, Howard University, Washington, DC. Retired in 2010.

1973년 아들 방수호(David S. Pang) 출생. United States Administrative Law Judge, National Hearing Center.

1973년 캐나다 토론토대학 동아시아과 박사과정 진학.

1977년 토론토대학에서 중국 서주(西周)시대 연구로 박사학위 취득. Sunjoo Pang, A Study of Western Chou Chronology, Thesis (Ph.D.). University of Toronto, Published. 당시 갑골문을 해독할 줄 아는 몇 안 되는 미주지역 중국고대사 연구가로 인정받음.

1979년 미국 국립문서기록관리청(NARA)에서 한국근현대사 관련 자료 조사·수집에 전념, 국사편찬위원회 최영희 위원장 재임시, 국사편찬위원회에 미국 자료 제공 시작.

1983년 국사편찬위원회 국외사료조사위원 활동.

1980~90년대 한림대학교 아시아문화연구소 객원연구원, 객원교수 역임.

1999년 10월 11일, 한국국가기록연구원이 제정한 제1회 '한림기록문화상' 수상.

2007년 3월 7일 국민교육발전에 기여한 공로로 '국민훈장 동백장' 수여.

2016년 3월 23일 국사편찬위원회 창립 70주년에 맞춰 공로상 수여.

▌ 방선주(方善柱) 선생님 저작목록 ▌

I. 저서

· 『在美韓人의 獨立運動』, 한림대 출판부, 1989
· 『북한경제통계자료집(1946 · 1947 · 1948년도)』 한림대 아시아문화연구
  소, 1994
· 『미국소재 한국사자료 조사보고Ⅲ : NARA 소장 RG242 〈선별노획문
  서」외』, 국사편찬위원회, 2002
· 『북한논저목록』, 한림대학교 출판부, 2003

II. 학위논문

· 「문헌상으로 비교고찰한 韓中言語關係」, 숭실대학교 사학과 졸업논
  문, 1960(方善柱, 「문헌상으로 고찰한 韓 · 中 言語關係」, 『아시아文化』
  제12호, 한림대학교 아시아문화연구소 재수록, 1996)
· 「高句麗上代 傳說의 研究-特히 貊族源流와 關聯하여-」, 고려대학교
  대학원 사학과 석사학위논문, 1962
· Sunjoo Pang, "Tung-I peoples according to the Shang-Chou bronze
  inscriptions," Thesis (M.A.), University of Washington, 1971
· Sunjoo Pang, A Study of Western Chou Chronology, Thesis (Ph.D.) University

of Toronto, Published [Toronto : s.n.], c1977

Ⅲ. 논문

· 「詩 桑柔「誰能執熱逝不以濯」解」, 『大陸雜誌』 Vol.16, No.8, 臺灣, 1958
· 「論語「觚不觚 觚哉 觚哉」解」, 『大陸雜誌』 Vol.16, No.8, 臺灣, 1958
· 「說「文」」, 『大陸雜誌』 Vol.19, No.9, 臺灣, 1959
· 「詩「生民」新釋 : 周祖卵生 論」, 『史學研究』 8호, 한국사학회, 1960
· 「子産考」, 『崇大』 5집, 崇實大學學藝部, 1960
· 「崑崙山名義考」, 『史叢』 5집, 역사학연구회, 1960
· 「鄭國刑鼎考」, 『史叢』 7집, 역사학연구회, 1962
· 「新唐書 新羅傳所載 長人記事에 對하여」, 『史叢』 8집, 역사학연구회,
1963
· 「讀書零知錄 (1) : 東方文化 交流關係 雜考之屬凡14篇」, 『中國學報』
1권, 韓國中國學會, 1963
· 「讀書零知錄 (2) : 詩經雜考之屬凡2篇 金石銘文解讀之屬1編」, 『中國學
報』 2권, 韓國中國學會, 1964
· 「古新羅의 靈魂 및 他界觀念−宗敎 文化史的 考察」, 『合同 論文集』
第1輯, 서울 啓明基督大學校 · 大田大學校 · 서울女子大學校 · 崇實大學
校, 1964(번역수록, 『朝鮮研究年報』 19, 朝鮮研究會, 京都, 1965)
· 「讀書零知錄 (3) : 故書銘文雜考之屬凡2篇」, 『中國學報』 3권, 韓國中
國學會, 1965
· 「讀書零知錄 (4) : 始祖神話雜考之屬凡2篇」, 『中國學報』 4권, 韓國中
國學會, 1965
· パング ソンジュウ(方善柱), 「ワシントンの最初に踏んた日本人」, 『北
米報知』 1967年 10月 6日, 10月 10日, 1967

· 「韓國 巨石制의 諸問題」,『史學硏究(梅山金良善敎授華甲紀念史學論叢)』20집, 韓國史學, 1968會

· 「江淮下流地域의 先史諸文化 : 韓國의 南方文化傳來說과 關聯하여」,『史叢』15 · 16합집, 高大史學會, 1971

· 「百濟軍의 華北 進出과 그 背景」,『白山學報』第11號, 白山學會, 1971 (國防軍史硏究所 편,『韓國軍事史論文選集(古代篇)』, 1996 재수록)

· 江畑武抄 譯,「百濟軍の華北進出とその背景」,『朝鮮硏究年報』21, 朝鮮硏究會, 京都, 1972

· パング ソンジュウ(方善柱),「寶順丸の米洲漂着とその意義」,『日本歷史』12月號, 1972

· 「薉 · 百濟關係 虎符에 대하여」,『史叢』(金成樺博士 華甲紀念論叢) 第17 · 18合輯, 고려대학교 사학회, 1973

· 「崑崙天山與太陽神舜」,『大陸雜誌』Vol.49, No.4, 臺灣, 1974

· 「西周年代學上的幾個問題」,『大陸雜誌』Vol.51, No.1, 臺灣, 1975

· Sunjoo Pang, "The Consorts of King Wu and King Wen in the Bronze Inscriptions of Early Chou," *Monumenta Serica*, Vol.33(1), 1 January 1977.

· 「권말부록② 미공개자료:1930년대 상해 거주 한국인의 실태」,『신동아』8월, 1979

· 「回顧와 展望 : 美洲篇」, 국사편찬위원회,『韓國史硏究彙報』제51호, 1984

· 「鹵獲 北韓筆寫文書 解題 (1)」, 한림대 아시아문화연구소,『아시아문화』창간호, 1986

· 「미국의 한국관계 현대사 자료」, 한국사학회,『한국현대사론』, 을유문화사, 1986

· 「高宗의 1905년 密書 : 美 · 英 · 佛 등 在外공관에 보내는 암호電文」,『월간경향』3월호, 1987

· 「美國內 資料를 통하여 본 韓國 近 · 現代史의 의문점」, 한림대 아시

25

아문화연구소,『아시아문화』제2호, 1987
· 「徐光範과 李範晋」,『崔永禧先生華甲紀念韓國史學論叢』, 탐구당, 1987
· 「韓·中 古代紀年의 諸問題」,『아시아文化』제2호, 한림대학 아시아
  문화연구소, 1987(方善柱, 「檀君紀年의 考察」, 李基白 편,『檀君神話
  論集』, 새문사, 1988 재수록)
· 「美國 第24軍 G-2 軍史室 資料 解題」, 한림대 아시아문화연구소,『아
  시아문화』제3호, 1987
· 「해설」『G-2 Periodic Report 1: 주한미군정보일지(1)』한림대 아시아
  문화연구소, 1988
· 「檀君紀年의 考察」, 李基白 편,『檀君神話論集』, 새문사, 1988
· 「3·1운동과 재미한인」, 국사편찬위원회,『한민족독립운동사3 : 3·1
  운동』, 1988
· 「臨時政府/光復軍支援 在美韓人團體에 對한 美國情報機關의 査察」,
  韓國獨立有功者協會,『韓國武裝獨立運動에 關한 國際學術大會 論文
  集』, 1988
· 「1921~22년의 워싱톤회의와 재미한인의 독립청원운동」,『한민족독립
  운동사6 : 열강과 한국독립운동』, 1989
· 「1930년대 재미한인독립운동」, 국사편찬위원회,『한민족독립운동사8
  : 3·1운동 이후의 민족운동1』, 1990
· 「아시아文化의 美洲傳播―윷놀이型 遊戲의 전파와 '寶順丸'의 漂着
  을 중심으로」,『아시아文化』제7호, 한림대 아시아문화연구소, 1991
· 「美 軍政期의 情報資料 : 類型 및 意味」, 方善柱·존메릴·李庭植·
  徐仲錫·和田春樹·徐大肅,『한국현대사와 美軍政』, 한림대 아시아
  문화연구소, 1991
· 「美國 資料에 나타난 韓人 '從軍慰安婦'의 考察」, 국사편찬위원회,『國
  史館論叢』제79집, 1992
· 「1946년 북한 경제통계의 일 연구」, 한림대학 아시아문화연구소,『아

시아문화』제8호, 1992
· 「1930~40년대 歐美에서의 獨立運動과 列强의 反應」, 梅軒尹奉吉義士
義擧 第60周年紀念國際學術會議,『韓國獨立運動과 尹奉吉義士』, 4월
24일~25일 세종문화회관, 1992
· 「在美 3·1運動 總司令官 白一圭의 鬪爭一生」,『水村朴永錫敎授華甲
紀念韓民族獨立運動史論叢』, 탐구당, 1992
· 「美洲地域에서 韓國獨立運動의 特性(OSS NAPKO)」, 독립기념관 한국
독립운동사연구소 제7회 독립운동사 학술심포지움,『한국독립운동
사연구』제7집, 1993
· 「'1946年度 北朝鮮人民經濟統計集' 등 북한경제통계문서의 해제」,『북
한경제통계자료집(1946·1947·1948년도)』, 한림대 아시아문화연구소,
1994
· 「미주지역에서 한국독립운동의 특성」,『한국독립운동의 이해와 평
가; 광복 50주년기념 4개년 학술대회 논문집』, 독립기념관 한국독립
운동사연구소, 1995
· 「아이프러機關과 在美韓人의 復國運動」, 仁荷大學校 韓國學硏究所,
『第二回 韓國學國際學術會議論文集 - 解放 50주년, 세계 속의 韓國
學 - 』, 1995
· 「韓半島에 있어서의 美·蘇軍政의 比較」,『미군정기 한국의 사회변
동과 사회사』Ⅰ, 한림대학교 아시아문화연구소, 1996
· 「문헌상으로 고찰한 韓·中 言語關係」,『아시아文化』제12호 한림대
학교 아시아문화연구소, 1996
· 「일본군 '위안부'의 귀환 : 중간보고」, 한국정신대문제대책협의회 진
상조사연구위원회,『일본군 '위안부' 문제의 진상』, 역사비평사, 1997
· 「임정의 광복활동과 미주 한인의 독립운동 - 제2차 대전 종반기 국제
정세와 관련하여」, 백범김구선생 탄신 120주년기념 국제학술대회,『白
凡 金九의 民族 獨立·統一運動』, 세종문화회관, 백범김구선생기념

사업협회, 1997
· 「韓吉洙와 李承晩」, 연세대학교 국제대학원 부설 현대한국학연구소
  제2차 국제학술회의, 『이승만의 독립운동과 대한민국 건국』, 1998(유
  영익 편, 『이승만 연구』, 연세대출판부, 2000 재수록)
· 「美國 國立公文書館 國務部文書槪要」, 國史編纂委員會, 『國史館論叢』
  第79輯, 1998
· 「대한민국임시정부와 미국」, 대한민국임시정부 수립 80주년 기념 국제
  학술회의, 『대한민국임시정부와 독립운동』, 1999년 4월 8일~9일 세종
  문화회관 대회의실, 1999(한국근현대사연구회 주최, 국가보훈처 · 동
  아일보사 후원)
· 「韓半島에 있어서의 美 · 蘇軍政의 比較」, 『미군정기 한국의 사회변
  동과 사회사 I』, 한림대학교 아시아문화연구소, 1999
· 「해설」, 한림대학교 아시아문화연구소, 『한국전쟁기 중공군문서』(자
  료총서 30), 2000
· 「해설」, 한림대학교 아시아문화연구소, 『한국전쟁기삐라』(자료총서 29),
  2000
· 「KLO문서 해제」, 한림대학교 아시아문화연구소, 『KLO · TLO문서집
  (미극동군사령부 주한연락사무소)』(자료총서 28), 2000
· 「한국전쟁 당시 북한 자료로 본 '노근리' 사건」, 『精神文化硏究』 통권
  79호, 한국정신문화연구원, 2000
· 「한국인의 미주이주 : 그 애환의 역사와 전망」, 『한국사시민강좌』 28집,
  일조각, 2001
· 「미국 OSS의 한국 독립운동 관련자료 연구」, 한국정신문화연구원 편,
  『해방 전후사 사료 연구 1』, 선인, 2002
· 「한인 미국이주의 시작―1903년 공식이민 이전의 상황진단―」, 『한국
  사론39(미주지역 한인이민사)』, 국사편찬위원회, 2003
· 方善柱 撰, 『初周靑銅器銘文中的文武王后』, 香港: 香港明石文化國際

出版有限公司, 2004

Amerasian Data Research Services, Data & Research Series

· K-1. Su Pyon (1861~1891)
· K-2. Kwang Pom Soh: The Life of An Exile in the United States (1859~ 1897)
· K-3. Yousan Chairu Pak (1868~1900)
· K-4. The Katura-Taft Memorandum and the Kennan Connection
· J-1. The Life of Otokichi Yamamoto

제 1 부

미국 국립문서보관소의
한국현대사 중요자료 해제

노획 북한필사문서 해제 (1)

1. 노획북한자료의 개관

(1) 유래

6·25전쟁 당시 한국군 및 유엔군 제부대에 노획된 북한의 문서자료의 대부분은 미국 수도 워싱턴시 교외 동남쪽에 위치한 메릴랜드주 수틀랜드 (Suitland)시 워싱턴국립기록보존센터(Washington National Record Center) 건물 내의 국립공문서관(National Archives) 일반공문서부[1](General Archives Division)에 소장되어 있다.

전쟁 중 노획된 문서 중 정보가치가 많은 것들은 우선 극동군사령부 군사정보국 예하의 번역통역부(ATIS)에서 「적의 문건」(Enemy Documents) 및 공보[Bulletin], 주한미8군사령부(HQEUSAK) 예하의 선발번역통역소(ADVATIS) 에서 「번역보고」(Translation Report) 시리즈를 각각 내놓았고, 국무성에서도 북한외교문서를 중심으로 마이크로필름을 제작한 흔적이 있다.[2] 제8238군

---

[1] 현금 진행 중인 미연방정부 국립공문서관의 개편작업 중 이 부처가 재편될 수 있다.

[2] 1983년 11월 비밀해제된 문서번호 895a, 423/10−1950과 895a, 423/10−350을 보면 1950년 10월에 국무성 극동국(Bureau of Far Eastern Affairs)은 노획된 북한 외교문서의 신속한 마이크로필름화를 지시하고 있다.

부대로 알려진 연합번역통역부에서는 1951년에서 시작하여 휴전 때까지3)
이 부대에서 처리한 노획문서 중 유관부문이 거두어간 중요문서를 제외한
모든 문서를 당시 미국 버지니아주 알렉산드리아시에 소재하고 있던 연방
기록보존센터(Federal Record Center)에 송출하였다. 1957년 이 보관부서가
없어지자 노획문서는 현재 소장되어 있는 Suitland시로 옮겨지고, 군당국은
기록보존관 윌리엄 루이스(William Lewis) 씨에게 발송문서 간개(簡介)에
의거하여 비밀해제작업을 수행하도록 위촉하였다. 윌리엄 루이스 씨는 간
략한 영문으로 된 문서 개요문에 의하여 문서의 비밀해제로 야기될 개개
인의 사생활 폭로 방지에 중점을 두고 검토, 드디어 문서 28건을 제외하고
나머지 노획문서군을 1977년 2월에 공개하게 되었다.

극동군 제8238부대에서 노획자료를 발송할 때 각 문서(또는 동 성질의
문서군)에 발송통지번호(Shipping advice number, 이하 SA로 약함)를 달았
고, 내용 간개(簡介)를 따로 타자로 쳐서 첨부하여 보낸 것이 도합 743매에
도달한다. 이 발송문서 내용 간개는 국립문서보관소(National Archives)에서
마이크로필름화하여 발매하고 있어 편리한데, 이 내용 간개에 의거하여
그 내용을 살펴보면 다음과 같다.4)

---

3) 강호석 박사의 소개문에서는 1951년 11월에 송출하였다고 하였는데 노획문서는 1953년 것
   까지 있다. Thomas Hosock Kang, "North Korean Captured Records at the Washington National
   Record Center, Suitland, Maryland". 미국아세아학회 대서양연안중부지구 제7차 연차대회에
   제출된 논문(1978년 10월 28-29일 조지 워싱턴대학교에서 개최). 이 논문은 약간 수정되어
   Committee on East Asian Libraries Bulletin No.56(Feb. 1979)에 수록되었다.
4) 문서 총 페이지수는 발송부대에서의 추계에 의한 것으로 정확한 것이 아니다. 그리고 국립문
   서보관소(National Archives)의 마이크로필름은 내용 간개(內容簡介)의 같은 페이지를 거듭
   찍는 곳이 상당히 많으므로 마이크로필름에 의거하여 통계를 잡는 것도 부정확하다.

群別번호	발송상자수	자료별 번호수	내용간개 페이지수	문서 총페이지수
2005	10	669	53	약178,000
2006	10	819	81	약111,000
2007	10	296	28	약 94,000
2008	10	486	48	약230,000
2009	10	1,742	167	약231,000
2010	8	1,096	116	약135,000
2011	8	580	76	약264,500
2012	8	1,048	115	약270,000
2013	2	499	59	약66,300
계 9군	76 선적상자	7,235문건	743페이지	1,579,300페이지

이상의 통계 중에서 문건별 번호수가 이 통계의 관찰자를 가장 오도하기 쉽다. 예를 들면 SA2007군의 제1상자는 문건 1종으로 통일되어 있고 제2, 3, 4상자도 그러하다. 대체로 이들은 강원도(江原道) 인제군(麟蹄郡)의 입당원서(入黨願書) 및 그에 수반되는 문건들로서 경우에 따라서는 모두 일건으로 통일될 수도 있고 지역별로 수십 건으로 분류할 수도 있는 것들이다. 참고로 말하면 이들 4상자의 문건 총 페이지수는 약 2만여 매가 된다. SA2005, BOX 1, 第34문건은 『근로자』 잡지 215책, 합계 22,575면으로 되어 있는데, SA2010, BOX 3, 제30문건(이하 2010-3-30으로 略記함)은 『근로자』 1책 102면으로 되어 있다. 참고로 노획지는 모두 평양 부근이며 전자는 한 부처 것만이 아니라 몇 곳의 것을 모은 것이다. 또 북한군이 남침시 경기도 화성군(華城郡) 안룡면(安龍面)에서 조사한 농가별 실태조사표 등은 SA2009-8-113, 114, SA2009-5-76, SA2007-10-60 등 몇 군데에 분산되고 있으므로 표시된 노획지 및 시일의 정확성에 의심을 품게 한다.

이상의 제례(諸例)에서 보는 바와 같이 극동군 번역통역부의 노획문서·자료내용 간개는 그 편집 성격이 교부 목적을 위한 확인 절차 이상의 것이 못되므로 이것을 하나의 정확한 목록으로 간주하기는 곤란하나 그렇다고 별다른 정확한 목록이 없으므로 현시점까지는 유일의 유용한 연구 길잡이가 되고 있다. 이 노획문서군이 국립공문서관의 일반공문서부에 도착하자, 소위 Archive Box라고 대영백과사전 2책 반 정도 들어가는, 1/3 입방미터의 용적을 가지는 소상자에 선적목록의 순서를 따라 넣었는데 SA2005 1−1문건을 포함한 소상자의 번호가 16/1130이고 마지막 문건인 SA2013−2−297이 16/2345호에 들어가므로 도합 1,216개의 공문서관 규격 소상자에 분치된 셈이 된다.[5] 노획북한문서의 공식명칭은 "Records Seized by U.S. Military Forces in Korea"이며 그 소속은 "Record Group 242, National Archives Collection of Foreign Records Seized, 1941~"이다.

(2) 소개와 연구

노획문서의 비밀취급 해제와 더불어 많은 정부기관(중앙정보부, 통일원)과 신문기자들이 다녀갔다고 한다. 학자로서는 서대숙(徐大肅) 교수가 1978년 「연구노트−주한미군이 노획한 문서」를 하와이 대학의 『한국학연구지』에 실었는데,[6] 이 문서의 윤곽과 성격을 짤막하게 소개하였다. 다음 거의 동시에 미국 국회도서관의 강호석(姜浩錫) 박사가 선적목록의 마이크로필름에 의거하여 상당히 자세한 소개를 하고 있다.[7] 일본인 학자로서는 요코하마(橫濱)시립대의 야마기와 아키라(山極晃) 씨가 1980년에, 그리고 아세아경제연구소(亞細亞經濟研究所)의 사쿠라이 히로시(櫻井浩) 씨가 1983년에 각각 중점적으로 소개한 바 있지만,[8] 도쿄대(東京大)의 와다 하

[5] 이런 소상자에 집어넣기 곤란한 것, 예를 들면 대형신문철 등은 그냥 묶어 놓은 것이 29개가 있다.

[6] Suh, Dae-Sook, "Records by U.S. Military Forces in Korea, 1921~1951", *Korean Studies*, Vol.2, The Center for Korean Studies, Univ. of Hawaii, pp.177~182.

[7] 주 3) 참조. 특히 강 박사는 계산기로 통계를 잡는데 공헌이 많다. 원문 8쪽.

[8] 山極晃, 「現代朝鮮史の思料について」, 『經濟と貿易』 第129號, 1980. 2. 25 ; 櫻井浩, 「朝鮮戰爭における米軍の"捕獲資料"について」, 『アジア經濟』 第24卷 第3號, 橫濱市立大學經濟

루키(和田春樹) 씨가 가장 알찬 연구를 내놓게 될 전망이 크다. 영어로 된 소개는 국립공문서 보존기구의 잭 샌더스(Jack Saunders) 씨가 이 기관 이용자들을 위하여 편집한 팸플릿이 1983년 활자화되면서 약 17행 언급한 것이 있을 뿐이다.[9]

대한민국 국사편찬위원회(國史編纂委員會)의 최영희(崔永禧) 위원장은 1979년 이 노획자료의 중요성을 인식하고 누차 연구관을 파견하고 재미의 방선주(方善柱)에 위촉하여 이 자료에 대한 가장 철저한 정리에 착수하였고 이현종(李鉉淙) 위원장 취임 후 자료집 2책이 연이어 출간된 바 있다 (비매품).

(3) 내용 개관

노획 북한자료를 종류별로 분류하면 ① 문서(책, 신문, 잡지 포함) ② 포스터 ③ 지폐 ④ 사진 ⑤ 설계도 ⑥ 동판(銅版) 등으로 나눌 수 있다. 문서류를 언어별로 구분하면 다음과 같다.

한국어문서	a) 일제시기 것	b) 해방 후 남한에서 온 것
	c) 북한 것	d) 만주에서 온 것
	e) 소련에서 찍은 것	
일본어문서	거의 책자로 총 28만 페이지, 524종으로 집계되는데, 1914년 나온 『경제대사전(經濟大辭典)』 9권이 선적목록에 도합 2만여 페이지로 소개되고 있음. 해방 전 총독부에서 나온 책들이 주류를 이루지만 해방 후 일본에서 수입한 마르크스주의 이론 책자 등도 간간이 보인다. SA2010 후반에서 SA2011 전반에 집중.	

研究所, 1983년 3월, 75~79쪽.

[9] Jack Saunders, "Records in the National Archives Relating to Korea, 1945~1950", *Child of Conflict: the Korean-American Relationship, 1943~1953*, Bruce Cumings, Univ. of Washington Press, 1983, pp.323~324.

노어문서   駐서울소련영사관에서 흘러나온 사증(查證)문서(일제시). 장극
          (張剋), 한흥수(韓興洙) 등 지명 인사의 것도 있음(SA2013-2-185).
          영사관에서 나온 해방 전과 후의 노어 책자들, 그리고 모스크바
          에서 출판된 마르크스주의에 관련된 책자 등 약 1만 페이지가 있
          음. 노어책 15종은 미국의 안전보장에 관련된다고 선적목록에서
          산제당함(SA2011 pp.74~75).
중어문서   소위 중국인민지원군(中國人民志願軍)의 소책자, 신문, 잡지 등
          이 주종을 이루는데 약 3,000페이지 상당의 것이 있음[대부분은
          사진판].
영어문서   극소수의 영문 선전잡지가 산견됨.

노획문서 약 155만 페이지에서 외국어문서 약 30만 페이지를 **빼면** 약
125만 페이지 상당의 한국어문서가 남는데, 이것들을 필사문서와 인쇄문
서로 양분한다면 전자는 30~40만 페이지 이상 되지 못할 것 같다.[10] 인쇄
문서는 책, 잡지, 신문, 팸플릿 선전전단, 정부기관 전달문 등이 있는데 우
선 제종(諸種) 잡지의 명칭과 호수로 적는다.

【잡 지】
① 근로자[11]
  1946년   1호 (125면)   2호 (103면)
  1947년   3/4호 (103면)   5호 (108면)   6호 (136면)   7호 (115면)   8호 (105면)
            9호 (110면)   10호 (107면)
  1948년   1호 (120면)   2호 (108면)   3호 (168면)   4호 (122면)   5호 (112면)
            6호 (143면)   7호 (120면)   8호 (125면)   9호 (133면)   10호 (114면)
            11호 (135면)   12호 (134면)

---

[10] SA2008-5-2는 소련에서 나온 『쏘련공산당사』 76권이 들었는 바 페이지수로 따지면 49,564면
이 되며 대체로 책·잡지가 페이지수를 많이 차지하고 있다.
[11] SA2005-1-34와 SA2008-4-1에 집중적으로 모여졌는데 전자를 보면 共 162책인데 선적목
록에는 215책으로 되어 있어 미국 도착 후 분실한 것으로 보인다.

1949년　1호 (142면)　2호 (116면)　3호 (116면)　4호 (125면)　5호 (130면)

　　　　6호 (138면)　7호 (120면)　8호 (126면)　9호 (113면)　10호 (117면)

　　　　11호 (123면)　12호 (120면)　13호 (121면)　14호 (118면)　15호 (117면)

　　　　16호 (112면)　17호 (117면)　18호 (125면)　19호 (126면)　20호 (120면)

　　　　21호 (120면)　22호 (125면)　23호 (124면)　24호 (133면)

1950년　1호 (116면)　2호 (118면)　3호 (121면)　4호 (103면)　5호 (115면)

　　　　6호 (116면)　7호 (124면)　8호 (118면)　9호 (110면)　10호 (108면)

　　　　11호 (108면)　12호 (112면)　13호 (102면)　14호 (104면)

　　　　15호 (106면)······8月 15日號

1951년　2호 (116면)　7호 (154면)　11호 (128면)

16/1140호 소상자에

1947년	3/4호	2책	5호	3책	6호	4책	7호	4책
	8호	3책	9호	3책				
1946년	2호	1책						

16/1141호 상자에

1948년	1호	2책	2호	2책	3호	1책	4호	1책
	5호	1책	6호	1책	7호	4책		
1947년	10호	4책						

16/1142호 상자에

1948년	1호	2책	2호	2책	3호	1책	4호	1책
	5호	1책	6호	1책	7호	4책		

16/1143호 상자에

1949년	1호	5책	2호	9책				

16/1144호 상자에

1949년	3호	5책	4호	5책	5호	4책	24호	1책

16/1145호에

1949년	6호	6책	7호	5책	8호	4책		

16/1146호에

1949년	9호	3책	10호	4책	11호	4책	12호	2책

16/1147호에

1949년	13호	3책	14호	4책	15호	4책	16호	1책
	17호	2책	18호	1책	19호	3책		

16/1148호에

1949년	20호	4책	21호	2책	22호	3책	23호	5책
	24호	3책						

16/1149호에

1950년	1호	4책	2호	4책	3호	4책	4호	3책
	6호	1책	7호	1책	8호	1책	9호	1책
	10호	1책						

1953년   1호 (138면)
② 인 민
1946년   1호 (162면)
1947년   1호 (150면)   3호 (158면)   4호 (178면)
1948년   2호 (131면)   3호 (167면)   4호 (144면)   5호 (171면)   6호 (135면)
         7호 (166면)   8호 (119면)
1949년   1호 (116면)   2호 (130면)   3호 (104면)   4호 (127면)   5호 (126면)
         6호 (134면)   7호 (140면)   5호 (126면)   6호 (134면)   7호 (140면)
         9호 (135면)   10호 (140면) 11호 (136면) 12호 (144면)
1950년   1호 (127면)   2호 (134면)   3호 (131면)   4호 (132면)   5호 (145면)
         6호 (141면)   7호 (135면)
1951년   10호
1952년   2호 (144면)
1953년   2호   9호   10호
③ 문학예술
1948년   1, 2, 3, 4호
1949년   1, 6, 7, 8, 9, 10, 12호
1950년   1, 2, 3, 4호
1953년   3호
④ 문화전선(文化戰線)
1947년   1, 2, 3, 4, 5호
⑤ 조선문학
1947년   1호
⑥ 재정금융(財政金融)
1949년   1, 2, 3호
1950년   1, 2, 4, 5호
⑦ 계획경제(計劃經濟)
1949년   1, 2, 3호
⑧ 경영계산(經營計算)
1947년   1, 2호

1948년 6, 7호

1949년 8, 10호

⑨ 로동자

1948년 2, 5, 8호

1949년 1, 2, 3, 4, 5, 5, 6, 7, 8, 9, 10, 11, 12호

1950년 1, 2호

⑩ 로동

1949년 1, 2, 3, 4, 5호

⑪ 인민교육(人民敎育)

1947년 3, 5호

1948년 2호

1949년 2/3호, 4, 5, 6, 7, 8, 9호

1950년 1, 2, 6, 7호

⑫ 교육과학

1949년 1, 2, 3호

⑬ 산업

1948년 1, 2, 3, 4호

1949년 1, 3, 9, 10호

1950년 1, 2, 6호

⑭ 소비조합

1947년 11호

1948년 5, 6, 9, 10, 12호

1949년 1, 5, 6, 7, 8, 9호

⑮ 문명상업과 소비조합

1947년 2, 6호

⑯ 문명상업과 지방산업

1948년 5호

⑰ 민주상업

1948년 6호

1949년 1, 2, 4, 5, 6, 7, 8, 9, 11, 12호

1950년   1, 2, 3, 4호
⑱ 새조선
1948년   2, 7, 8, 9호
1949년   1, 2, 3, 4/5, 6/7, 8, 9호
⑲ 선전자
1949년   1, 2호
⑳ 대중과학
1947년   2호
1948년   8 · 15특집호
㉑ 과학세계
1949년   1, 2, 3, 4, 5, 6, 7, 8, 10호
1950년   1, 2, 7, 8호
㉒ 자연과학
1949년   1, 2, 3, 4, 5, 6호
1950년   1호
㉓ 군사지식
1950년   1, 2, 3호
㉔ 인민체육
1949년   1, 2, 3, 4, 5, 8, 10호
1950년   2호
㉕ 태풍
제1권   15호 (1948 – 11 – 27일)
제2권   1호 (1948 – 12 – 27일)   5호 (1949 – 3 – 3)
        12호 (1949 – 6 – 16) 14, 15, 16, 17, 18, 19, 20, 21, 22, 23, 24, 25(년말)
제3권(1950) 1, 2, 3, 4, 5, 6, 7. 8, 9, 10, 11, 12, 13(1950 – 6 – 19)호
㉖ 영화예술
1949년   2, 3호
㉗ 조선여성
1947년   1, 2, 3, 4, 5, 6, 7, 8, 9, 10, 11, 12호
1948년   1, 2, 3, 5, 6, 7, 8, 9, 10, 11, 12호

1949년 1, 2, 3, 4, 5, 6, 7, 8, 9, 10, 11, 12호

1950년 1, 2, 3, 4, 5, 6, 8호

㉘ 청년생활

1948년 10, 11, 12호

1949년 2, 3, 4, 6, 7, 9, 11, 12호

1950년 1, 2, 3, 4, 6호

1951년 5호

1953년 1호

㉙ 보도

1947년도 1, 2, 3, 4호

㉚ 순간북조선통신(旬刊北朝鮮通信)/순간통신

1947년도 1~16호

1948년도 17~35호, 37, 38, 39, 41호

순간통신 2(1948－11－上旬) 4, 7호

1949년 8, 9, 10, 11, 12, 13, 14, 15, 16, 17, 18, 19, 20, 21, 22, 23, 24, 25, 26, 27, 29, 30, 31, 32, 33, 34, 35, 36, 37, 38, 42, 43(년말)호

1950년 1, 2, 3, 4, 5호

㉛ 농림수산

1948년 11, 12호

1949년 1, 2, 3, 4, 5, 6, 7, 8, 9, 10, 12호

1950년 1, 6, 7호

㉜ 조선농업

1947년 3호

㉝ 농림과학(農林科學)

1949년 1, 2, 3호

1950년 1, 2호

㉞ 수산문고

1950년 제1집

㉟ 농민

1948년 2, 10 조쏘친선특별호

1949년 1, 2, 3, 8, 10, 11, 12호

1950년 1호

㊱ 인민보건

1949년 1, 2, 3, 4, 6, 7호

1950년 4호

㊲ 조쏘문화(季刊 理論잡지)

1949년 1, 2호

㊳ 조쏘문화

1946년 2, 3호

1947년 4, 5, 6, 7, 8(년말)호

1948년 1, 3, 4, 5(8·15특집), 6호

1949년 1, 2, 3, 4, 5, 8, 9호

㊴ 조쏘친선

1949년 10, 11, 12호

1950년 1, 2, 3, 7호

1953년 3호

㊵ 공업지식

1946년 11호

1949년 1, 8, 9, 10호

㊶ 인민항공

1949년 3, 5, 6호

㊷ 조국보위를 위하여

1949년 창간호

1950년 1, 5호

㊸ 국제평론

1947년 1, 3, 4, 5, 6, 7호

1948년 1, 2, 4, 12, 13, 14, 15, 16, 17, 18호

1949년 20, 21, 24, 28호

㊹ 세계평론

1984년 3, 4, 6, 8호

㊺ 인민평론(人民評論)(남한)

蘇美共委特輯

㊻ 청년문학(靑年文學)(남한)

8권 1호 (1948－6－15)

㊼ 문학(文學)(남한)

三一記念臨時增刊號 (1947－2－25)

㊽ 주보 건설(週報 建設)(남한)

13호 (1947－7－15)

㊾ 주보 민주주의(週報 民主主義)(남한)

?호 (1947－6－21)

㊿ 문학평론(文學評論)(남한)

3호

(51) 건설(建設)(남한)

第三輯

(52) 인민(人民)의 벗(남한 半月刊)

제1권 7호 (1947－5－1)

(53) 어린동무

1946년 9(1946－11－15)호

1948년 10호

1949년 4, 5호

1950년 3호

(54) 소년단

1949년 1, 2, 3, 4, 5, 6호

1950년 5호

1953년 2호

(55) 우리동무

1949년 창간호 (1949－4－7) 3, 4호

(56) 아동문학

1947년 1집

1953년 11집

(57) 소년과학
1950년 1호
(58) 호랑이(시사만화지)
1948년 11월 30일호
(59) 새삼천리
제7집
(60) 주간보(북한군 서울점령시 발행)
1950년 1, 2, 3호
(61) 반월간(半月刊) 조선경제(남한)
1947년 4, 7/8호
1948년 1, 2, 3호
(62) 연변문화(延邊文化)(만주간도)
1948년 1, 2호
1949년 1, 2호
(63) 조선어연구
1949년 1, 2, 4, 5, 6, 7호
1950년 1호
(64) 사법시보(司法時報)(사법)
1948년 1, 2호
1949년 3, 4호
(65) 역사제문제(歷史諸問題)
1948년 제2집 (1948－8－30) 3, 4호
1949년 5집 (1949－4－25) 6, 7, 8, 9, 10, 11, 12, 13, 14호
1950년 16집 (1950－3－10) 17집 (1950－4－10) 18집 (50－5－20)호
(66) 문화유물(文化遺物)
1949년 1호
1950년 2호

【신 문】

북한의『로동신문』과『민주조선』은 계속적으로 수집된 것이 없고, 1950년 7~8월 것이 여기에 몇 장, 저기에 몇 장 하는 식으로 들어있는 것이 많지만, 더러는 한 반년분이 한꺼번에 노획된 것도 있다. 남한의 신문은 조선·동아·대동 등 우익지와 더불어 우후죽순처럼 쏟아져 나온 중간 및 좌익지 등이 많은 것은 1일분이 몇장 씩 철로 되어 있는 것이 특징적이다. 지금 신문류가 집중적으로 모여 있는 부분을 선적목록과 대조하면서 적으면 다음과 같다.

8월 28일 김포(金浦)에서 노획

SA2007-8-90	『咸南로동신문』1949년 420부 840면 또 2006-5-12에도 164면
SA2007-8-93	『朝鮮인민군』9월 4일분. 11월 13일 미공군부대가 서울에서 노획
SA2007-9-1	『별』남로당 지하지 1949년 9월분 40면
SA2007-9-2	『민주청년』1947, 1948년 약 40면
SA2007-9-3	『로동자신문』1947년 152면
SA2007-9-4	『조선신문』1946~1947년 300부
SA2007-9-5	『교원신문』1950년 4월 20면
SA2007-9-7	『승리를 위하여』1950년 8월 60면
SA2007-9-8	『노력자』남로당 지하지. 1949년 30면
SA2007-9-9	『보위』1950년 8월 15일호
SA2007-9-10	『강원인민보』1947년 4월 26일부터 12월 27일까지 108일분
SA2007-9-11	『자유황해』1947년 9월 2, 3일분
SA2007-9-13	『해방』『조선청년』『청년해방일보』『농민신문』『第三特報』『文化新聞』1946~1947년 공 30면
SA2007-9-14	『쏘비엘신보』『조선신문』1948~1949 140면
SA2007-9-16	『민주조선』1947년, 1948년, 1949년 44일분
SA2007-9-17	『투사신문』1948~1950년간 60일분

SA2007-9-18	『로동신문』 1948~1950년간 600면
SA2007-10-1	『자유신문』 1946~1949년간 880면
SA2007-10-3	『조선중앙일보』 1947년 7월부터 320면
SA2007-10-4	『비판신문』 1946년 12월부터 120면
SA2007-10-6	『민보』(民報) 1947년 6월부터 60부
SA2007-10-7	『中央日報』 1947년 5월~9월 60부
SA2008-1-1	『現代日報』 1946~1948년간 120면
SA2008-1-3	『民主日報』 1946~1948년간 100면
SA2008-1-4	『獨立新報』 1946~1948년간 954면 129일분 결(缺)12)
SA2008-1-5	『婦人新報』 1947~1949년간 280면
SA2008-1-6	『學生公論』 1948년 40면
SA2008-1-7	『大韓日報』 1948년 100면
SA2008-1-9	『太陽新聞』 1949년 16면
SA2008-1-10	『中外經濟新聞』 1947년 300면
SA2008-1-11	『大公日報』 1947년 100면
SA2008-1-12	『中央新聞』 1946년 60면
SA2008-1-13	『中外新報』 1947년 300면
SA2008-1-14	『工業新聞』 1947년 56면
SA2008-2-1/8	『漢城日報』 1946~1949년 2,230면
SA2008-2-9/14	『大東新聞』 1946~1948년 1,350면
SA2008-2-15/20	『京鄉新聞』 1946~1949년 1,3000면
SA2008-2-21/25	『世界日報』 1948년 1,100면
SA2008-2-26/28	『水産經濟新聞』 46~47년 900면
SA2008-2-29/30	『光明日報』 1947년 170면
SA2008-2-31	『文化日報』13) 1947년 146면
SA2008-2-32,36	『民衆日報』 1947~1948년 900면
SA2008-2-33	『戰國勞働者新聞』 1947~1948년 80면

12) 이 『독립신보(獨立新報)』를 비롯한 10여 종의 남북신문은 Amerasian Data Research Services 社에서 마이크로필름에 제작하여 배포중이다.
13) 선적목록에는 400면으로 되어 있지만 이는 동일자 신문의 부수가 많음에 연유한다.

SA2008-2-34   『第三特報』1946년 200면

SA2008-2-35   『第一新聞』1948년 26면

SA2008-2-37   『우리신문』1947년 128면

SA2008-2-38   『東方商業新聞』1947년 160면

SA2008-2-39   『國際日報』1947년 500면

SA2008-3-16   『서울신문』1946~1948년 300면

그밖에 필자의 메모에서 적당히 인용하면 다음과 같은 것이 있다.

SA2013-1-193   『개성신문』1953년 9월에서 12월

SA2013-1-30

SA2013-1-199   }『황해일보』1952~1953

SA2013-2-8

SA2007-9-Misc   『황해로동신문』1947~1948

2007-9-Misc   『강원로동신문』1947

SA2013-2-87   『반미구국』

SA2013-2-5   『농민신문』1953

다음 『東北朝鮮人民報』(韓文), 『中國人民志願軍』(中文) 등이 SA2031군에 산견(散見)된다.

【서 적】

소련에서 인쇄된 마르크스·레닌주의에 관한 서적, 김일성저작집, 병사들을 위한 선전책자 등은 한 종류가 수십 책씩 있는 것이 적지 않은데, 문예작품을 제하고 참고로 할만한 것들을 열거하면 다음과 같다.

『北朝鮮法令集』(1947)   311면

『法令公報』(1947~1948)   500면

『內閣公報』(1948~1952)　　　2,151면

김익석,『判定例集』(1950)　　　85면

차순봉,『辯護士制度의 民主主義的 形成 裁判所 事業 檢閱에 對한 試案』
(1947) 34면

김택영(金澤泳),『朝鮮民主主義人民共和國 憲法의 根本原則』(1948) 95면

＿＿＿＿＿＿,『朝鮮民主主義人民共和國 公民의 基本的 權利 및 義務』
(1949) 131면

＿＿＿＿＿＿,『朝鮮民主主義人民共和國 最高主權機關과 國家中央執行機
關』(1948?) 92면

최용달,『參審員制度에 관하여』(1947) 30면

『北朝鮮人民會議常任委員會會報』(1947) 1책(51면), 2책(26면)

『형사소송례형』(1950) 84면

『金日成大學 歷史文學 研究論文集』(1948) 156면

한재덕,『朝鮮과 米國關係의 歷史的 考察』(1949) 203면

＿＿＿,『金日成將軍凱旋記』(1948) 217면

백남운(白南雲)·박시형(朴時亨) 등,『朝鮮民族解放鬪爭史』(1949) 438면

민주조선사(民主朝鮮社)편,『解放後 四年間의 國內外 重要日誌(1945. 8~1949.
3)』350면

박헌영(朴憲永),『東學農民亂과 그 敎訓』(1947) 20면 서울

이노미,『三一運動의 意義와 그 敎訓』(1947) 42면 서울

김두봉(金斗奉),『新國旗의 制定과 太極旗의 廢止에 대하여』(1948) 89면

최창익(崔昌益),『八·一五以前 朝鮮民主運動의 史的 考察』(1946) 64면

최용건(崔庸健),『米帝國主義의 朝鮮侵略政策』(1948) 44면

『金昌滿論說集 : 모든 것을 祖國建設에』(1946?) 221면

한설야(韓雪野)편,『反日鬪士演說集』(1946) 101면

태성수(太成洙)편,『黨의 政治路線 及 黨事業總結과 決定－黨文獻集 1』(1946)
86면

허헌(許憲),『五月九日亡國選擧를 反對하여 총궐기하다』(1948)

문학봉,『米帝의 朝鮮侵略 正體와 內亂 挑發者의 眞相을 暴露함』(1950) 93면

오기섭,『모스크바三相會議 朝鮮에 關한 決定과 反動派들의 反對鬪爭』

(1946?) 32면

_____ ,『北朝鮮土地改革 法令의 正當性』(1946) 36면

박헌영(朴憲永),『世界와 朝鮮』(1946) 66면

박철(朴哲)·김택영(金澤泳),『北朝鮮 面 및 里(洞)人民委員會委員 選擧는 어
　　떻게 進行될 것인가』(1947) 30면

김찬,『朝鮮民主主義人民共和國 北半部의 財政制度』(1948?) 47면

김도현,『天道敎體系要覽』(1947) 40면

리돈화,『黨志』(1947?)

주영하(朱寧河),『北朝鮮勞動黨 創立 1周年과 朝鮮의 民主化를 爲한 鬪爭에
　　서의 그의 役割』(1947) 33면

북조선인민회의(北朝鮮人民會議),『第一, 二, 三, 四, 五, 特別會議會議錄
　　(1947~1948)』64, 76, 172, 174, 117면

『北朝鮮勞動黨 創立大會 會議錄』(1946) 110면

『北朝鮮勞動黨 第二次全黨大會 會議錄』(1948) 269면

『조선민주주의인민공화국 최고인민회의 제1, 2, 3, 4차회의 회의록(1948~1949)』
　　447, 425, 404, 238면

『北朝鮮 道·市·郡 人民委員會大會會議錄』(1947) 161면

『北朝鮮天道敎靑友黨 第二次 全黨大會文獻集』(1948) 124면

『資料文獻集 1, 民主主義朝鮮臨時政府 樹立에 關하여』(1947) 95면

『資料文獻集 2, 朝鮮의 自主獨立을 위한 쏘련代表團의 提議』(1947) 283면

『쏘米共委에 關한 諸般 資料集』(1947) 225면

『南北朝鮮諸政黨社會團體代表者連席會議 重要 資料集』(1948) 176면

『서울南朝鮮人民代表者大會 重要 文獻集』(1948) 118면 서울

『祖國統一民主主義戰線 結成大會 文獻集』(1949) 188면

『祖國統一民主主義戰線 文獻集 二』(1956) 305면

남로당중앙위(南勞黨中央委),『現情勢와 우리의 任務』(1947) 33면

조선공산당중앙위(朝鮮共産黨中央委),『民主主義와 朝鮮建設』(1946) 24면

『쓰몰렌스키論文集, 朝鮮人民政府의 創設에 대한 問題에 關하여』(1946) 43면

『解放後의 朝鮮, 쏘련 신문 論說集』(1946) 122면

『뿌라우다新聞과 이스베쓰치아新聞에 기재된 朝鮮問題에 關한 論文集』(1946)

47면

쏘련외무성(外務省)편,『쏘비엘 聯盟과 朝鮮問題』(1949) 136면

『朝鮮解放과 北朝鮮의 發展』(1947) 77면

박수환,『所謂 精版社僞幣事件의 解剖』(1947) 49면 서울

『朝鮮民主主義人民共和國 國家綜合豫算에 關한 文獻集』

『虐殺·僞造·收買·詐欺로써 强行된 五·十亡國單選의 眞相』(1948) 62면

『評論集, 文學의 前進』(1950) 292면

『조선인민군과 중국인민지원군과의 공동작전』(1951) 86면

『인민군 각 부대선동원회의에서 진술한 김두봉동지의 연설』(1951) 33면

『공화국 내무원이 소유하여야 할 도덕적 특성』(1952) 19면

『세포위원장을 위한 강습제강』(비밀취급품, 1953) 348면

『第三次 國聯總會와 朝鮮問題』(1949) 78면

『朝鮮 關係 條約集(1876~1945)』(1949) 486면

최학소(崔學韶),『農民組合組織論』(1946) 90면

김예용(金禮鏞),『人民의 나라 쏘련』(1948) 369면

박동철(朴東哲),『농민독본』(1948) 175면 서울

이춘식(李春植),『선거독본』(1948) 224면 서울

한재덕(韓載德),『朝鮮에 있어서의 쏘련과 米國』(1948) 343면

한효(韓曉),『朝鮮獨立을 妨害하는 者-쏘米共委事業 經過와 南朝鮮 反動派
　　의 策動』(1948) 292면

국제문제연구회(國際問題研究會),『마샬案의 正體』(1949) 243면

윤세평(尹世平),『新朝鮮民族文化小論』(1947) 122면

『우리의 太陽-金日成將軍 讚揚 特輯』(1946) 127면

『婦女解放史』龍井啓蒙社(등사)

『志願軍』29부

『常用 朝鮮語手책』(1952) 46면

이태준(李泰俊),『蘇聯紀行』(1947) 237면

장시우(張時雨),『쏘련참관기』(1950) 118면

『민주건국에 있어서 북조선민전의 역할』(1949) 225면

『해방후 4년간의 민주건설을 위한 북반부 인민들의 투쟁』(1949) 131면

윤형식,『재정에 대한 몇가지 문제』(1952) 132면

이밖에 등사판으로 만든 책자의 이름을 들면 아래와 같다.

『解放後 朝鮮』三卷 450면

『해방후 조선』(1950) 312면

『天道敎靑友黨論』(1948) 152면

『敎政雙全』(이돈화) 44면

『必然其然的世界宗敎文化史觀』(北韓 天道敎 강습용 책자) 208면

『天道敎의 理論과 實踐』 102면

『儀節解說』(北韓天道敎) 36면

『天道敎理大要』 35면

『주해東經大全』 91면

『天道敎略史』 38면

『朝鮮史略』(天道敎徒강습용) 38면

『黨의 生活』(1946) 30면

金日成,『民族大同團結에 對하여』(1946年 3月) 19면

【사진 · 사진첩】

SA2005-7-1에서 15까지 SA2006-4 · SA2011-6/25 등 여러 곳에 김일
성 및 각료들의 사진이 있고, 박헌영 재혼사진첩, 북한의 만주 중공군 지
원부대인 이홍광지대(李紅光支隊) 활동모습, 전쟁보도, 남쪽에 있어서의
학살 · 건설 등 다방면의 사진들이 있으나, 그 10분지 1은 도난을 당한 것
으로 알고 있다. 그런데 북한 일반시민들의 평범한 가정 사진첩도 많이 포
함되어 있는데 프라이버시보호라는 구호로 십여 건의 문건의 비밀해제를
보류하고 있음은 이해하기 힘들다.

【문 서】

우리는 노획문서 155만 페이지 중에서 필사문서는 30, 40만에 지나지 않을 것으로 추정했는데, 필사문서 중에서도 입대 · 입당 · 입맹(入盟) 지원서철, 학습잡기장(雜記帳) 등이 약 반 이상 차지한다고 본다. 그리고 외무성의 외국인기류부(寄留簿)(화교중심) 공장경리문서, 자서전이 딸린 이력서, 평산군(平山郡) 재판기록, 인제군(麟蹄郡) 당정(黨政)문서(약 5만 페이지), 선천군(宣川郡) 민청(民靑) 관계문서(약 일만 삼천 페이지) 등이 필사문서의 대부분을 차지하여, 그밖의 필사문서들은 얼마 안 된다는 계산이 된다. 필자가 몇 해에 걸쳐 노획문서를 적어도 세 번 열람하였으므로 이 북한 노획자료가 지극히 방대하다는 인상이 없다. 노른자위는 모두 미국의 제 기관에 사장되어 있고 우리가 다루는 것은 일반적인 자료라는 느낌을 금할 수 없으나[14] 이들의 자료더미가 역시 희귀한 것이라는 사실은 부인할 수 없다. 국립공문서관에서 십삼 건의 한국어 문서철을 계속 비밀해제하지 않고 있다가 1984년 필자의 정보자유법에 의한 재심청구에 2건만 해제하고 11건은 여전히 보류하고 있는데 그 명단은 다음과 같다.

SA 2009-5-143 　大韓民國 入隊志願書[15] 약 1,000면 9월 23일 김포에서 노획

SA 2009-1- 31 　情報員 名單(1950년 9월 14일) 仁川 남동경찰지서, 1매

---

[14] ATIS의 「적의 문서」와 대조하여 보아 이렇게 생각된다. 또 이북의 문서 중 미국 측에 불리한 것 등도 말소된 느낌이 많다. 이 점은 다음 장에서 다루기로 한다.

[15] 노획문서 중에는 북한군이 남침하여 노획한 한국(군)문서를 재탈취하여 미국에 건너온 것들이 있다.
예를 들면
2009-10-50 國防軍士兵日記
2009- 7-67 경기도 시흥군 西面 左翼人士 「良心書」綴
2009-10-39 水原市 細柳洞 北韓軍 協力者 名單
2010- 2-62 咸南 新興郡 共産政權 同調者 名單
2010- 2-99 大韓民國 保國團 白虎部隊 編, 惠山郡內 共産 同調者 名簿
2012- 5-10 洪川경찰서, 國家保安法 違反 被疑者 取調報告

SA 2010-3-105   平南 安州郡 反動被疑者 名單(1950년 8월)

SA 2005-4- 10   宣川郡 東面 所在 南韓에서 避難온 人士 調査書(1950년 7월)

SA 2009-1- 31   安養경찰서 拘留者 名簿(1946년)

SA 2009-1- 31   平南 安州保安署 編 기독교信者, 地主 등 要監視者 名
                 單, 密告者 名單 80면(1950)

SA 2011- 6- 12   黃海道 목감면 要監視者 名單(1951) 5면

SA 2011- 6- 13   목감면 要監視者 이력서 綴(1951) 89면

SA 2011- 8- 20   釜山市 市民들의 이력綴 45면, 서울에서 1951년 4월 30일
                 노획

SA 2012- 4-118   江原道 洪川경찰서 轉向 左翼人士 名單과 宣誓書(1949),
                 126면

SA 2012- 6-132   인제군 원동保安支署 編 17名의 要監視者 名單, 52면

이 문건들이 걸린 것은 그 문건들 자체에 중대성(인권 또는 국가안전)이 있는 것 보다, 심사자가 심사를 하였다는 증거를 남기기 위한 표현에 불과한 예가 많다. 우리는 흔히 복사된 동일문건이 심사자를 달리하기 때문에 하나는 보류되고 하나는 해제되고 있는 예들을 많이 본다. 인권을 말한다면 '자서전 딸린 이력서'보다 더한 인권침해는 없겠고, 심사자의 기준에 걸려도 그가 간과한 것은[즉 영문 선적목록에서] 해제되고 있는 기묘한 상황을 이루고 있다. 철원군(鐵原郡)의 다음과 같은 문서들은 심사자의 소홀에 의해 볼 수 있는 것들이다.

SA 2012- 8- 16

一般監察係 「極秘 要注意人카ー드」(1949) 91p

第十一係 要監視人名簿(1950) 116p

監察係 要監視人臺帳(1950) 78p

企業감찰반 1950년 7의 1 要監視人關係書類綴 168p

第11係 1950년 要監視人 카ー드 115p

第11係(1950년) 情報員名單 18p

第2班(1950년) 각분주소 요감시인 카-드 62p

各分駐所(1950년 5월) 갑종要監視人輯 169p

2. 노획 필사문서 해제

6 · 25에 발발한 한반도 국제전쟁은16) 그 비참성에 있어서 1592년의 임
진 · 정유 국제전쟁 이상이 될 수 있는 역사적 비극이었음으로 여기에 대
한 진실 추구와 사료의 발굴은 한민족 전체가 절실히 바라는 것들임에 틀
림없다. 이하에 소개한 문서는 1980년에 필자가 찾아내고 서대숙(徐大
肅) · 커밍스 교수 등과 더불어 의견을 교환하고 본래의 문서임이 100분지
99 이상 확실하다고 생각되는 것들이다.17) 문서의 한자, 한글의 오자를 고

---

16) 19세기 후엽 미국 간행물에서 "Korean War"이라 할 때, 그것은 1971년의 신미양요(辛未洋擾)
나 일청전쟁(日淸戰爭)을 뜻하는 것이었고, 1950년의 Korean War도 50년 후에는 1950년의
Korean War 내지 "1950 International War of Korean Peninsula"로 불려질 전망이 없지 않다.
6 · 25에 일어난 전쟁을 '한국동란' '한국전쟁' '6 · 25전쟁'으로 부를 때 이것은 한반도 내부의
제인소(諸因素)의 축적으로만 전쟁을 야기시켰다는 의미상의 제약이 뒤따를 걱정이 있다.
필자는 이 전쟁을 지정학(Geopolitics)의 시점에서, 즉 지구상의 힘들의 상호작용의 산물에
한반도 내부 제 요소가 곁들인 것으로 파악하는 입장이다. 그러기에 정식명칭을 6 · 25한반
도 국제전쟁(약칭하여 6 · 25전쟁도 가함) 또는 제3차 한반도 국제전쟁(제1차 壬辰丁酉之亂,
제2차 日淸戰爭)으로 고집하는 이유가 여기 있다. 개전문서의 해제에서 이 문제를 다룰 것
이다.

17) 미국의 비밀해제 문서라는 것에는 다소간 조작이 들어간 것이 있고 특수한 정치목적에 부
응하기 위하여 동시에 존재하던 상반된 의견 중의 하나를 의도를 가지고 공개하는 수가 있
다고 느낀다. 일례로서, *Foreign Relations of United States. Diplomatic Papers, 1945* Vol.6, 10월
1일발 미군정 정치고문 Benninghoff가 국방장관에게 쓴 보고에는 신의주에 사는 2인의 지도
자의 편지라는 것을 인용하고 보고서에 첨부한다고 하였는데(pp.1065~1066) 이것은 또 와다
하루키(和田春樹) 교수의 「소련의 朝鮮政策」, 『社會科學硏究』 33권 4호, 1981에도 인용되고
있다. 이 「신의주 2인」은 필자의 조사로는 윤하영 목사와 한경직 목사이었으며 편지 원
문도 Archives에서 찾아낼 수 있었다. 그런데 필자가 한경직 목사를 봤을 때 언급하니 그것
은 삼팔선을 넘을 때 미국 "CIA 사람들이" 타자한 것을 서명하라고 하여 서명하였다고 말씀
하였다. 그 내용이 90% 정확히 양 목사의 느끼는 바를 전달하였다고 가정하여도 여전히, 그
것은 양인의 편지가 될 수 없는 것이다. 또 노획된 북한군 병사의 수첩에 다음과 같은 것이
있다.

(SA2009－4－162)

1950. 7. 2. 김경학의 강제적 동원에 의하여 출발하지 않으려고 산중에 피신

치지 않고 원문 그대로 싣는다.

[文件 A]

報 告 書

戰鬪경과 報告에 關하여
戰鬪開始후 本 大隊戰의 情況을 下記와 如히 報告함.

記

1. 第一中隊는 4聯隊에 配屬되어 聯隊를 通過식히 爲하여 6月 24日 19時부터 25日 4時까지 地雷通過路 6個所로 4名組 4個가 步兵聯隊通過를 無事히 保障하였음.

2. 第二日에 드러서도 工兵은 步兵聯隊의 先頭에서 地雷해제 및 土木火點 等을 爆發식혀 步兵을 完全通過식혔음. 특히 土木火點爆發에 있어서 백농권 分隊長外戰鬪二名의 역할이 컸슴. 同日 午後 戰鬪에 있어서 聯隊長이 命令한 通

1950. 7. 8. 가족을 없앨려는 계획을 하는 소식을 전하기에 격분함
1950. 7. 12. 오늘은 총을 가지고 와서 바삐 오라고 하기 때문에 부모의 건당을 위하여 할 수 없이 눈물을 흘리면서 출발.
출발하는 나의 각오
눈물을 흘리면서 출발하는 이 내 몸은 死前까지는……/부모님 건강을/아무케 잠을 리용하여도/내 목적을 달성
18세의 내 몸은 비록 작지만/죽어도 국군과는 싸우지 않고/대한의 승리를 백방으로 원조/이 나의 각오는/감옥생활을 한 부모님의 원수를……/압박받는 가족의 원수를/이상과 같이 死前에 나는 맹서한다/맹세라 !
이 수첩에는 다음 3면에 출발에서 9월 20일 시흥군 수압리 산현리까지 매일 통과한 지점을 일사천리식으로 적고 있을 뿐, 다른 병사의 수첩에서 보이는 바와 같이 일상에서 메모하여 두는 요건들이나 기타 기록이 전연 없다. 이 소년병사는 22일 제31 포로수용소에 보내졌으니 포로 되기 전후하여 급작히 적은 협의가 있다. 상식적으로 3개월간이나 대담하게 반공서원(反共誓願)만을 적은 수첩을 안고 검열을 피하고 지내올 수 있었다고는 좀 믿기 힘들다. 원칙적으로 역사연구자는 의심하고 보는 것이 습성이 되어 있고 또 부당히 이용 당할 짓을 기피한다. 이곳에서의 문건들의 발표는 오 년 전에도 할 수 있었으나 지금까지 미루어 왔으며, 학술지에 '장'이 마련되었으므로 자발적으로 발표하는 것뿐이다.

過路保障에 있어서 任務를 完全히 遂行하고 敵兵 1名을 포로와 武器 1丁과 彈丸 99發도 헥득하였음. 그후 계속 進攻戰鬪命令을 받고 前進中 돌격 線 300m前方까지 같을때 敵의 폭격이 심하여 防禦하든 中 中隊長이 負傷당하 였음. 2, 3小隊가 配置받고 進攻地域의 情況은 25日 까지는 同一한 戰果였지 만 26日은 딴 大隊에 配置되어 工兵이 大隊先頭에 서서 通過路保障任務를 받고 3名式 2個組를 척구로서 派하며 前進中 土木火點 3個와 永久火點 1個 所 地雷點 2個所를 發見하여 이를 全部 爆發식혀 步兵이 通路를 保障하였음. 계속 前進中 敵의 聯絡兵 1名을 捕로 하여 敵의 連絡網을 절단식혔음. 武器 2丁과 彈丸 19알과 文件을 탈취하였음. 武器 및 탄丸은 전부 파괴 消耗식 혔음.

27日 步兵과 같이 行動으로서 前進하면서 任務를 完遂하였음. 午後 聯隊와 같이 休息하다가 敵이 폭격을 당하여 戰士 2名 負傷과 1名 戰士(筆者 註; 原文 그대로) 당하였음.

28日, 29日 戰果는 別事없이 聯隊와 같이 前進하며 아모 事故없음.

第2中隊에 있어서

2中隊는 6聯隊의 配屬되어 처음 22時부터 4時까지 聯隊長의 戰鬪命令을 받 고 聯隊通過路保障으로 前方에 나와 地雷를 해제하여 聯隊를 無事히 通過시켰음.

25日 聯隊와 같이 敵을 추격하여 進攻하다가 敵의 폭격으로 방어하다가 敵 포탄에 戰士1名이 負傷당하고 戰士 1名은 失踪되었음.

26日은 先頭에 서서 聯隊通路를 保障하며 任務完遂하고 特別한 事故 및 戰 果는 없었음.

27日 聯隊와 같이 敵을 向하여 進攻中 敵이 폭격으로 戰士 5名이 負傷당하 고 午後 春川 서양교(소양교)로 通過하기 爲하여 中隊長이 隊員을 인솔 하여 은밀히 通路中 敵이 □□□戰士 1名이 負傷당하고 中隊長이 失踪 되었음.

28日, 29日은 聯隊와 같이 前進하였으며 事故없음 敎導中隊는 후비隊로서 첫날부터 師團長指揮處作業과 경비作業을 하였으며 今日까지 아모 事 故없음.

26일 師團長동지의 命令으로서 參謀長以下 戰士 5名을 데리고 春川 서양교

수로서 선발대로 나가 敵이 교랑우에 통신선을 절단하고 自動車 1台와
운전수까지 직사파괴식히고 계속 我軍의 통과를 보장하기 위하여 사수
중 敵의 폭격으로 負傷당하여 病院에 入院하였음. 其他 5名은 事故없
이 任務를 完遂하고 돌아왔음.

1950年 6月 29日

第251軍部隊

部隊長 유 병 준

제6보병연대장   工兵 정찰 계획
김익현 비준

정찰要地域 및 임무	정찰성원	시간		기재공급	보고제출 시간 및 방법
		개시	완수		
1. 마령리(07-792)의 지뢰원의 지뢰종류 위치 학정 및 小路를 따라 중심으로 들어가는 협곡에 지뢰원의 유무	공병 4~5 단임정찰 3 중기 2분 자동소총 3	6. 24 21:00	6. 25 2:00	탐지기 1 슈 부 5 갈구리 1 기타 一切	6. 25 3:30 약도 及 서면
2. 송암리(08-8527) 小路 및 산기슭에 적지뢰원 유무 단정 및 지뢰원 종류 위치 면적 확정	공병 4~5 정찰 2명 중기 2분 자동총 3	6. 24 21:00	6. 25 2:00	탐지기 1 슈 부 4 갈구리 1 기타 一切	6. 25 3:30 약도 及 서면
북한강(07-81)도성치 정찰 수속 수심 수제 성분 양안의 성격판정 수중장해물 유무판정	공병 4 단임정찰 3 중기 2문 경기 2	6. 24 21:00	6. 25 3:00	슈 부 4 권 축 1 휴대기재로	6. 25 4:00

제6보연 참모장 강 용 길

공병장 박 히 만

[文件 B]

工兵戰鬪 綜合報告 제一號
244군부대 참모부

가평리에서 1950. 6. 28. 17

地圖 1 : 50000

244군부대 공병들은 攻격준비期에 있어서 거래리에서 內 등을 거쳐 352고지를 통하는 □□에 종대로를 설비하였으며 聯隊工兵小隊는 聯隊長감시소를 설비하고 工兵大隊二中隊는 各大隊에 一個小隊식 배속식히여 즉 一大隊에 3小隊 2大隊에 1小隊 3大隊에 2小隊를 배속식히여스며 攻격개시前夜에 地뢰原貞찰과 아울러 二大隊에서 地뢰原개개 一個所 三大隊에 3個所 地뢰原을 打개하였음. 一大隊에서도 地뢰原通路를 一個 作成함(모진교對岸).

聯隊工兵小隊에서 攻격개시와 함께 모진교 장해물해제를 偵찰小隊와 協同하여 실시함. 聯隊工兵小隊 一分隊는 功격개시와 함께 聯隊기동예비隊로 활동하여 現在까지 이루고 있으며 二, 三分隊는 지휘소移동시 마다 聯隊長감시소를 설비하였음□. 工병大隊二中隊는 功격개시와 함께 自己大隊에 따라가며 工兵技술的으로 보장하였으며 봉위산 春川功격시에서는 소양천 偵찰 및 소양교 정찰을 실시하여 道路偵찰을 실시하고 교량전기 폭약장치를 해제함. 소양교 소양천 정찰실시 過정 및 공격으로 소양川을 건널대에 工兵부상人員은 下記와 如함.

○ 봉이산 春川攻격시 소양천 부근에서 부상자

3小隊長	현동식	다리부상
3小隊 전사	김상조	팔부상
	김설히	머리부상
	김수영	팔부상
	고이환	다리
2小隊 전사	강천일	다리부상
未分明名		
中隊場	李在우	
3小隊 전사	김운팔	
〃	손명섭	

2小隊　〃　　김천덕
1小隊는 事故없음.
　　　事故人員計 10名
　　　　　　　244군부대 공병장
　　　　　　　　　　　　　　　박히만(서명)

　이상 문건들은 1950년 9월 24일 합천(陜川)부근에서 노획된 報告接收綴(第
235 軍部隊 5科)에서 압출(押出)한 것으로 연필로 적은 것이 대부분이다.

[文件 C]

口頭戰鬪命令
1950. 6. 23 18:35
빙고동 지도 1 : 50000

方位 구름낀山西쪽
　正面 높은 독립고봉南쪽
　左砲臺있는 높은 고지東쪽
　右뾰족한山 直線北쪽
地대암호
　現在차지하고 있는 곳 「범」(련대장감시소에서)
　긴능선 "말"
　松악山아레砲대있는고지 "소"
　敵참호있는 곳에서 높은 고지까지 "계"
　큰 포대 있는 곳 "토끼"
　빙고동 "소리게"
目標 No.1 "소"
　　No.2 開城건너번에 있는 높은 山
　　No.3 큰 포대 있는 右쪽포대

No.4 큰 포대(특기)

No.5 "게"의 가장 높은고지

No.6 "게"의 전호교차점

No.7 "게" 左측고봉

No.8 江건너서 左로 교통호 판 山

敵情 敵제 10, 12련대 1, 2大隊가 開城을 防어하고 있다. 開城市동쪽으로 2大隊가 있으며 292고지 남경사로 붙어 大元里外圍 그 一線에 1個中隊와 두개小隊가 配置 되었다. 그의 2大隊部는 자남산에 位치하고 있다. 고남리 좌표망 04 86 1대대부와 연대本部가 있다.

敵의 防어前沿은 "소"의 東南족경사로 붙어 "닭"의 北경사면을 통하였으며 그의 능선에는 약 16個의 土木火點을 가졌으며 그의 前沿에는 一선 참호를 파고 一線철조망이 가설되었다(但 특기除外). 도-지가前面 골자기에는 多數의 地뢰를 埋設하였다. 開城넘어가는 도로 양익에는 지뢰가 埋設되었다. 특기 남쪽 경사面에는 敵의 中隊部가 判明되었다.

련대任務

사단砲 3大隊 反戰 2中隊 反統 2小隊 工兵 1, 2小隊 戰車 2中隊 이를 配屬하여 最조任務로서 敵의 참호와 16個의 土木火點과 開城을 佔領하고 京城을 通하는 도로[筆者按 여기서 끊어짐].

차후 任務는 대와리 고남리 一線을 占領後 繼續 한강 渡河占領을 하기 爲하여 前진한다. 攻擊준비完了는 6·23·24시 까지이다.

左쪽에는 1사단이 우리와 동등한 任務로서 前進한다.

제3大隊는

사단의 예비隊로서 위치를 범에서 西北 경사면에 차지하고 련대장 감시소 3~500m 이상 떠러지지 말것이며 1大隊가-참호를 占領한이후 계속 전진하야 傷亡을[筆者按 : 여기서 끊김].

최조 任務定成이후 漢江도하지點을 向하야 前전할 것이다.

7中隊. 重机 1소대 8 : 砲1소대 反銃 1分隊를 配속하여 情況에 依해 戰鬪任務를 준다.

8中隊. 重机 2小隊 8 : 포2소대 反對 2分隊를 配속하여 情況에 依해 戰鬪任務를 준다.

9中隊 重机 3小隊 8 : 砲3소대 反銃 3分隊를 配屬하여 情況에 依해 戰鬪任務
　　를 준다.

供給小隊

公路를 따라서 前進한다. 위?生. 9中隊後面에서 前進한다. 통신. 大隊長한다.
통신. 大隊長指揮소와 같이 전진한다.

反戰車對策

45m/m砲 小隊長이 責任지고 反航空對策 重机 9小隊가 지고 每中隊에서는
重机 2分隊에 지적할 것.

報舍 攻擊준비完了時에 할 것

信號 종별　區分	전화	무전
	시작	123

代理人

第1代理人　上級府官

第2代理人　7中隊長

　이 문건은 657군분대의 약 120매 문건철에서 압출한 것으로 이 철은 1950년
9월 6일「52.9~90.0」지역에서 노획한 것이라 한다.

[文件 D]

　657참모부　　　指　令　　비밀부수 No._____

戰鬪時工兵器具管理및器材割當에關하여

1. 部隊의 全般的現況을 보아 工兵戰의 器材管理에 各級指揮官들은 매우 不重

視하는 嚴格한 결함이 發生하고 있다. 實例의 하나로서 移動時 兵士들의 짐
이 무겁다고 해서 各種器材들을 携帶 또는 □□치 않고 出發地에 남겨두고
온 事實은 下級의 體力을 조절한 것이 않이라. 部隊의 戰鬪力을 감소하고
任務수행에 치연을 초래하며 나아가서 人力의 損失을 加할 수 있는 根據를
造成한 것으로 證明된다. 이와 如한 현상을 나는 戰時에서의 嚴格한 問제로
取扱하니 各部分隊長들은 節實히 責任져야 할것이고 또 앞으로는 반듯이 工
兵器具管理事業을 銃破의 管理와 別로 無差해야 한다. 戰鬪結果보고時도 工
兵器具에 對한 通計보고도 제출해야 한다.

2. 各大隊에서는 下記 配當表에 依해서 爆破器材를 今日 12時前으로 工兵長에
게 접수할 것이다.

區 分 隊	米 式 地 래	日式자괴통	TM？ −To	18)
一 大 隊	6	6	4	
二 大 隊	6	6	4	
三 大 隊	6		4	

以上의 器材를 습격 및 파괴시 使用되니 戰鬪서열內에 進送했다가 要求에
依해서 發結할 것이다.

1950년 6월 24일

「共 4部作成   657군부대

No.1은 初本

其他는 大隊에」   부부대장 장훈 ㊞

[文件 E]

命   令

(一) 敵은 공고한 防어로서 등리곡 송文里 지사리 一대에 방어하고 있다. 敵의
力량은 확실한 것은 모르나 二個中隊力량으로 추측된다. 그에 火點은 송

---

18) 이 표의 원래 의미를 알 수 없으므로 模寫하였다.

文里 一대에 敵의 配置을 강화하였다 한다.

(二) 本大隊는 聯隊長에 命令에 依하여 동리곡 송文里 지사리 일대를 돌격 만세리 方向으로 진출하라는 任務를 받았다.

(三) 右측에는 本師團 第八聯隊가 우리와 같은 任務로서 攻擊준비를 하고 있다. 左측에는 本聯隊第一大隊가 우리와 같은 任務로서 攻擊준비을 하고 있다. 第四中隊長은 重機 一個小隊와 迫擊砲一個小隊와 76□ 一個小隊 45x 一個小隊 땅크 一個中隊와 工兵 一個分隊을 配屬하여 出發線을 前方 강 일선을 占領하고 左측은 도로을 界線으로 할 것.

支援은 | 筆者註 희미하여 안보임. |

第五中隊長은(一個小隊□이) 重機一個小隊와 迫擊砲一個小隊와 反戰車一個分隊을 配屬하여 前方강변언덕에 出發陳地을 占領하여 금화봉-대을 占領할 것. 左측은 포川川 경사地와 右측은 山경사면으로 할 것 支援은 □大隊 □中隊. □□□ 76x中隊 □第六中隊長은 重機一個小隊와 迫擊砲一個分隊와 反戰車二個分隊와 工兵一個分隊을 配屬하여 出發線을 前方 돌바우일대을 占領하고 前方 무명고지를 占領하고 203.3고지 方向으로 진출하여 그일대를 占領할 것. 예비隊는 第五中隊三小隊長의 그의 配屬무기는 重機一個小隊을 配屬하여 前方 돌바우后方일대을 占領하여 나의 信號에 依하여 진출하데 일상時 反돌격할 준비를 할것.

攻擊준비시간은 1950. 6. 25

砲사격준비는 6. 25

砲兵에 任務

砲兵은 준비사격時期에 있어서 前方일대에 火點과 戰호에 있는 有生力량을 소멸할것 步兵의 돌격時期에는 砲사격을 종(중?)심으로 移動하여 步兵을 만세리까지 호송할 것 最后任務로서는 다시 指示한다.

戰車中隊長은 自動砲와 협동하여 第四中隊와 협동하여 前方 독립山中복으로 하여 금화봉方向으로 전출할 것 戰車와 自動砲집결地點은 [筆者註 끊김] 右측 련접點 保강은 第六中隊長의 責任지며 重機一문과 反戰車一個分隊로서 保장할 것. 左측은 第四中隊長의 責任이며 重機一門으로서 보장할 것.

反항공對책은 各中隊重機로서 보장하고 反航공値日은 重機小隊이다. 反戰車 대책은 各中隊에서, 수류탄 수을 指적할 것. 大隊은 45x로서 責任진다.

① 信號는 別紙

② 大隊에 탄약처 위생처은 后方 송文리에 처한다.

③ 大隊에 指揮은 功期擊?時期에 돌바우山에서 하고 第二는 그 前方 독립 山에 처한다.

나의 代리人 상급부관 第四中隊長이다.

2009群에서 나온 것으로 알고 있지만 現在 正確한 番號는 적지 못했다. 마지막 페이지에 美極東軍 ATIS에서 檢閱했다는 記錄이 있다.

[文件 F]

인민군 전사 한길여의 잡기장

1950. 6. 23日

······이틀 3日을 자지 못할 것을 각오하고 적에 틈을 주지 않게 해야 한다. 지도와 지남침을 잘 리용하여야 하겠다. 금차 행동은 특수한 것이다. 이 임무에 근거하여 신호탄을 잘 리용하여야 하겠다. 신호병은 언제나 신호탄을 가지고 있어야 한다.

진공시에 반듯이 행동에 대한 태세를 리용해야 하겠다. 신호탄을 잘 알아야할 것이다. ······ 전투개시전에 중요한 문제는 출발과 돌격이 제일 중요하다······

우리포 적전차에 마즐때에는 모다 진지에서 나와 각가운 거리까지 접근하여 돌격신호를 기다리라.

지래에 주의 해야한다.······

부상당해도 소리치지 말어야 한다. 적이 쏘도 었지 되었든 전진해야 한다. 적이 반돌격을 할 때에는 겁내지 말고 용감해야 한다. 겁난 사람은 적이 적어도 만이 배운다. 적에 반돌격은 최후 발악인 것이다.

한강□에 도착하면 몬저 도하하라. 도하기재 있으며 몬저 건너가라. 보위상 전달 洪사단장말씀. ……

부로는 인권은 무시하지 말아. 식사는 백성 해를 메기라. 적에 상병원은 백성게 막이라. 적 주근것도 백성에 손을 걸치라. 집체적으로 손드는 적에게 대하여 쏙지 말어야 할 것이다. 성시를 파괴하지 말어야 할 것이다. 화식보장 문제는 촌락에 책임진 사람을 걸처서 표를 써주고 먹으라. 머근 것은 전부 표를 써주라. ……

◉ 사단장 말씀

공격준비 완료는 금일 저녁까지이다.
23일. ……

이 문건은 문건번호 SA 2010−1−87로서 1950년 9월 6일 "35th RCT Area"에서 노획했다고 한다. 이 메모 소책자의 주인은 황해도 사리원시 군천리 295번지 인민군사택 25호 한길여로 되어 있다.

[文件 G]

보 고
제395군부대 문화부 부대장 앞 영북면 야미리에서
야영에서 군무자들의 사상동향과 특별사고에 관한 보고

```
공 2 부 작 성
No. 1 초   본       1950. 6. 22일
No. 2 보   고       제353부대 文化部 부대장
작 1950. 6. 22                        오 의 삼
집 오 의 삼
```

군무자들의 사상동향에 對하여

一. 행군시에 있어서

평화적 조국통일에 對한 조국전선제의가 성공되지 못하고 더욱이 조국전선 선언서 전달키 위하여 파견되였던 열락원들까지 체포되였다는 느스를 들은 우리 부대 군무자들은 어느 때에 행동의 있을 것을 예측하였다. 언제든지 이동할 수 있는 준비는 하고 있어으나 상학을 계속 함으로 그러케 급히 행동이 있으리라고는 생각치 못했다. 그러나 드듸여 6. 17일에 점심대 부터 자동차에 적재하고 행군준비를 식혀스나 당황하는 동무는 업섯다. 침착하게 그러나 분주하게 일절 소지품과 전투준비을 갖고 본래 야영에 있든 부대로서의 비밀을 보수키 위해서 일절 "휴지" "락서"들을 소각식히는 것을 더욱 철저히 집행했읍니다.

행군준비를 4~5시간내에 완수하고 저녁식사까지 다 식히고 6. 17일 19. 30분에 부대가 출발했다. 유명한 모로조부공장 마크를 단 신형포차에 분승한 우리 부대전원은 포탄가지 정량을 싯고 완전한 전투준비로 명령받은 목적지로 떠낫다. 행군시에는 용감하여 군비와 경각성 및 행군질서가 보장 되여야 한다는 군무자들에 얼골에서는 빗나게 표현 되었다. 군사비밀을 보수하기 위하여 우리 부대는 복계로 도라간다고 했음으로 엇지 된 일인가 하고 다소 의야함과 실망적인 듯한 기분을 가저스나 철원으로 부터 남으로 방향을 돌리여슬 때는 「그럼면 그러치」하고 방향을 바뀌여 전방으로 나오다는 것을 매 동무들은 기뻐했다. 행군중에 담배 큰소리 치지 말며 정차시 자유로 하차하지 말라는 행군질서는 각자 동무들의 자각적이였다.

이는 출발시부터 분대장의 말을 잘 복종하여스며 한명에 자유행동도 없었다. 더우기 행군로가 조치못한 야간행로는 주의깊이 운전하는 운전수동무들은

비상히 긴장된 태도로서 사고없이 질서있게 행군했다. 결과 전투차는 한대도 사고없이 질서있게 목적지까지 행군되었다. 여기서 불행에도 경리치 한대가 다리에 빠져서 조금 늦게 도착되었을 뿐이다. 목적지까지 인원 및 기재일절 손실 없이 목적지에 도착하였다. 도착시간은 6. 18일 2시였다. 도착과 즉시에 포전호와 일절 위장이 발기전에 집결구역에서 완수했다. 이는 고돌 되는 경각성으로서 이루어진 성과이며 매개 전투원의 기세가 고도로 앙양된 태세이다. 군관들의 솔선 육체적 작업을 하며 우리 부대가 최전방에 배치되었다는 데서 기세는 더욱 좋다[下略].

　상기 문건은 1950년 9월 22일 「제1기병」 작전지역에서 노획되었고 문건번호는 SA2010−5−125이다.

　그밖에 6 · 25개전의 간접사료가 될만한 것들을 적어 본다면, 76㎜대대 장열규(張烈奎)의 대대기록부(大隊記錄簿)가(SA2009−6−214) 삼팔선전투에서 "1中隊 발탄수 34발 결과 : 아군보병돌격보장. 2中隊 발탄수 23발 결과 : H7 2組 전멸. 3中隊 발탄수 45발 결과 : 진압 소멸" 등에서 시작하여 낙동강전투까지 적은 것이 있고, 황해도 해주출생 만주성장 중공군병사가 [松江軍區朝鮮義勇軍→民主聯軍→中國人民解放軍] 화북(華北) 하남성(河南省)에서 기록한 부분을 보면 1950년 2월 24일 '환송조선동지반회동북대회(還送朝鮮同志返回東北大會)'에서 황주임(黃主任)의 훈화(訓話)를 적고 있는데 요점은 ① 중국인민해방전쟁에서 얻은 경험에 터하여 이승만반동파 소멸에 공헌하고 ② 장래의 조선인민해방전쟁에 중국이 군사상 정치상 방조(幇助)함이 불가피할 것이라는 것이다. 이 군인은 3월 28일 만주에서 「師成立에 있어서 宣誓文」을 전사(轉寫)하고 있으며 4월 중순 기차로 북한에 귀국, 조선인민군규(朝鮮人民軍規) 학습으로 일기를 메우다가 7월 23일에 기록을 마치고 있다[SA2009−7−195], 그밖에 6 · 25개전 직전에 군사대훈련을 빙자하여 병력, 기재를 삼팔선부근에 집중한 것에 관한 문건들은 부지기수로 많다.
　이상의 노획문서는 미군이 노획 또는 입수한 [정보원을 통하여] 북한군 개전 문서의 일부에 지나지 않고 미 극동군에서 중요하다고 생각되는 것들은 ATIS에서 1950년 10월 30일 「포로심문보고」 제2집 「추가연구 : 북한남침의 문헌상 증거」(Research Supplement, Interrogation Reports, Documentary Evidence of North Korean Aggression. General Headquarters Far East Command, Military Intelligence Section, General Staff. ATIS. Oct. 30, 1950.[19])에 적혀 있다.

이 기밀취급책자에는 5매에 달하는 개전준비문서가 사진판으로 소개되고 있는데 사진판의 질이 좋지 못하여 판독곤란인 점들이 많고 원문건 자체까지 판독곤란인 점들이 있었기에 영문번역에 알아볼 수 없다는 언급이 있으며, 영문번역에 부분적으로 생략한 구절이 있기도 하다. 그러나 이 문건이 매우 중요한 것이기에 여기에 정확한 전사(轉寫)를 시도한다.[20]

[文件 H]

전투명령 No.1 제4보사참모부

1950년 6월 22일 14:00   지도 50000 1949년도판

1. 아군의 공격정면에는 적의 七보사 一보연이 방어한다.

2. 본 사단은 군단이 공격정명에서 가장 중요한 방향인 관동(05.18), 아장동(03.33) 게선에서 적의 방어를 돌파하고 최근 임무로서 마지리(03.16), 537.6고지 (03.33) 게선을 점령하고 최후 임무로는 평마을(95.13), 내회암(91.32)을 점령하고 차후로는 의정부 경성방향에 지원(?)한다.

3. 우익에는 제一보사가 공격하며 그와의 분계선은 막대동(23.18), 노공리(18.18),

---

19) RG 407 Entry 429 Box 350 Army-AG Command Reports 1949~1954. UNC/FEC GHQ Staff Section Reports ANNEX Ⅲ, G-2, Part 3을 찾을 것.

20) 대한민국 국방부 전사편찬위원회 편찬,『한국전쟁사』개정판 제1권, 186~189쪽에 이 전투명령 제1호가 전재되고 있으나, 이것은 상기 영문번역과 사진판에 의하여 전사(轉寫)하되 생략과 의역이 많은 것이었다. 여기까지 적고 이 역사적 문건의 보다 정확한 소개의 필요성을 느낀 필자는 버지니아주 Norfolk시 맥아더기념관을 찾아 보다 잘된 사진판에 의하여 원 문건을 일자일자(一字一字) 전사(轉寫)하였다. 원 문건 명령의 필사자의 문체 이를테면 한문, 관용어, 철자 등을 그대로 적었다.『한국전쟁사』는 문장을 생략의역했고 없는 용어도 가했고(예, 로케트 1개대대) 원문의 '연대' '최근'을 '련대' '최초'로 바꾸어 놓기도 했다(부가 복사판을 볼 것).

방준리(88.11), 비봉(67.18)이며 막대동을 제의한 기타 지점들은 四보사에서 제외한다. 좌익에서는 제三보사가 공격하며 그와의 분계선은 부흥동(20.35), 583.5고지(06.34), 535.6고지(03.33), 519고지(93.32), 337.1고지(82.29)들이며 이 모든 지점들은 四보사에서 제외한다.

4. 결(?)심함

공격정면에 적을 전면타격과 좌측□□로서 맹렬한 공격과 추격을 가하여 시간적 여유를 줌이 없이 적을 섬멸시킨다. 주공은 좌익 대도로 방향에 지향하여 전투서열은 二개제대로 한다.

5. 제18보연은 4포연의 一대대, 사단 45mm포대대의 一개중대, 자동포대대의 一개중대, 공병대대의 공병중대 전차대대의 전차 一개중대, 45mm포대대 반전차중대의 二개소대와 함께 관동(05.18), 사항리(03.30) 게선에서 적의 방어를 돌파하고 최근 임무로서 구읍리(14.18), 동명천(06.27) 전선을 점령하고 최후 임무로서는 마지리(03.16), 262고지(24.27), 게선을 점령한 다음 차후로는 향동(31.24) 방향에 공격을 지향할 것.

전긔의 전투를 13보사의 보병 1.3대대, 반전차포대대 1개중대, 연대 76mm포 一개중대, 연대 45mm 一개중대, 5보연 2대대 45mm 一중대가 지원한다. 좌익 16보연과의 분계선은 읍내리(19.30), 새집(12.27), 사량리(19.30), 289고지(06.27), 당내(00.27), 중패(97.26), 송암리(94.27)이며 읍내리를 죄[제]외한 기타 지점들은 18보연에 포함된다. 좌측 린접보장은 제18보연장이 진다.

6. 제16보연은 사보연의 2, 3대대, 사단 45mm포대대의 一개중대, 사단자동포대대의 二개중대, 전차대대의 二개중대, 45mm포대대, 발전차총중대의 二개소대, 공병대대의 공병 一개중대와 함께 사랑리(09.30), 백이리(10.34) 게선에서 적의 방어를 돌파하고 최근 임무로서 양원리(05.34), 배하리(05.33) 게선을 점령하고 최후임무로서는 362고지(0427), 535.6고지(03.33)게선을 점령한 다음 차후로는 의정부방향을 공격할 것.

연대를 전투를 13보사의 포병 二대대, 반전차포대대의 二개중대, 76mm연대포의 二개중대 연대 45mm포 二개중대, 5연대의 76mm중대, 5연대의 120mm포대, 5연대의 82mm 二개중대가 지원한다. 좌익 분계선은 사단분계선이며 인접 보장책임 16보연장이 진다.

7. 제5보연은(1대대 제외) 사단의 제二제대로서 제16보연의 뒤를 따라 공격할

것이며 362고지(03.33) 개선에서 전투진입을 준비할 것. 제5보연 1대대장은 反전차포 一개소대 反전차총 二개분대, 중기관총 二개분대, 공병 一개소대를 보병 一개소대와 함께 습격조를 조직할 것. 습격조 지휘관은 보병소대장이다.

8. 제5보연의 제2대대는 反전차포중대와 함께 18보연의 뒤를 따라 공격할 것이며 마지리(03.16), 동평촌(06.27) 계선에서 전차진입을 준비 할 것.

9. 군단포대대는 나의 수하대대로 한다. 포병준비사격은 30분간이며 그 중 15분은 폭격 15분은 파괴사격으로 한다. 전반적 포병의 임무.
   포병사격은   분간이다.

돌격준비시기
 (1) 적의 방어전면의 유생力량을 진압할 것.
 (2) 적의 포병진지를 압도하여 토목화점 영구화점을 파괴할 것.
 (3) 적의 방어전면 장애물에 도로를 개설할 것.
 (4) 전방(06.20), 부접동(06.25), 초촌리(06.30)에로의 적의 접근을 불허할 것.
 (5) 방어전면 감시소로부터의 적의 감시를 불허할 것.

돌격지원시기
 (1) 보병과 전차, 자동포의 돌격을 마지리(03.16), 마차산(02.20), 537.6고지(03.33)까지로 할 것.
 (2) 경성으로 통하는 대도로 方向 좌우측에 위치된 적의 유생力량과 토목화점을 영구화점을 소멸할 것.
 (3) 적의 포병진지에 反포사격을 실시할 것.
 (4) 고사용(02.14)으로 통하는 도로와 호사리(97.25) 의정부로 통하는 도로 방향에 대하여 가능한 적의 반돌격을 불허할 것.
 (5) 동두천리 한산리(97.24) 구역에 적의 집결을 不허할 것.
 (6) 적의 지휘체제를 파괴할 것.

종심전투시기
 (1) 퇴각하는 적의 퇴각로를 차단할 것.
 (2) 反포사격을 계속할 것.
 (3) 적의 후송로와 수도로를 차단할 것이며 동두천 옆을 파괴할 것.

(4) 사단최근임무수행시는 대촌(98.15), 여곡리(97.20), 하잔리(97.25), 도로
교차점(97.20), 기촌(97.32) 구역의 적의 집결을 不許할 것.

(5) 의정부 방향으로부터의 적의 반돌격부대집결을 不許할 것. 포사격준비
완료는 1950년 6월 23일 24시 00분까지이다.

10. 항공대의 임무

(1) 적군의 행동지구와 가능한 적의 돌격으로부터 엄호한다.

(2) 적의 군사시설 역전을 파괴한다.

(3) 적의 집결과 예비대의 접근을 不許한다.

(4) 적의 도로를 파괴하며 집결을 불허한다.

11. 反항공대책은 각 연대자체의 포(?)사기재로서 할 것이며 적기 래습시는 보
병무기의 30%를 동원케 할 것.

사단항공감시연락초소는 No._____인바_____에 依하여

　　제18보연은 No._____

　　제16보연은 No._____

　　제 5보연은 No._____이다.

고사기관총중대는 포병 화力진지와 사단 지휘소지구를 엄호할 것.

12. 反전차 예비대는 45㎜대대의 一個중대와 공병중대로서 하여 제二대대의 뒤
를 따다 공격하면서 종심으로 침입하는 적기계화부대의 침입을 不許할 것.

13. 사단군의소는 1950년 6월 20일부터 지도(23.30L)에 위치하여 變(?)場所는
1950년 6월 21일부터 지도(23.31L) 구역에 위치한다.

14. 사단 지휘소는 협곡(13.28)이며 감시소는(03.31)인바 1950년 6월 23일부터
전개하며 이동축은 의정부로 통하는 도로방향이다.」

15. 보고는

(1) 공격준비 완료 후

(2) 공격 개시 후

(3) 최종 차후 및 一日임무완료 後 傳(?)슈, 무전 및 서류보고를 제출할 것.

(4) 그 타 보고는 매 二시간에 一차식할 것.

(5) 서면보고는 매일 二次식 하되 7시와 19시 정각에 到着 될 것.

16. 기본신호

No	신 호 내 용	신호탄	전화	무전
1	공격개시		폭풍	244
2	돌격개시	록색신호탄	청(?)천	224
3	포병공격개시	붉은신호탄	폭풍	333
4	돌격지원개시	록색신호탄	눈보라	111
5	사격중지	백색신호탄	사격중지	222
6	화力호출	목표방향으로 적색록색 혼합신호탄	베락	444

17. 제일대리인 참모장

　　제二대리인 16보연장

제四보병사단장　이 권 무
참모장 허 봉 학

공 3부작성

No.1 초본

그 타는 기밀 文件受送

등록번호대로 送달함

집. 황면종

복명(?)호

50. 6. 22

이 문건 뒤에 「1950. 6. 20 보병사단 전투계획 一람표」라는 것이 3매 첨부되고 있으나 생략한다. 위의 「북한남침의 문헌상 증거」에는 또 문건 628 26-2라는 것이 영역되고 있는데 이것은 인민군총사령부 참모부에서 38선에 배치된 각 사단에 배부한 6월 18일 발송 정찰명령 제1호이다. 이들 제 문건의 원문은 러시아어였기에 역자주에 지명은 원문인 러시아어 표기에 충실하였다고 적고 있고, 또 『한국전쟁사』는 이 러시아어 문건을 그대로 소개하고 있기도 하다. 「문헌상 증거」에 의하면 제3 38선경비대, 제1사단, 제6사단 앞으로 같은 내용의 정찰명령이 발송되고 다음 제1, 제2, 제3, 제4, 제6, 제12사단들과 제12 모터싸이클연대 등 각 부대들이 당면한 대한민국

국군의 배치상황과 개전시에 준수사항을 시달하고 있다. 이들 문건은 일
괄하여 하나의 번호로 처리되어 있고 원문이 러시아어인 점에서 이들 문
건이 전장에서 노획됐다는 것보다 정보원이 입수했다든가 인민군총참모
부의 일 성원에 의하여 유출된 혐의가 더 많지 않을까 생각이 든다.

그밖에「적의 문건」지에 산재하고 있는 개전 관련 문서 영역(英譯)을 소
개한다.

① 제1집 (1950년 9월 26일 발행)
　　문건 200258호. 필사 전투보고. 미 제5기병연대 작전지구에서 50년 8월 13일
　　노획. 이 문서는 개전일을 24일 0503시로 적고 있다.
② 제2집 (1950년 10월 5일 발행)
　　문건 200174호. 3157군부대. 참모장 太주혁의 작전명령(1950년 6월 21일).
　　8월 2일 미 27보련(步聯)작전지구에서 노획. 국군수도사단 제17연대 배치상
　　황을 설명하고 정찰 강화를 명령하고 다음 포로 취급 절차를 소상히 다루고
　　있다 한다.
③ 제3집 (1950년 10월 12일 발행)
　　문건 200444호. 日記(6월 24일부터 8월 15일까지 다룸). 미 제24보사(步師)작
　　전지구에서 노획. 내용은 개전일 임진강을 건넜고, 전사 13명 부상자 27명
　　이라는 것 등이다.
④ 제4집 (1950년 10월 21일 발행)
　　문건 200492호. 日記(6월 16일에서 8월 31일까지). 9월 4일 노획. 내용은 6월
　　25일 04:00시. 포사격 예정시간이 왔으나 명령이 아직 없었고. 05 15시에 적
　　색 녹색 혼합신호탄이 발사되자 포사격을 개시했다는 것 등이다.
⑤ 제9집 (1950년 11월 27일 발행)
　　ㄱ. 문건 200767호 (1950. 6. 24). 공격 준비명령[第二步師. 玄파 署名]. 10월
　　　　1일 제2보사 작전지구에서 노획. 사병들은 저녁 식사를 24일 19:00시까
　　　　지 완료하고 전투준비, 지휘관들은 19:00에서 20:30까지 준비태세 검열,
　　　　20:30시에는 공격선까지 행군개시, 23:10시에는 공격선 도착 및 공격 준
　　　　비 등의 내용이 있다.

ㄴ. 문건 200817호 (1950. 6. 23). 제783군부대 전투명령 제1호 (부대장 김용
섭 명령). 국군작전지구에서 미상일에 노획. 1950년 6월 23일 17:00시,
18:30시에 나진(羅津)을 출발. 열차로 38선으로 향했다는 내용이 있다.

⑥ 제14집 (1950년 12월 29일 발행)

문건 201019호 (1950. 6. 24 16:00). 제13보련(步聯)의 장훈연대장과 朴태식
참모장 공동명의로 된 명령서. 9월 30일 미상지구에서 노획. 내용은 개전과
더불어 예상되는 적의 항공공격에 만반의 준비를 요구하는 것이다.

이상에 인용한 「적의 문건」지는 1975년에 비밀해제되었고 40여 권이
1950년 9월부터 1951년도까지 맥아더 기념관에 소장되고 있다. 그 밖에 필
자가 현재 비밀해제 청구중인 ATIS의 Bulletin지의 이용할 수 있는 호수를
보면 아래와 같다.

⑦ 제20호[1950년 9월 6일]

문건 제200254호[6/16에서 8/18까지]. 655군부대 한신호의 일기. 내용은 다음
과 같다.

6/16 부대 集結

6/18 仁川 서울 間의 漢江水深과 넓이 調査

6/23 高位顧問官들로부터 (1) 統一作戰 (2) 統一된 信號의 使用 (3) 如何한
處境에서도 前進이라는 제목으로 수업 받음.

6/25 04 40時에 砲射擊 準備. 05 25時에 攻擊開始. 06 40時에 開城 攻擊開始.

미국 측이 왜 노획문서와 그 영역(英譯)을 1975년도까지 기밀취급하여
왔는지 모르겠고, 왜 국립공문서보존기구에 수많은 북한문서를 이관하지
않고 아직까지 손에 쥐고 있는지 불가해하다. 이 글의 공평성을 기하기 위
하여 북한에서 주장하는 6·25 남한 선제공격설의 자료를 소개하려 하여
도 이상에 인용한 것 같은 생동하는 자료는 하나도 없다. 북한 측 노획자
료의 주축을 이루는 것은 장면(張勉) 대사의 보고서들과 육군본부 정보국

의 첩보공작 계획서들이다. 참고로 한길봉(韓吉峰) 편『조선전쟁은 누가
일으켰는가』(1965년 동경?)의 목차를 보면 다음이 전부이다.[21]

목 차

---

21) 노획 북한자료 중에는「조선에 전쟁을 방화한 자들을 폭로하는 제문건들」이 사진판으로
『로동신문』, 9월 27일, 10월 1일, 5일에 소개되고 있으며 그 문건들이 위조된 것 같지는 않
으나 대한민국에서 6·25를 일으켰다는 결정적인 아무 증거도 없다. 기타 북한의 6·25 개
전 관계 문헌으로서는『미제국주의자들의 조선내전을 도발한 증거문헌집』(개벽신보사,
1951).『조선인민의 정의의 조국해방전쟁사』(사회과학출판사, 1983) 등이 있다.

그러나 노획된 북한문서 중에는 국방군의 월경 도발행위에 대하여 꽤 많은 자료를 포함하고 있으며 그 진실성은 부인할 수 없는 것 같다. SA2007 -6 상자는 강원도 인제군당(麟蹄郡黨)문서로 가득 찼는데 1949年에 '호림 부대(虎林部隊)' 등이 월경하여 방화 살상한 기록과 대책안이 꽤 많고 이 문서들의 신빙성은 의심할 수 없다.

SA2010-2-26에 포함된 북조선로동당 중앙본부 선전선동부의 제문건 (諸文件)을 보면 1949년 10월 25일 오전 7시 국방군 비행사 1대가 해주 상 공에서 삐라를 산포한 사건에 대한 군중의 여론을 황해도당부(黃海道黨 部)의 선전선동부장 서필석이 보고하고 있으며, 역시 1950년 3월 14일의 비행기 삐라 산포사건 때에도 동인이 여론을 보고하고 있다.

SA2009-9-69문서는 내무성 경비국 총참모부의 극비작전보고 66호와 28호인데[22] 그중 제66호를 소개한다.

작정보고 NO.66　　　　　　　$\frac{극비}{NO.2}$

경비국 총참모부　　　　　　평양에서

---

[22] 미국이 노획한 경비국의 작전보고는 그 양이 더 많았을 것이나, 현재로 이용할 수 있는 것 은 3점 밖에 없다. 미국 측에 불리한 자료는 다른 곳에 있을지도 모르겠다.

50. 3. 8. 10:00　　　　　지도 50,000 49년판

1) 50. 3. 7 0:00-24:00까지 38선지대에서 발생한 사건들은 다음과 같음.

ㄱ) 축전방면

1) 50. 3. 7 11:35경 쌍기봉(0893)의 적진지에서 아방 32고지(0994)를 향하여 81㎜ 박격포 3발경기 30여 발을 발사하였음. 아방피해 없음.

ㄴ) 연백방면

1) 50. 3. 7 0:50-20:20까지 세피봉(0952), 문화리전방(1060), 고음리(1060), 178고지(0970)의 적진지들에서 아방을 향하여 81㎜ 박격포 20여 발 로케트포 2발 보총 7발을 두문두문 발사하였음. 아방피해 없음.

2) 50. 3. 7 10:00 금동(1062) 일대에서 주민 100여 명이 동원되어 전호작업함을 아군경기사격으로 격퇴시켰음.

3) 50. 3. 7 21:15경 국군 1명이 문화리(1160)로 월북 투항하여 왔음.

소속 국군제 12연대 3대대 10중대 2소대 2분대 하사 권승× 소지품 미식자동소총 1정 탄환 190발 수류탄 2.

4) 50. 3. 7 22:40경 정촌리(1159) 전방에 잠복근무중의 아군 6명은 60㎜박격포 엄호하에 침입하여 오는 적 약 1개소대의 일부병력과 교전 중 적 약 1개 분대 병력이 정촌리부락(1159)에 침입하여 농가 2호에 방화하고 농우 2두를 납치하여 갔음.

아방피해 1명 전사

아방인민피해 농가 2호소실 농우 2두 납치.

적방피해 불명.

ㄷ) 장풍방면

1) 50. 3. 7 23:00-24:00까지 대덕산(0802)의 적진지에서 아방을 향하여 60㎜ 박격포 11발 기관포 약 20발을 발사하였음. 아방피해 없음.

ㄹ) 양구방면

1) 50. 3. 7 6:00 662.5고지(0605ㄷ)의 적진지에서 아방을 향하여 81㎜ 박격포 4발을 발사하였음. 아방피해 없음.

ㅁ) 양양방면

1) 50. 3. 6 16:00 고사봉전방(0675)에 국군 2명이 나타났음을 아군조격수 보총사격으로 국군 1명을 즉사시켰음.

ㅂ) 기타 방면 이상 없음.

2) 철도 국경경비 중 이상 없으며 관하 각 부대들은 계속 경비를 강화하고 있음.

3) 도로망 및 통신망은 여전히 보장되고 있음.

조선민주주의인민공화국내무성

공 4	부작성
No.1	초 본
No.2	수 상
No.3	내무상
No.4	고 문
집	김승호
타	배순자
50. 3. 8	

부상겸경비국장　박 훈 일
총참모장　황 성 복

상기 문건은 38도선에서 50년 3월 7일 남북 양방 포함. 전사 2명. 2호 소실의 제(諸) 충돌이 있었음을 말하고 있으며, 제68호「작전보고」는 남측 7명 전사 아방(我方) 1호소실의 전투상황이었다. 그러기에 1949년 10월 15일 남로당 지하간행물『노력자』에 전재된「삼팔연선무장충돌조사결과(三八沿線武裝衝突調査結果)」에 실린 38선 충돌 조사보고의 제 사건이 아주 허무맹랑한 것만은 아닐 것이다. 이런 맥락에서 메릴(Merril)l 교수는 그의 『1948년 1950년간의 한반도의 내전』의 부제를「한국전쟁의 내부적 조건」이라 한 것이고[23] 北측의 계속되는 유격대 남파와 남측의 출격으로 한국은 벌써 내전의 양상을 띠고 있었다는 것이다. 그러면 미국은 한반도에서 전개되고 있는 사태를 어떻게 보고 있었으며 얼마만큼 한국에서의 전쟁 발발을 예감하고 있었는가?

---

[23] John Merril, "Internal Warfare in Korea, 1948~1950 : the Local Setting of the Korean War" in Bruce Cumings(edited), *Child of Conflict: The Korean—American Relationship, 1943~1953.* Univer sity of Washington Press, 1983, pp.133~162.

1947년 12월 초 미 합동참모본부의 합동전략계획위원회(JSPC)에서 10년
후의 세계정세를 예측하였는데 "한반도는 미군이 철수한 후 조직화된 공
산당이 지배하고 있을 것이고, 중국은 내몽고·신강성이 소련의 지배 하에
있지만 국부(國府)는 건재할 것이고, 일본은 점차 친미로 기울어질 것이며,
소련은 1952년경 원폭을 소유할 것이다 운운"하였는데[24] 여기서 보는 바
와 같이 예측이란 그리 쉬운 일이 아니다. 그러나 당시 남한에서 일어나고
있던 정치 사회 경제상의 혼란은 한반도의 공산화가 필연적이라는 선입감
을 심기에 부족함이 없었던 것이다. 1948년 주한미군 총참모부 G-2에서
발행한 『금일의 북한』이라는 기밀취급 책자는 그 결론에서 "현 시점에서
는 북한군은 남한의 정규군 비정규군할 것 없이 문제없게 패주시키겠지만
주한미군을 상대로 해서까지 공격해 올지 의문이다(38쪽)"라고 하였다.[25]
그런데 주한미군의 철수는 당시의 상황으로는 미 정책 수립자들에게는 하
나의 상식이었기에[26] 그것이 기정사실로 되었을 때 공산군의 남침은 쉽게
예측되는 것이었다.

국무성 정책계획처장 케난은 1949년 6월 하원의 증언대에서 "나는 2, 3
년 내로 내전이 한반도에 일어나도 놀라지 않을 것이다. 우리가 경제원조

24) National Archives, Modern Military Branch 소장, 합동참모본부문서 1949. Joint Strategic Plan
Committee Papers.

25) USAFIK, Assistant Chief of Staff, G-2, *North Korea Today*(1948) 표지에서는 For American Eyes
Only라는 단서가 붙은 기밀취급문서.

26) 미 육군성 작전계획국장 Bolte 중장은 의회에서의 증언에서 "소련 해군이 부산을 군항으로
만들 때 맥아더 장군은 어떻게 생각할 것인가"라는 질문에 "그는 속이 편하지 않겠지만
한반도에서 말려드는 것을 원하지 않을 것이다"라고 답하고 재차 "Yes"라고 하고 있다.
*Committee on International Relations, Selected Executive Session Hearings of the Committee,
1943~1950*, Vol.Ⅷ, United States Policy in the Far East pt 2, Korea Assistance Acts. Far East
Portion of the Mutual Defense Assistance act of 1950. (GPO. 1976), p.58. 1949년 6월 19일의 증
언과 동월 21일에 증언에서 원한(援韓)프로그램 담당자 Johnson 박사는 "당신은 군이 오래
오래 전부터 한반도에서의 철수를 원했다는 것을 부인 안 합니까?"라는 질문에 "부인 안하
겠오"라고 답하였다(p.194). 군사적으로 보면 남한에서 필요로 하는 미 주둔군의 병력은 현
시점에서 동원 가능한 수의 몇 배가 필요하다는 1949년 구 일본군 西村中將의 의견을 구 일
본 고급장교 K의 보고서가 소개한 바도 있다(SA 10173 Item 505).

를 주면 혼자 지탱할 수도 있겠고 할 수 없을 수도 있겠다"[韓援案聽問會[27] 57쪽], "한반도는 벌거벗은 불건전한 군사거점이기에 우리는 그러한 처지를 떨구어 버리려는 것이다"(59쪽)라고 단언한 바도 있다. 1949년 8월 20일 이승만 대통령은 트루만 대통령에게 서한을 보내어 공산군의 남침 의도를 경고하고 북한군이 전면 남침을 시도한다면 우리는 북한을 해방할 것이지만 우리가 북을 먼저 공격하지 않을 것이며, 북한군의 공격은 임박하였는데 남한에는 2일분의 탄약 밖에 없다는 취지의 군사원조를 호소하는 편지를 썼다.[28] 국방부장관 신성모(申性模)는 미 육군참모총장 콜린스(Collins) 장군에 띄운 7매의 각서와 부수되는 10매의 개황설명(10월 20일)에서 이렇게 말하고 있다.

러시아는 북한에게 18억 원의 차관과 16개의 신설 사단의 무기와 100대의 전투기 30대의 경폭격기를 제공할 계획에 있다. 소련 고문단은 100명에서 120명으로 증원되고 있고 모스크바를 방문한 김일성은 중공의 임표(林彪) 장군과 군사경제 방면의 상호원조 밀약을 맺었으며 그 결과 만주에서 2개 사단이 1949년 3월 19일에 북한에 입경하였다. 북한이 의도하는 한반도 적화의 시간표는 다음과 같다.
　　정치 침략기　　1948년 10월에서 1949년 9월까지
　　유격대 침략기　1949년 6월에서 1950년 3월까지
　　전면 침략기　　1950년 3월경

그리고 북한군의 이용 가능한 병력은 24만 5천 명에 달하는데 국군은 8만 명밖에 되지 않으므로 20만 명을 무장시켜 달라는 요지이었다. '부록 지도 1'은 1949년 1월에서 10월 5일까지 지역별 북한군 도발 회수(총 563회), 교전수(70,625), 전사자수(타방 4,214명, 아방 320명)를 브리핑하고 있

---

27) 위와 같음.
28) RG 319 Records of the Army Staff, G-3 091 Korea, Top Secret, Box 1, Case 3.

다.29) 이에 대하여 미군 주한고문단[KMAG]의 라이트(Wright) 참모장은 신성모 장관의 각서 내용을 검토하는 분석문을 콜린스(Collins) 장군에게 보냈는데(10월 28일),30) 라이트 대령에 따르면 교전 수는 과장된 허수이며, 1~2명의 출몰도 "침략행위"로 분류한 것이라 했고31) 남침 시기의 설정은 이론상의 "Guess-timate"에 지나지 않고 북한군의 병력총수는 12만 7천 명이며, 만주에 있는 예비병력은 2만에서 8만 명이 될 것이라고 하면서 신장관은 군원을 더 얻으려고 과장한 것 같다고 결론지었다.

1949년 가을 중공은 국부군을 대륙에서 밀어 내버렸으며, 미국 군부가 전략적 요건 때문에 내어놓기 싫어하는 대만의 명운도 조석지간에 도달한 느낌이었다. 필리핀의 HUK군, 월남의 공산군 모두 득세일로(得勢一路)에 있었고, 말레이반도나 버마의 정세도 안정된 것이 못되었다. 이란에서는 민족주의와 Tuder공산당의 대두가 현저하여지고 모사덱의 출현을 예고하고 있었다. 미국은 이러한 공산세력의 세계적 확장과 영향에 대처하기 위하여 적극책을 쓰지 않을 수 없는 정책 전환기에 도달한 것 같다.32) 설상가상으로 매카시 선풍은 국무장관인 애치슨의 부인을 비롯한 국무성의 50여 명을 공산주의 동조자로 몰아 대갈채를 받고 있는 터이었다. 이런 분위기에서 1949년 말 NSC 48/2호 비밀정책문서 「아세아에 관한 미국의 입장」은 "소련의 아세아에 있어서의 힘과 영향을 봉쇄하고 실행가능한 곳에서 감퇴시킨다"라는 구절을 포함하게 되었다. 계속하여 1950년 봄에 결정된 NSC 제68호 비밀정책문서 「국가안전보장을 위한 미국의 목표와 계획」과

---

29) RG 319 Records of Army Staff G-3, 091 Korea, Top Secret, Sec 1, Case 18.

30) RG 165 Records of War Dept, P & O, 091 Korea, Top Secret 1, Case 1.

31) 1949년 5월 11일 미 대사관에서 국무성에 보낸 Gardiner의 보고에 의하면 5월 6일 북한군의 월경 교전 사건에 동원된 북한군의 병력이 60명에 지나지 않을 것인데 남측의 발표는 북측 전사 300여 명으로 되어 있다는 것이며 남쪽의 거듭되는 월경 공격에 우려를 표시했다(국무성 895.00/5-1749).

32) 여기에 관하여서는 Bruce Cumings 「1943년에서 1953년까지의 南美관계의 행로」가 인용하는 제 자료를 볼 것. 前出 Child of Conflict.

더불어 미국의 대결자세는 확립된 셈이다. 이러한 맥락에서 6·25전쟁이 발발하기 5일 전에 있었던 미 하원「상호방위원조법 수정안」청문회에서의 국무성 극동담당차관 러스크(Dean Rusk) 씨의 진술(서)[Statement]은 흥미있는 것이었다.

> Rusk : "물론 북한에서의 조직적 대형침략에 대처할 수 있을 만한 군대 또는 무장역량을 남한에 건립할 수 있다고 기대할 수는 없으나, 우리는 저들이 대형침략(Major Aggression) 밖의 모든 것에 대처할 수 있다면 저들은 하나의 기능체로써 일어설 수 있다고 보는 바입니다. 우리의 목표는 남한으로 하여금 내부의 소요와 38도선을 넘어오는 무장도당에 대처할 수 있는 보안부대를 건립하는데 조력하고 상대방으로 하여금 남한을 탈취하는 대가로 대형전쟁을 치루어야 하는 길을 택할 수밖에 없게 만드는데 있습니다. 위원 제위께 여쭈겠습니다. …위원장! 여기서 잠깐 비공개로 진행할 수 있습니까?"
>
> Key 위원장 : "좋습니다."
>
> 〈비공개 Statement〉 다음 13행 한국군의 사기저하에 대한 문제
>
> Key 위원장 : "대형전쟁 또는 대형행동이라 하셨는데 귀하는 외부의 일 정부가 지원하는 공격을 뜻하셨는지요?"
>
> Rusk : "그렇습니다. 북한군의 정확한 내막에 대하여 정세 관계자들의 평가가 다소 틀리지만 우리는 현재 남한에서 건립 중에 있는 종류에 군대가 북한이 북한내 인력으로 이룬 군대와 꽤 맞설 수 있다고 믿습니다. 제가 대형공격(Major Attack)이라고 한 것은 북한군이 [전쟁을] 일으키고 소련이 강하게 지원한다는 의미였습니다."[33]

요는 러스크 씨는 북한군이 뻔뻔스럽게 대형공격을 감행하여 오면 미국으로서는 당연히 싸울 것이라는 미 행정부의 입장을 진술한 것이고 1년 전

---

[33] 주 26)과 같은 책, 464~465쪽. 여기서 Rusk가 비공개로 이야기 한 부분은 상하 문장의 맥락으로 보아 남침 가능성을 논한 부분일 가능성이 있다.

케난이 원한법안(援韓法案)청문회에서 소련이 세계대전을 원하지 않는 한, 남한을 공격하지 않을 것(59쪽)이라고 한 것도 미국 위정자의 동일한 논리를 보여주는 것이었다. 즉 중공의 내전과 한반도의 월경 침략은 같을 수 없다는 논리인데 김일성은 이것을 몰랐고, 스탈린은 몰랐거나 알면서 하나의 장기말로 북한군을 사용한 혐의가 없지 않다.[34] 그런데 러스크가 하원에서 북한군의 조직적 대형침략을 운위할 때 그것이 시간문제라는 것을 그 자신의 확신하고 있었을 가능성이 있다.

6·25발발 2일 후인 26일에 상원 세출위원회 청문회에 호출된 CIA국장 Hillen Koetter는 CIA로서는 북한의 남침은 하나도 놀랄만한 것이 아니었고 단지 그 정확한 침략시간을 몰랐을 뿐이라는 취지로 증언을 하고, CIA는 여기에 대하여 자주 Bulletin은 돌렸는데, 이것들은 받아 보는 관련 부처에서 왜 적절한 처치를 하지 못했는지는 모르겠다고 하였다. 이 청문회에서 CIA국장을 들볶으려던 강경파 상원의원들은 회의 후에 CIA가 제 일을 하는 데 매우 만족해하였다 하며, 그러한 Bulletin의 내용은 주로 전차부대와 병력의 38선 집결에 관한 정보였다고 했다.[35]

6·25발발 6일 전에 CIA에서 발행한 「북한정권의 현재 역량평가」는 다음과 같다.[36]

① 남북의 훈련, 사기, 지휘, 작전능력은 맞먹지만 대포, 비행기, 장갑차에서 북

---

34) 소련이 UN군 파병토론 때 결석하여 거부권을 행사하지 않은 데에서 의아심을 갖고 중국대륙 및 동남아에서의 소련 영향력 강화에 따른 미국의 대소 보복열에 그 에너지를 쏟게 하는 "장"을 제공하고 아울러 미중(美中) 대립국세(對立局勢)를 만들어 중공의 티토화를 방지하려던 소련의 술책이었다고 보는 연구자도 있다. SCAP의 정보담당 참모차관 Willoughby 중장이 미 육군참모총장에게 제출한 보고 서두에서도 "국제 충돌 가능성이 짙은 가장 위험한 지역인 한반도부터 검토합니다"로 시작 「소련이 공개적으로 결정적으로 남침을 지지 않는한 남한의 자위는 가능한 것」(NDD 770012 TOP Secret1949. 10. 12)이라 하여 '소련이 지지하는 남침'='한반도에서의 국제충돌'을 예고하고 있다.

35) *New York Times*, 1960년 6월 27일 부록 참조. 이 청문회 회의록은 나오지 않았다.

36) RG 407, Entry 368 Box 2072, Foreign Area Reports 1945~1954, Special Report, Korea ; *Foreign Relations of the U. S. 1950*, Vol.Ⅶ Korea, 1976, pp.109~121.

이 우세하며 단시일 내에 서울 점령이 가능하다.

② 북한의 장기전 능력은 소련의 조력(助力) 없이는 불가능한 것이다. 소련군이나 중공군의 직접 개입은 없을 것 같은데 그것은 소련군은 세계대전의 발발을 두려워해서이며, 중공의 북한에의 영향력 증대를 두려워하여 중공의 개입을 제한할 것이다.

③ 외부의 적극적인 지원없이 북한군이 남한 전역을 지배할 수 있으리라고는 생각이 안 든다. 이유는 남한인의 반공지향성, 남한군의 의지, 공산정권의 취약한 지지기반, 훈련된 행정관리·기술인원의 결핍 때문이다.

④ 내전 발발시 북한군은 사기왕성할 것이지만 시간을 끌수록 의기소침해 질 것이다.

여기서 중요한 것은 CIA가 북한군이 단시일 내로 서울 일대를 석권할 수 있다고 한 평가이며 내전이 언제 일어날까에 대하여 일언반구도 없다는 사실이다. 미국 극동공군 특수조사처 서울지부장 니콜스(Nichols)는 지부 정보보고 1R-54-50호 (2월 11일)에서 그 서두부터 요란하게 "한국 민정(民情)의 불안정과 국내정치 사정을 감안할 때 다가올 내전이 불가피하다는 것을 증실할 것이다"라고 단언하였었는데, 이 보고는 동경에서 곧 워싱턴으로 전송되었고 미 국무성과 공군특수정보국의 윔스(Weems) 등이 심사숙고했지만 확실성이 없다고 찬물을 끼친 일이 있다.[37]

【부기(附記)】

이 원고를 작성한 후 미국 국회도서관에서 근착(近着)『등대』지를 열람할 기회를 가졌다.『등대』는 해외교포를 대상으로 하는 북한 측 선전화보

---

[37] 국무성문서 795. 00/4-350CS/W에 부속된 문서. From Donald Nichols, District Office No.8, Office of Special Investigation, IR-54-50 Feb. 11, 1950. To 극동공군본부 Director. OSI.

인데 그 216호에 「잊을 수 없는 추억」이라는 제목으로, 인민군 고급장교 3인의 6·25 '북침' 회고좌담과 북한군이 서울에서 노획한 경무대 비밀문서 가운데 하나인 이승만 대통령의 친우 올리버(Oliver) 박사의 편지를 남쪽이 개전 북침한 한 방증으로 제시하였다. 1949년 10월 10일에 쓰여진 이 편지 에서 올리버 씨는 "북쪽으로 진공하는 문제에 관하여는 저도 공격이 최선 의 방어이며 경우에 따라서는 유일한 방어책이라는 생각에 동의하여 그 이유를 이해하려 합니다"라고 서두를 꺼내어 이 박사의 질문을 답하고, 이 어 이런 종류의 선제공격 논의는 미국 관방(官方)과 여론의 지지를 잃어버 리게 만드는 것이기에 조심하여야 될 것이며, 저들은 침략같이 보이는 여 하한 것도 기피하고 이러한 비난이 러시아에게만 가도록 급급하고 있지만, 러시아인들이 내쫓기고 마는 전환시점이 멀지 않았다고 믿는다 하면서, 편지 마지막에 "우리가 냉전에 졌을 때 그것은 오로지 열전에로만 전개되 는 것이기에 그것이야말로 최종적 문제해결의 길이 아닌가 싶습니다"라고 끝맺었다.

즉 한 대 얻어맞아야 전쟁으로의 여론이 미국을 움직이는 것이라는 시 사를 한 것 같은데, 올리버 박사의 서간부본(書簡副本)들은 모두 보존되어 있고 그것을 이정식(李庭植) 교수가 보존정리하고 있으므로 이 교수에게 문의하니 북한에서 발표한 노획문서는 그가 가지고 있는 부본과 꼭 같다 는 것이었고, 컴퓨터에서 뽑은 이 편지와 다음 이 박사 부인의 회서(回書) 를 동봉해 왔다. 협조에 감사하며 여기에 전재한다. 그러나 올리버 박사가 그렇게 생각했고 설사 이 박사가 여기에 동감이었다고 하여도 이 자료를 남쪽이 개전한 방증으로 동원하기에는 그 논리에 비약이 있다. 명분이 어 떠하든 남의 주거에 침입한 자가, 설령 침입하기 쉽게 피침입자가 창문을 잠그지 않고 대기하고 있었다 치더라도, 거꾸로 도둑이라고 부를 수 없을 것이다. 오히려 여하여하(如何如何)한 이유로 침입하였었다고 하는 것이 떳떳하겠다.

경무대에서 노획된 이 박사 문서를 북한에서 자주 이용하여 왔고 미국도 여기에 대한 대책에 부심한 흔적이 있다. 작년 비밀해제된 국무성 제595A. 00/3-1451 문서를 보면 국무성은 1951년 3월 2일 애치슨 명의로 부산에 있던 미대사관에 소위 경무대문서의 진위와 그 반박책을 상의하고 있다.

한반도의 6·25 국제전쟁과 대만문제의 관련에 관하여는 지면관계로 충분히 논하지 못한 유감이 있다. 일보 더 파고들고 싶은 연구자들에게는 우선 미국 합동참모본부 군사부에서 1979년 Walter S. Poole에 의해 완성된 『합동참모본부사』 제4권(1950~1952) 「합동참모본부와 국가정책」 제7장 「극동 : 민족주의 공산주의와 봉쇄정책」을 읽어주기 바란다. 이 미공간의 타자원고는 National Archives를 비롯한 몇몇 도서관에서 열람 가능하다.

6·25 국제전쟁과 소련의 의도에 관하여서는 일본 T대학의 일 연구자와 제2차로 의견교환할 기회가 있어 소련의 의도가 그리 간단한 것이 아니었겠다는데 의견의 합치를 보았다. 본문에서 잠깐 언급한 '장기말' 논의가 더욱 진지하게 토론되었으면 좋겠다.

마지막으로 이 문장은 초보적 연구결과에 지나지 않는다는 것을 지적해 두고자 한다. 앞으로 한림대에서 수집하고 있는 미군 정보일지·주보 등을 최대한으로 이용하여 6·25 이전 교전관계의 분석통계에 노력할 예정이다.*

❖ 『아시아문화』 창간호, 한림대 아시아문화연구소, 1986

---

* 편집자 주 : 『아시아문화』 창간호에 게재된 논문에는 아래와 같은 원 문서들이 부록으로 실려 있으나 여기서는 생략했다.

【부록 문건】
○ 文件 A~H
○ Willoughby Papers
　－ The North Korean Pre-Invasion
　　Build-up 20매
　－ KLO文書 Sample 3매
○ War no Surprise
　－ New York Times, June 27, 1950.
○ 나의 수기 (1950. 6~1950.8)
○ Oliver to Rhee (1949년 10월 10일)
○ Rhee to Oliver (1949년 10월 24일)

미국 국립공문서관 국무부문서 개요

1. 국립공문서관 소장 문서의 종류

미국 연방정부 및 각급 지방정부의 요보존(要保存)문서들은 전국각지에 산재하고 있는 National Records Center에서 보관한다. 국무부, 내무부 등 각 기관은 이들 문서의 기밀해제와 National Archives에의 이양을 결정한다. 전자는 국가기록보존소라고 번역하고 후자는 국립공문서관이라고 번역하는 것이 바람직하다. 국립공문서관 기구도 전국 각지에 분관이 있지만 중요문서들은 미국 수도 워싱턴시 중심에 자리 잡은 본관과 메릴랜드주 컬리지 파크(College Park)에 세운 신관에 집중되어 있다. 본관에는 제2차 대전 이전 문서들이 주로 집중되어 있으며 신관에는 제2차 대전과 그 후의 문서들이 소장되어 있다(예외는 있다). 모든 기밀해제문서가 국립공문서관으로 이양되는 것이 아니라 그 자매기관들인 각 대통령문서관에도 간다. 현대 해병대문서의 경우에는 해병대문서관(Marine Corps Archives)에서 보관사무를 맡고 있으며, 해병대문서관에 문서 열람을 청구하면 그곳에서 보관처인 국가기록보존소(Suitland 소재)에 통지하여 문서를 해병대문서관까지 실어와서 열람시키는 것이 보통이다. 그러나 지금은 이 제도의 존속이 유동적인 상황이다.

국가기록보존소에서 문서 모기관(母機關)의 허가 아래 국립공문서관에 이양된 문서라 할지라도 자동적으로 열람할 수는 없다. 불과 몇십 장의 문서는 내부의 심사로 연구자에게 내어놓을 수 있지만 보통 관련기관의 최종승인 하에 열람이 제공되는 것이다. 만일 연구자가 미8군의 거제도 포로 심문문서를 보고 싶어 허가신청을 냈다고 하면, 이 문서 기밀해제의 주체는 미 육군당국이 아니라 중앙정보국이나 기타 비밀기관이 되는 경우도 많다. 대체적으로 미국의 기밀관련 문서의 해제제도는 미국 정치계에 큰 사건이 터지지 않는 이상 세계 각국 중에서도 매우 까다로운 측에 속한다고 말할 수 있다. 미국의 공문서관이 소장하고 있는 문서 총량은 약 170만 평방피트의 문서와 30만 개의 마이크로필름인데 기타 지도, 영상자료, 사진들도 포함된다.

문서군(文書群)의 일차적 분류원칙은 문서 출처 기관에 따라 번호를 배당하는 것이다. Record Group(약칭 RG) 1은 "Records of the War Labor Policies Board, 1918~1919"로서 제1차 대전 중 노동부, 육군, 해군, 농업부의 대표들과 전쟁산업평의회, 항운감독평의회, 비상시국 선박대책위원회, 철도·식량·연료관리처, 공보위원회 등이 모여 전시(戰時) 노동정책을 토론하는 평의회의 문서들인데 12피트 분량밖에 되지 않는다. 참고로 노동부 관계문서 종류는 RG 174의 1,873입방피트 분량, RG 257의 노동통계국 문서 1,588 입방피트 분량, RG 317 "Records of the Labor-Management Services" 221 입방피트 등이 있다. 1994년 현재 가장 최근의 Record Group은 번호 525 "Records of the National Reconnaissance Office"로서 장래 받을 문서를 위하여 번호만 배당한 상태여서 국립공문서관은 어떤 문서도 소유하고 있지 않다. 이들 Record Group 중에는 유명무실하여 한번도 써보지 않은 것도 많다. 일례를 들면 RG 316의 미국—일본 우호협회문서(Record of the Japan-United States Friendship Commission)가 그것이다. 그러므로 이 Record Group 는 '무리'라는 개념보다는 '덩어리'라는 개념에 가까우므로 기록단(記錄團),

기록류목(記錄類目), 기록집단(記錄集團), 문서류목(文書類目), 문서집단(文書集團) 등으로의 번역이 사실에 가깝다고 생각되는데 본고에서는 '문서집단'이라는 용어를 쓴다. 또 'file'이라는 영어는 '문서당(文書檔)'이 가장 적격으로 생각되며, 'folder'는 '문서철'로 번역한다. 국무부의 문서는 제43 문서집단 "Records of International Conferences, Commissions, and Expositions" 1,538입방피트, 제59 문서집단 "General Records of the Department of State" 32,634입방피트, 제84 문서집단 "Records of the Foreign Service Posts of the Department of State" 36,550입방피트, 제353 문서집단 "Records of Interdepartmental and Intradepartmental Committees 1917~81" 236입방피트가 있으며, 또 국무부가 관련된 문서집단들도 있으나 이곳에서는 위의 네 개의 문서집단을 해부해 보려고 하는 것이다.

2. 제43문서집단: 국제회의 · 위원회 · 전시회 문서

이 문서집단은 1825년에서 1972년까지 있었던 국가간 회합 기록이다. 한국과 관련되는 것은 다음과 같다.

43. 2.12 Records Relation to the Conference on the Limitation of Armament, Washington D.C., 1921/11/12~1922/2/6.
   ※ 이승만 등이 독립청원운동을 벌린 워싱턴 군축회의 관련 내용.
43.22.45 Records of the U.S. Delegation to the Japanese Peace Conference, Box 738~740.
43. 2.47 Records of the U.S. Representatives to the Meetings on Preliminary Arrangements for a Korean Political Conference.
   ※ 미국과 북한 · 중공간의 국제정치회담 개최를 위한 예비회담으로 1953년 10월 26일부터 12월 12일간에 판문점에서 회담한 내용. Entry

745 Box 1~3. Lot File : 57D303. 북한 · 중공군과의 교신포함. 1954년 2월까지의 문서.

43. 4   Records of WW Ⅱ and Postwar Conferences, 1944~1948.

43. 4. 1 Records Relating to the Yalta Conference, 1945/2.

43. 4. 3 Records Relating to the Potsdam Conference, 1945/7~8.

43. 6   Records of the First~Sixth Sessions of the Council of Foreign Ministers(CFM), 1945~1950.

43. 6. 1 Records of the First Session of the CFM, London, 1945/9/11~10/2.

43. 6. 7 Miscellaneous Records Relating to the First Three Sessions of the CFM.

43. 7. 2 Records Relating to the Tripartite Foreign Ministers Meeting in Moscow, 1945/12.

43. 7.11 Records of Meetings of the Foreign Ministers of the United States, the United Kingdom, and France.

Paris	1949 11/ 9~22
London	1950 5/11~23
New York	1950 9/12~18
Washington	1951 9/10~14
London	1953 10/16~18

43. 7.17 Records Relating to Conversations Between Secretary of State John Foster Dulles and British Foreign Secretary Anthony Eden, New York, 1953/3.

43.10.16 Records Relating to Meetings Between President Harry S. Truman and Foreign Heads of state, Washington D.C.

With Clement Atlee	1950/12
With Rene Pleven	1951/ 1
With Winston Churchill	1952/ 1

43.10.17 Records Relating to Bilateral Talks

Minutes of U.S.-French Talk, New York, 1950/10.

Records Relating to U.S.-French Political Talk, Washington, 1953/3.

U.S.-British Political Talk, Washington D.C., 1953/3.

Mayer-Bidault Talks, Washington D.C., 1953/3.

43.10.19 Records Relating to Tripartite Meeting(U.S.-United Kingdom-France)

1951/11~12(Paris~Rome)

1952/11(New York, Eden-Schuman-Acheson)

1953/ 4(Paris)

1953/ 7(Washington)

43.10.20 Records Relating to the Four Power Exploratory Talks

1951/3/5~6/21(Paris: representatives of U.S., United Kingdom, France and the Soviet Union).

43.11.14 Records of the U.S. Representative on the Lytton Commission.

※ 만주사변조사단 미국대표 Frank McCoy 장군의 기록, 1 Box.

43.11.23 Records of Relating to the Far Eastern Commission.

Lot File: 55M1. 240 Boxes. 일본관리를 위한 동맹국의 Commission.

43.11.24 Records of the U.S. Delegation to the US-USSR Joint Commission on Korea, 1946~47.

※ 미소공동위원회 문서, 마이크로필름 M1243.

43.11.25 Records Relating to the United Nations Temporary Commission on Korea (UNTCOK)

※ 위의 것과 같이 Lot File : 52-376. 23 Boxes.

43.11.27 Records of the U.S. Element of the Allied Council for Japan.

3. 제59문서집단: 국무부 일반문서

(1) 특수문서당(特殊文書檔, Special Files)

일반적으로 국무부문서라고 하면 RG 59를 연상하게 되고, RG 59라고 하면 중심당(中心檔, Central files)을 연상하게 된다. 사실상 국무부의 모든 영구보존가치가 있는 공식문서는 중심당에 보존하게 되어 있어 'central(中心

的)'이라는 용어를 쓰고 있다. 그러나 제2차 대전에서부터 방대해질 대로
방대해진 국무부문서를 보다 일반적 성격이 강한 중심당에 모은다는 것은
불가능하게 되었다. 중국에서는 옛부터 행정이나 사건처리에서 어떠한 특
수안건이 생기면 여기에 대한 문서를 모아서 분류해두고, 이를 당안(檔案)
이라고 하였다. '특수문서당'이라는 것은 바로 여기에 해당될 수 있다. 또
관료들은 고금동서를 막론하고 중요문서나 의사록, 검토문건 초고(수정안
이나 촌평들이 달린)들을 중심당 쪽으로 보내기 어렵게 여기던가 꺼려하
는 것이 공통된 경향이라고 하겠다. 이와 같이 미국의 국무부문서도 중심
당으로 보내어지지 않고 국무부 각 부서의 서가에 방치되어 소위 'Lot File'
이라는 이름으로 불리워지게 되었다. Lot은 뭉치 총량을 의미하는 것이다.

예를 들어, "Lot File : 55D150"이라는 부호는 웨드마이어 사절단문서를
의미한다. D는 department의 약자로 그 유래가 국무부 서가라는 의미이고,
1955년 현역 서가에서 퇴장됐다는 뜻이며, 이 1955년의 퇴장번호가 150번
이라는 것이다. 만약 문서가 외국 주재 공관에서 나왔다면 D 대신 F(foreign
post)를 붙이며, 사절단기록(mission record)이면 M을 붙인다. 이 Lot File 번
호는 미국의 FRUS(Foreign Relations of the United States) 시리즈를 보면 꼭
나오는 것이므로 등한시 할 수 없는 것이다. 그러나 모든 Lot File이 반드시
실존하는 것은 아니며 국무부에 계속 퇴장되어 있을 수도 있고 국립공문
서관에 넘어간 것도 있다.

이들 Lot File 번호는 정밀하게 관리된 것이 아니다. 미소공동위원회 문
서당은 그 번호가 52-376이어서 D나 F부호가 없으며, "Records relating to
Preliminary Arrangements for a Korean Political Conference, October~December
1953"은 제43문서집단에 소속하여 Lot File : 57D303이 배정되어 있는데, 제
59문서집단에 소속한 "Records of the Office of Northeast Asian Affairs(Dulles-Rhee
Talks는 아직 국립공문서관에서 내어놓지 않고 있음)"도 똑같은 번호이다.
그 이유는 원래 같은 당(檔) 소속이었는데 둘로 나뉘어져서 그렇게 된 것

이 아닌가 한다. 특수문서당은 대부분 제59문서집단에 속했으므로 여기서
다루는 것이지만 실은 소수의 제43문서집단과 제353문서집단 소속 문서들
이 포함되어 있다. 이하 한국과 그 주변지역에 관한 특수문서당을 각각 소
개한다.

1) Records of the Executive Secretariat

이 기구는 국무부장관과 차관에 직속하여 비서실의 역할을 수행하는데,
1947년 2월에 중앙비서실, 조정복열국(調整覆閱局, Division of Coordination
and Review), 의전국의 3자가 합동하여 이 부처를 이루었다. 이 부처의 주
요사무는 국무부 각 부처의 소위원회, 회의, 지시사항 중의 정책결정사항
기록을 종합 · 보존하여 장관과 차관에게 제공하는 것이고, 또한 각 부서에
중앙 또는 타부처의 결정사항 등을 전달 · 분배하며 정책결정의 수행을 감
독하는 것이었다.

a. Executive Secretariat's Chronological File, 1957~1967.

    Lot File : 71D171. 4입방피트.

    ※ 장관이 열람할 수 있도록 상기 10년간의 미국 외교의 모든 극비
       또는 비밀문서, 각서, 연구, 전보통신, 보고 등을 월별 순서로 편집
       했다. 현재 미해제 상태로 국무부에 보존되어 있다.

b. Policy Briefing Books for the Secretary of State, 1949~1965.

    Lot File : 66D150. 1입방피트.

    ※ 이 당(檔)은 유럽, 중남미, 아프리카, 아시아 지역으로 나뉘어져 있
       다. 1952년, 새로 취임하는 국무장관과 1960년에 취임한 케네디 대
       통령에게 브리핑하기 위하여 모여진 문서들이다. 또한 "장관을 위
       한 각국의 실태 브리핑, 1961년"과 막스웰 테일러 장군의 "베트남
       시찰기"도 포함되어 있으며, 아직 국무부에 남아있다고 한다.

c. Records of the Secretary of State(Dean Acheson), 1944~1952.

　Lot File : 53D444, 56D459. 18.5피트.

　※ 이 당(檔)은 부분적으로 기밀해제가 되어 있고, 각국 원수 또는 주
　　요인사와의 대담기록 등이 든 "Memorandums of Conversation, 1947~
　　1952"가 돋보인다. 한국문제에 대한 토론이 여기저기 산재해 있다
　　(Box 14 등).

d. Records of the Undersecretary of State(Dean Acheson), 1941~48, 1950.

　Lot File : Box 1~14.

　※ 이 당(檔)은 주로 애치슨이 국무부 차관보였던 1941~45년, 차관이
　　었던 1945~47년의 문서들이 포함되어 있으며 소량의 1950년도 문
　　서도 있다. 전부 기밀해제되어 있다. Box 10, 12가 한국관계 문서
　　들이다.

e. Minutes of the Secretary's Daily Meetings, 1949~1952.

　Lot File : 58D609.

　※ 이 당(檔)은 애치슨과 그의 주요 측근 브레인이었던 Kennan, Bohlen,
　　Jessup, Nitze, Rusk 등과의 대화기록이다. 대부분의 기록이 한국전
　　쟁기간에 이루어진 것으로 자연히 한국문제도 많다. 두 상자 분량.

f. Records of the Secretary's Staff Meetings, 1952~61.

　Lot File : 63D75. 4입방피트.

　※ 1952년 1월에서 1960년 12월까지 매주 월요일과 수요일에 국무장
　　관은 차관보들과 외교문제를 토론하고 임무를 부과했었다. 이것
　　은 주로 아이젠하워 대통령 시기의 문서들이며 한국문제들도 많
　　이 포함됐다고 하는데 아직 미해제 상태이다. 프린스턴대학에서
　　마이크로필름으로 복사하여 소장하고 있다고 한다.

g. Memorandum of Conversations of the Secretary and Undersecretary, 1953~1960.

　Lot File : 64D199. 7.7입방피트.

※ 아이젠하워 대통령 시기의 국무장관과 차관의 전화통화, 회의약
속, 연설문 등의 내용을 담고 있다고 한다. Entry 1565. 19 Boxes.

h. President and Secretary of State Correspondence with Heads of Governments,
1953~1964.

Lot File : 66D204. 9입방피트.

※ 아이젠하워, 케네디, 존슨 대통령 및 그들의 국무장관 덜레스, 허
터, 러스크와 각국 원수들 사이에 왕래한 통신문이 주내용이다.
한국과의 통신도 포함되어 있으며, 아직 미공개 상태이다.

i. Records of Ambassador at Large(Philip C. Jessup), 1946~1953.

Lot File : 53D211, 53D470, 53D65. Entry 1388, 1459, 1496. 22 Boxes.

※ 제섭은 1948년까지 국무부 차관보를 지냈고, 1949년 3월 유엔 부대
표로 임명될 때 무임소 순회대사를 겸직하여 분쟁 해결사로 활약
하였는데 한국전쟁과도 관련을 맺고 있다.

j. Records of the Chief of Protocol, 1918~1963.

Lot File : 53D208, 55D53, 57D468, 57D637, 60D7, 60D457. 46 Boxes.

※ 각국 원수가 미국 방문 때 가지고 온 선물명단, 연회배석자 명단
등을 포함하고 있다.

k. Records Relating to Department of State-Joint Chiefs of Staff Meeting,
1951~1959, 1959~1963.

Lot File : 62D417. 3입방피트.

※ 1951~1959년 문서에 6·25전쟁 관계문서가 다수 포함되어 있을 것
으로 추정된다.

l. Records of the Executive Secretariat Relating to International Conference
Attended by the Secretary or Undersecretary of State of Official Visits of
Foreign Dignitaries to the United States, 1949~1955.

Lot File : 59D95, 60D627. 38입방피트.

※ 장관, 차관의 국제회의 참석기록 및 외국 수뇌부의 미국 방문 기
록으로 미해제 상태이다.

m. Records Relating to Major International Conferences, 1953~1955.

Lot File : 60D627(continuation of 59D95). 31입방피트.

※ 1953~1955년의 국제회의 기록문서로서, 당연히 1954년의 한반도문
제에 대한 제네바회담도 포함되어 있다.

n. Action Summaries of the Undersecretary's Meetings, 1949/2~1951/1.

Lot File : 58D609. 1 Box.

o. Memorandum of Conversations with the President, 1949~1952.

Lot File : 65D238. 2 Boxes.

※ 애치슨이 백악관을 방문하여 대통령과 대화한 것을 요약한 기록
으로, 1950년 것만 해제되어 있다.

2) Records Involving National Security and Policy Planning

국무부는 국가안전보장회의(National Security Council), 심리전략심의회
(Psychological Strategy Board), 정책실행종합심의회(Operations Coordinating
Board)에서 국방부 및 중앙정보국과 더불어 참여하였으므로, 비록 국무부
자체문서는 아니지만 이들 기구의 문서를 소유하게 되었다. 국가안전보장
회의는 냉전으로 돌입하는 1947년에 중앙정보국(CIA)과 국가안보자원심의
회(National Security Resources Board)와 같이 창립되었고, 그 위원은 대통
령, 국무장관, 국방장관, 육해공군장관, 그리고 국가안보자원심의회 의장
이었다. 국가안보정책, 정보, 인력 산업 자원의 동원태세를 두루 종합조정
하는 역할을 목적으로 한 것인데, 국가 외교정책의 비중이 컸으므로 국무
부의 역할이 현저했다. 1947년에 중앙정보국에 참석권을 부여하였고, 1949년
부터는 재무장관, 합동참모본부장에게도 참석권을 부여하고 국방부에 실
행 주무사업을 관장하게 하였으며, 대통령에 직속토록 하였다. 그 후의 위

원은 대통령, 부대통령, 국방장관, 국무장관에 국한하였고, 중앙정보국을
감독하고 직속 부처에서는 타 기관에 자문하여 외교군사정책문서를 작성
하고 토론을 거쳐 실행에 옮겼다.

a. Records of the Policy Planning Staff Relating to State Department Participation
in the National Security Council, 1947~1962.

Lot File : 61D167　　　Box 1~46

　　　　　62D1　　　　Box 47~157(Still classified)

　　　　　71D293　　　Box 158~177(Carlton Savage File)

※ Box 19~21, 163은 한국에 관련된 것이며, NSC정책문서 중에서 한
국관계를 들면 다음과 같은 것이 있다.

NSC 8	The Position of the U.S. with Respect to Korea, Apr. 2, 1948.	
8/1	The Position of the U.S. with Respect to Korea, Mar. 16, 1949.	
8/2	The Position of the U.S. with Respect to Korea, Mar. 22, 1949.	
44	Limited Military Armament for Japan, Mar. 11, 1949.	
48	U.S. Policy Toward Asia. June 10, 1949.	
48/1	The Position of U.S. with Respect to Asia, Dec. 23, 1949.	
48/2	The Position of U.S. with Respect to Asia, Dec. 30, 1949.	
48/3	U.S. Objectives, Policies and Courses of Action in Asia, Apr. 26, 1951.	
49	Current Strategic Evaluation of U.S. Security Needs, in Japan, June, 15, 1949.	
49/1	Current Strategic Evaluation of U.S. Security Needs, in Japan, Oct. 4, 1949.	
60	Japanese Peace Treaty, Dec. 27, 1949.	
60/1	Japanese Peace Treaty, Sept. 8, 1950.	
73	The Position and Action of the U.S. with respect to Possible	

Further Soviet Moves in the Light of the Korean Situation, July 1, 1950.

73/1   July 29, 1950.

73/2   August 8, 1950.

73/3   August 22, 1950.

73/4   August 25, 1950.

76   U.S. Courses of Action in the Event Soviet Forces Enter Korean Hostilities, July 25, 1950.

79   U.S. War Objectives in the Event of Global War, Aug. 25, 1950.

80   Peace Offensive Concerning Korea, Sept. 1, 1950.

81   U.S. Courses of Action with Respect to Korea, Sept.1, 1950.

81/1   Sept. 9, 1950.

81/2   Nov. 14, 1950.

95   U.S. Position Regarding a Cease-Fire in Korea, Dec. 13, 1950.

100   Recommended Policies and Actions in Light of the Grave World Situation, Jan. 6, 1951.

101   Courses of Action Relative to Communist China and Korea, Jan. 15, 1951.

101/1   U.S. Action to Counter Chinese Communist Aggression, Jan. 15. 1951.

118   U.S. Courses of Action in Korea, Nov. 29, 1951.

118/1   U.S. Objectives and Courses of Action in Korea, Dec. 7. 1951.

118/2   December 20, 1951.

134   Implications of Continued Hostilities in Korea, July 2, 1952.

147   Analysis of Possible Courses of Action in Korea, April 2, 1953.

148   U.S. Policies in the Far East, April 6, 1953.

154   U.S. Tactics Immediately Following an Armistice in Korea, June 15, 1953.

154/1   July 7, 1953.

156   Strengthening the Korean Economy June 23, 1953.

156/1	July 17, 1953.
157	U.S. Objective with Respect to Korea Following an Armistice, June 25, 1953.
157/1	July 7, 1953.
167	U.S. Courses of Action in Korea in the Absence of an Acceptable Political Settlement, Oct. 22, 1953.
167/1	Nov. 2, 1953.
167/2	Nov. 6, 1953.
170	U.S. Objectives and Courses of Action in Korea, Nov. 9, 1953.
170/1	November 20, 1953.
5429	Review of U.S. Policy in the Far East, Aug. 4, 1954.
5514	U.S. Objectives and Courses of Action in Korea, Feb. 25, 1955.
5702	Evaluation of Alternative Military Program is Korea, Jan. 19, 1957.
5702/1	U.S. Policy Toward Korea, Mar, 18, 1957.
5702/2	August 9, 1957.
5817	U.S. Policy Toward Korea, August 11, 1958.
5907	U.S. Policy Toward Korea, July 1, 1959.
6018	U.S. Policy Toward Korea, Nov. 28, 1960.
6018/1	Jan. 18, 1961.

이상에서 보는 바와 같은 NSC정책문서를 모두 다 열거한 것은 미국의 대한정책이 이러한 정책문서를 중심으로 이루어지며, 후기하는 국무부 정책계획실 문서와 관계가 매우 크기 때문이다.

b. Records Relating to the Psychological Strategy Board, 1951~53.

　　Lot File : 53D333, 3입방피트.

　　※ 이 중 8상자가 기밀해제되어 있다. 심리전략심의회(Psychological Strategy Board)는 외교군사면에서의 국가적인 심리전 전략의 효율적 적용을 목적으로, 한국전쟁이 한창이던 1951년 1월 조직되었

다. 위원은 국무차관, 국방장관대리, 중앙정보국장이며 전임 위원
장과 직원을 두었다. 250/63/7/7~250/63/ 8/1.

c. Records Relating to State Department Participation in the Operation
Coordinating Board of National Security Council, 1953~1960.

Lot File : 62D430, 61D385 42 입방피트.

※ 47상자가 기밀해제되어 있는데, 제18, 19, 22상자 등에 한국 관련
문서가 많다. 정책실행종합심의회(Operations Coordinating Board)
는 1953년에 아이젠하워 대통령이 국가안전보장회의의 결정사항
을 실행에 옮기는 감독기구로 설치하여 NSC 산하에 두었다. 위원
은 국무차관, 국방장관대리, 중앙정보국장, 대외기술경제원조관리
국(Foreign Operations Administration) 그리고 대통령의 대리인이었
다. 이 기구는 케네디 대통령 취임 이후에 폐지되었다.

d. Records of the Policy Planning Staff, 1947~1962.

Lot File :	64D563	1947~1953	Box 1~78
	65D101	1954	Box 79~93
	66D70	1955	Box 94~105
	66D487	1956	Box 106~113
	66D548	1957~1961	Box 206(Still classified)
	69D121	1962	Box 207~239

※ 이 기구는 국무부가 1947년 5월, 국무부 내부의 정책 프로그램의
수립과 당면과제의 해결과 수행을 목적하여 수립한 것이다. 초대
실장인 케난 밑에 쟁쟁한 논객들이 포진하고 있어 이 방대한 문서
당의 초고, 각서 등에는 그들의 신랄한 촌평들이 실려 있는데 갖
가지 의견들이 분출하고 있음을 볼 수 있다. 국가안전보장회의 정
책문서들에 대한 의견들도 많고, 국무부의 한국관을 아는 데 도움
이 된다. 국방군사연구소에서 이를 출간하였다.

3) Records of Intelligence and Research

a. Records of the Bureau of Intelligence and Research(R & A Reports).
   Lot File : 58D776. 310 Boxes.

   ※ 1945년 첩보기관 OSS가 대통령의 명령으로 해산되자, 그 산하의
   Research and Analysis Branch는 국무부 산하에 들어가서 계속 정보
   분석 업무와 리포트 반포 작업을 수행하였다. "Subject files, 1945~1960"
   의 한국 부분(제13상자)에는 흥미로운 자료들이 간간이 들어 있
   다. 리포트는 1961년에 종결되었는데 참고로 1956년부터 1961년까
   지의 한국관계 리포트는 다음과 같다.

IR 7157   Current political trends and prospects in the Republic of Korea,
           2/7/56. 16p.

IR 7285   Recent inflationary trends in the Republic of Korea, 1956. 7p.

IR 7309   North Korean cabinet shift in May 1956. 3p.

IR 7371   The Korean presidential succession problem, 1956. 21p.

IR 7608   Emergence of North Korea in East-West trade, 1957. 20p.

IR 7555   Korean issues in the coming U.N. General Assembly, 1957. 17p.

IR 7542   Estimated North Korean population distribution, 1957. 2p.

IR 7687   Implications of communist Chinese withdrawal from North Korea,
           1958. 6p.

IR 7654   The Republic of Korea: Present situation and outlook, 1958.

IR 7897   North Korea joins the "great leap forward", 1958. 4p.

IR 7862   North Korean agricultural cooperatives reorganized, 1958. 5p.

IR 8009   Recent money supply and price relationships in the ROK, 1959. 8p.

IR 7934   Political crisis in South Korea, 1959. 9p.

IR 7953   Korean repatriation issue: what happens next, 1959. 3p.

IR 8293   Political upheaval has only slight effect on Korean economy, 1960.
           7p.

IR 8299   New leadership in South Korea after Singman Rhee, 1960. 27p.

IR 8414   Korean international relations, 1961. 28p.

IR 8454   International recognition of the "Democratic Peoples Republic of Korea", 1961. 3p.

b. Records of the Office of the Director of the Bureau of Intelligence and Research, 1955~1960.

Lot File : 58D776. 11입방피트.

※ 이것은 각국별 보고집, 각서, 연구, 통신, 회합기록, 신문스크랩 등 잡다한 문건들로 구성되어 있다고 한다. 아직 미해제 상태이다.

c. Records of the Division of Research for Far East.

Lot File : 58D245. 9 Boxes.

DRF #56   Summary of the Major Development in Korea

DRF #61   The Proportionate Division Between North & South Korea of Seats in a All-Korean Constituent Assembly

DRF #72   Comments on the Department of the Army Draft on "The Present Economic Status of South Korea"

DRF #78   Southern Korea: A Police State

DRF #96   Early Korean-American Relations

DRF #97   Preliminary Considerations in Setting an Exchange Rate in South Korea

DRF #108   Contribution to Public Affairs Publication on Korea

DRF #126   Estimate of Exports Available from Japan to Meet Korean Import Requirements, US Fiscal Year 1950

DRF #127   Contribution to Korean "Blue Book" for FY1950

DRF #135   Answers to Questions on the Korean Situation in the Light of Soviet Troop Withdrawal

DRF #138   Possible Korean Reaction to a Proposed Plan for Determinations of Status of Koreans in Japan

DRF #143	Postwar Status of the south Korean Cotton Industry
DRF #152	Republic of Korea, 1948~49
DRF #155	Contribution to Revision of Korean Policy Statement(Economic)
DRF #163	Participation of the ROK in the Japanese Peace Settlement
DRF #165	The Status of the North Korean Economy: Analysis of the North Korean Government's Criticism of Industrial Efforts
DRF-DR-167	Plans for Technical Assistance for Korea in FY1952
DRF-DR-172	Contribution to Paper on Military Assistance to the ROK for FY1951
DRF-DR-175	Contribution to Policy Statement of Korea
DRF-DR-180	Counterpart Fund Exchange Rate in Korea
DRF-DR-181	Coordination of Aid Program for Japan, South Korea, Ryukyus and Formosa for US Fiscal Year 1951
DRF-DR-185	Korean-Japanese Economic Relations
DRF-DR-186	Technical Cooperation(Point Ⅳ) Country Study : KOREA
DRF-DR-192	International Economic Relations of the North Korean Regime
DRF-DR-193	The Effect on Japan's Balance of Payments of a Reduction in Korean Trade and an Expansion of Formosan Trade
DRF-DR-201	Estimated Impact of Korean War on Japan's Balance of Payments
DRF-DR-203	Internal Economic and Political Problems Anticipated in North Korea
DRF-DR-209	Preliminary Evaluation of War Damage in Korea
DRF-DR-210	Psychological Effects of Economic Devastation as a Factor Conditioning American Propaganda in Korea
DRF-DR-214	Korean International Boundaries with China and the USSR : Summary of Preliminary Research
DRF-DR-220	Analysis of the Positions of the USSR, the North Korean Regime, and Communist China on the Korean Problem
DRF-DR-225	The Economic Significance of the Area of Korea Between the 38th and 39th Parallels

DRF-DR-226   The Economics of the Existing Exchange Rate in Korea

DRF-DR-229   Comparison of Japanese Assets in Formosa and Korea with Possible Formosan and Korean Claims Against Japan

DRF-DR-231   The Economic Significance of the Area of Korea Between the 38th Parallel and 20 Miles North of the Parallel

DRF-DR-233   Initial Consequence in the Far East of a Korean Cease-Fire

DRF-DR-235   Communist Proposals for Korean Unification

DRF-DR-238   Korean Territory Delineated by the 38th Parallel and the Demarcation Line Prepared by UN Negotiators

DRF-DR-239   Estimated Cost of Maintaining an Expanded ROK Armed Forces

4) Records of the Bureau of Far Eastern Affairs and of Korea

1. Records of the Bureau of Far Eastern Affairs, 1948~1959.

   Lot File : 58D258. 7 Boxes(about economic aid).

   ※ 한국관련 문서는 제2상자에 포함되어 있다.

2. Records of the Bureau of Far Eastern Affairs, 1953.

   Lot File : 55D388. 8 Boxes.

   ※ 제1, 2상자는 모두 한국전쟁의 휴전문제를 다룬 것이다.

3. Records of the Bureau of Far Eastern Affairs, 1954.

   Lot File : 55D480, 55D481. 19 Boxes.

4. Records of the Bureau of Far Eastern Affairs, 1955.

   Lot File : 56D679. 10 Boxes.

   ※ 제8상자에 한미회담 관련 문서가 포함되어 있다.

5. Records of the Bureau of Far Eastern Affairs, 1957.

   Lot File : 59D19. 3 Boxes.

   ※ 이 해의 Country files, Name files, Conversation files이 포함되어 있다.

6. Records of the Assistant Secretary of State for Far Eastern Affairs (Dean

Rusk), 1942~1950.

Lot File : 52-354.

※ 1942년에서 1950년까지 극동담당차관보로 있었던 딘 러스크의 사무실 문서로서 각서, 통신문, 대화내용, 국가별 문건 등이었다고 한다. 이 자료당은 Foreign Relations of the United States에 인용되었다고 한다. 1978년 11월에 폐기처분되었다. 러스크는 한반도의 분단에서부터 6·25전쟁 시까지 한반도와 많은 관련을 맺었던 인물이다.

7. Records of the Assistant Secretary of State for Far Eastern Affairs (John Moore Allison), 1951~1952.

Lot File : 55D282. 1 Box.

8. Records Relating to the Treaty of Peace with Japan 1947~1951(John Moore Allison), 1951~1952.

Lot File : 56D527. 7 Box.

※ 미일강화조약에 관한 초고들과 최종고 성립까지의 역사를 볼 수 있다. 독도문제에 관한 문서들이 포함되어 있다.

9. Records of the Office of Far Eastern Regional Affairs, 1957~1962.

Lot File : 65D497. 3/4입방피트.

10. Records Relating to the Mutual Security Assistance Program(Far East), 1951~ 1952.

Lot File : 57D472, 57D567. 6 Boxes.

11. Records of the Deputy Assistant Secretary of State for Far Eastern Economic Affairs(Charles F. Baldwin an Howard P. Jones), 1951~57.

Lot File : 57D209. 4 Boxes.

※ 1954~1957년도의 한국 관련 문서들은 제2상자에 포함되어 있다.

12. Records of the Director, Military Assistance Coordination Division, 1953~56.

Lot File : 59D448. 6 Boxes.

13. Records of the office of East Asian Affairs, 1954~64.

Lot File : 66D225. 12입방피트.

14. Records of the Office of Northeast Asian Affairs(Japan and Korea), 1945~1953.

Lot File : 56D225, 56D256. 2 Boxes.

15. Records of the Office of Northeast Asian Affairs(Briefing Books), 1945~1957.

Lot File : 60D330. 18 Boxes.

16. Records of the Office of Northeast Asian Affaires Alpha-Numeric Files on Korea, 1952~1957.

Lot File : 58D643, 59D407. 5 Boxes.

※ 대체적으로 1955~1957년 것. 마이크로필름화 되어있다.

17. Records of the office of Northeast Asian Affairs(Korea), 1953~1956.

Lot File : 59D407. 3 Boxes.

18. Records of the Office of Northeast Asian Affairs(Korea, Dulles-Rhee Talks).

Lot File : 57D303. 3 Boxes.

19. Records of the Office of Northeast Asian Affairs Relating to the Korean War, 1950~1952.

Lot File : 55D128. 8 Boxes.

20. Records of the Deputy Undersecretary of State(H.F Mathews-Korea), 1951~1952.

Lot File : 53D413, 55D107. 6 Boxes.

※ 미국 합참 및 육군본부와 리지웨이 사령관 사이의 비밀전보 왕래 철이다.

21. Office of the Historian, "Korea Project" File, 1950~1951.

Lot File : 78D174. 45 Boxes.

22. Records of the Alexis Johnson, 1947~1951.

Lot File : 57D278, 56D424, 56D527, 56D423, 58D529. 13 Boxes.

※ Johnson은 일제시기에 서울에 주재한 경험이 있었고, 1950년에서 1951년까지 동북아시아과를 총괄했으므로 한국 관계 문서가 주류를 이룬다.

23. Records of the Wedemeyer Mission to China and Korea, 1947.

Lot File : 55D150. 11 Boxes.

24. Records of the U.S. Delegation to the Allied Reparations commission (Edwin W. Pauley Reparation Mission), 1945~1948.

Lot File: M17, M18. 91 Boxes.

※ 일본이 북한과 만주에 건설한 산업시설의 시찰을 목적으로 파견된 Pauley 사절단의 문서가 포함되어 있다. 북한의 것은 제77~79 상자에 집중되어 있다.

25. Records of Harley A. Notter(Post-War Planning), 1939~1945.

Lot File : 60D224/122. 282 Boxes.

※ 미국의 제2차 대전 전후처리 구상, 부처간 대화 등을 담은 중요한 문서집이다. UPA사에서 자료해설과 색인목록을 제작하였다.

26. Office of the Legal Adviser, East Asian Affairs Branch Subject and Country Files, 1941~1962.

Lot File : 65D324. 4 Boxes.

※ 제2상자에 한국에 관한 문건들이 있다. 정유소, 법률, 미군의 법적 지위 등에 관한 내용이 포함되어 있다.

27. Office of the Assistant Secretary for Far Eastern Affairs Subject, Personal Name, and country Files, 1960~1963.

Lot File : 62D26, 62D427, 64D25, 65D6. 23 Boxes.

※ 제10상자에 박정희 방미 외교 관련 문서들이 포함되어 있다.

28. Bureau of Far Eastern Affairs Correspondence and Subject Files, 1958.
   Lot File : 60D90. 7 Boxes.
   ※ 표제는 1958년도로 되어 있지만 1959년도의 문서도 포함되어 있다.

29. Records of the Office of Northeast Asian Affairs : Records Relating to
   Foreign Policy Decisions, 1953~56.
   Lot File : 58D184, 58D208, 59D476. 4 Boxes.
   ※ 대부분 한국 관계 문헌들이다.

(2) 基本文書檔(Central Files)

국무부(Department of State)는 1789년 7월 당시에는 외무부(Department of Foreign Affairs)라는 이름으로 설립되었는데, 두 달 후 '국무부'라는 이름으로 낙착되었다. 1789년에서 1969년에 이르는 국무부의 모든 기본적이고 또 중추적인 문서들은 Central Files에 소속하게 된다. 제2차 대전 후 국무부의 기구와 업무가 크게 팽창되어 기본문서당이 제구실을 감당하기 어렵게 되면서 특수당(Special Files)이 생기게 된다. 그러므로 Central Files은 '중심문서당'이라고 부르는 것보다 '기본문서당'이라고 부르는 것이 타당하다고 생각된다.

기본문서당은 원칙적으로 분류법의 변화에 따라 다음과 같이 대별될 수 있다.

1) 1785~1906년기: 특별한 구분법이 없다.
2) 1906~1910년기: 숫자분류법 시기(Numerical File).
3) 1910~1963년기: 십진분류법 시기(Decimal File). 이 시기를 다시 분류법의 수정을 계기로 1910~1949년기와 1950~1963년기로 구분할 수 있다.
4) 1964년 이후 시기: 주제-숫자분류법 시기(Subject-Numeric File).

구한말 외교문서들은 제1범주와 제84문서집단에 들어가 있으며 태평양 전쟁시기부터 한국은 일본에서 분리 취급되어 내용이 풍부해지고 있다.

십진분류법에 의한다면 각 나라마다 고유번호가 있어 한국 95, 일본 94, 중국 93, 구라파 40, 영국 41, 미국은 11이며, 100단위가 미국정부, 200단위가 도망범인 인도, 300이 권리보호, 400이 청구권, 500이 의회와 회의, 600이 상업, 700이 국제관계 및 조약, 800이 개개국의 국내정세인데, 895시리즈는 한국의 국내정세가 되고, 711.95는 한미 간의 관계, 894.95는 한일 간의 관계가 된다.

1945년 유엔이 창립되면서 501이 유엔을 나타내게 되었다. B는 기관, BB는 유엔총회이므로, BB-Korea는 한국문제에 관한 임시위원회(Temporary Committee on Korea), BB-Palestine은 Special Commission on Palestine이 된다. 만일 501.BB Korea/6-6-49라는 문서번호가 있다면 이것은 유엔한국임시위원회 관계 문서로 1949년 6월 6일자의 문서라는 뜻이다.

740은 700, 즉 국제관계와 40, 즉 유럽의 결합인데, 원래 제2차 대전이 유럽에서 발발했으므로 제2차 대전과 그 종결에 부수되는 문건들은 모두 이 범주 안에 소속시켜 버렸다. 그래서 740시리즈 속에 일본문제나 한국문제 문헌들이 대량으로 들어 있게 되는 것이다.

1950년에서 1963년까지의 십진분류법은 이전의 것을 개정한 것으로 다음과 같은 특징을 가진다. 즉 0단위가 雜항목, 100단위가 미국정부, 200단위가 권리보호, 300단위가 국제회의, 의회, 유엔, 조약 등이고, 400단위가 국제무역과 상업 등이며, 500단위가 국제간 문화교육교류, 600단위가 국제정치관계이다. 700에서 900단위까지는 개개국의 국내정세인데, 700단위가 정치와 군사, 800단위가 경제 · 산업 · 사회면, 900단위가 교통 · 운수 · 과학 등에 배당되었다. 또 95a는 북한이고 95b는 남한을 뜻한다. 그래서 이 시기의 십진분류법에 의한 문서 고유번호를 보면 내용이 어떤 종류의 것이며 몇년 몇월 몇일의 것인지 알 수 있고 원 문건을 찾을 수 있어, 어느 상자에 들어가 있다고 인용하지 않아도 되게 되어 있다. 사실상 상자는 경우에 따라서 바꾸어지기도 하므로 문서의 고유번호의 인용이 더욱 중요하다는 것이다.

그리고 하나 부기하여 둘 것은 엉뚱한 범주 속에 한국에 관한 문서가 숨어 있을 수 있다는 것이다. 예를 들면 미국이 유엔에 제출한 북한의 남침증거문서들은 육군문서집단에서는 쉽게 보이지만 국무부 문서 중에서는 아직 찾지 못했다. 어느 범주에 소속되어 있으며 어떻게 그 범주와 번호에 도달할 것인가가 문제이다. 그래서 십진법에 의한 분류문서에서는 의외의 문건이 의외의 곳에서 나올 가능성이 존재한다는 것을 지적해 둔다.

1963년부터 시작된 주제-숫자분류 시스템은 상기한 십진분류법이 복잡하고 같은 종류의 문건을 갑은 이쪽, 을은 저쪽에 분류하는 등 혼란이 많으므로 좀더 구체성 있는 분류법을 지향하여 고안해 낸 것으로 보인다. 예를 들면 정치군사면에서는 CSM, DEF, INT, POL의 4개의 類目이 포함되고 있는데 이것들은 Communism, Defense, Intelligence, Political Affairs & Relations의 약자들이다. 각 類目마다 알파벳 순서로 각국이 배열되어 있어 KOR 즉 Korea는 Kenya 뒤쪽에 위치하고 있다. 정치관계 類目과 숫자의 결합관계를 보면, 1. General Policy, Background, 2. General Reports & Statistics, 2-1. Joint Weekas, 2-2. Political summaries, 2-3. Politico-Economic Reports, 2-4. Politico-Military Reports 등 110여 개의 支目이 있어 이 숫자들이 무엇을 뜻하는지 알아두는 것이 좋다.

4. 제84문서집단: 국무부 외교공관문서

이것은 미국의 재외 대사관, 공사관, 영사관, 사절단이 보관하고 있었던 본국정부와의 교신, 주재국과의 교신, 재류미국시민의 탄생·결혼·사망,

비자발행, 공관인원의 기록, 공관의 재산목록 등을 포함하며 어느 정도 제 59문서집단의 교신과 중복되는 부분이 있다. 한국관련 문서는 1882년에서 1960년대까지 있는데, 물론 일제시기에는 영사관 기록밖에 없다. 일제시기 의 것은 거의 제본된 상태이기 때문에 마이크로필름으로 하기 전에는 복 사해 주지 않는다. 제84문서집단에서 특기할 것은 구한말의 주한미국공관 기록의 존재이다. 이 문서집들은 선장본(線裝本)으로 제본되었는데 다음 과 같은 기록들을 볼 수 있다.

(1) 한국 외부(外部) 조회

　　Foote Series 1~41(5/83~12/84)

　　Foote & Foulk 42~110(1/85~5/86)

　　Foulk, Parker, Rockhill 1~24(5/86~12/86)

　　Dinsmore, Rockhill 1~48(1887)

　　Dinsmore Series 49~85(1888), 86~117(1889), 118~139(5~7/1890)

　　Heard Series 1~40(5~12/1890), 41~16(1891), 117~151(1892), 152~212(9/92~ 8/93),
　　　　213~258(8/93~4/94)

　　Sill Series 1~50(4/94~2/95), 51~108(2/95~12/95), 109~198(1/96~9/97)

　　Allen Series 1~35(8~12/97), 36~72(1~6/98), 73~115(7~12/98), 116~203 (1899),
　　　　204~226(1~11/1900), 267~359(1901), 359~479(1902), 480~543(1903), 544~616
　　　　(1~8/04), 617(9/04~6/05)

(2) 한국외부(韓國外部)

　　Morgan Series 1~27(6~12/1905)

　　Allen Series 516~573(3/04~6/05)

(3) 한문미서공독(漢文美署公牘)(사본) 13책. 1885~1902

(4) 영문 Notes to the Corean Government. 4 Volumes

　　Foote, Parker, Dinsmore, Heard(1883~1892). 399p

Heard, Sill, Allen(1892~1901). 500p

Allen Series(1901~1904). 336p

Paddock Series(1902~1904). 231p(미국시민에게 부친 편지도 포함)

(5) Despatch Book. 7 Volumes(사본)

Foote, Foulk Series(1883~1886). 400p

Foulk, Parker, Dinsmore(1886~1890). 399p

Heard Series(1890~1892). 396p

Heard, Sill Series(1893~1897). 505p

Sill, Allen Series(1897~1900). 500p

Allen series(1900~1902). 500p

Allen Series(1902~1903). 177p

(6) Department of State, Received. 31 Volumes

Foote Series(8/84~2/85) 1~29

〃　(11/83~8/84) 29~63

Foulk Series(2/85~8/85) 30~66

〃　(9/85~3/86) 67~108

Parker, Foulk, Rockhill(3/86~3/87) 1~56

Dinsmore Series(1/87~10/87) 1~43

〃　(11/87~12/88) 44~86

〃　(1/89~3/90) 87~137

Sill Series　(1/94~11/94) 1~40

〃　(11/94~6/95) 41~50

〃　(1/96~8/97) 131~192

Heard Series(2~8/90) 1~41

〃　(9~12/90) 42~62

〃　(1~4/91) 63~93

〃　(5~12/91) 94~117

〃　(1~10/92) 118~147

〃 (1/92~8/93) 148~188

〃 (5/93~4/94) 189~233

Allen Series(8~12/97) 1~37(여기서부터 타자기를 사용)

〃 (1~6/98) 38~82

〃 (7~12/98) 83~114

〃 (1~12/99) 115~140

〃 (1~12/1900) 141~159

〃 (1~12/01) 160~187

〃 (1~12/02) 188~215

〃 (1~12/03) 216~244

〃 (1~6/04) 245~266

〃 (7~12/04) 267~283

〃 (1~5/05) 284~290

Morgan Series(6~12/05)

(7) Carbon Copies of Typescript(Miscellaneous Sources). 4 Volumes

a) 9/97~10/99. 999p

b) 10/99~8/01. 1014p

c) 8/01~12/03. 994p

d) 12/03~1/06. 670p

(8) Department of State, Sent. 7 volumes

Morgan Series. 2 volumes

Allen Series. 5 volumes

(9) C. G. Series(Corean Government나 Consulate General의 약자)

※ Dept. of State, Received와 Korean Department, Received의 두 종류로 모두 15권이 있다.

(10) Treaty Book. 4 volumes

(11) Register of Letters. 6 volumes

(12) 기타 잡 문건들

5. 제353문서집단: 부처 간 및 부처 내 위원회 문서

제353문서집단은 국무부 각 부처의 문서와 부처 내의 각종 위원회 또는 국무부와 국방부 등 타 부처 간 합동위원회문서의 집대성이다. 1917년 이래의 문서를 모았다. 그중에서 한국과 관계가 있거나 있을 것으로 추정되는 문서당을 나열해 보면 다음과 같다.

1. Far East Interdivisional Area Committee Minutes, March 1951 Entry 68A. 5 Boxes.

2. Subcommittee on Development of Japanese and Korean Trade Agenda, 1947~48. Entry 69. 9 Boxes.

3. Records of Occupied Area Affairs Working Party on Korea, 1947. Entry 70. 9 Boxes.

4. Records of Occupied Area Affairs Working Party on Korea, 1947. Entry 71. 9 Boxes.

5. Records of the Economic Commission For Asia And the Far East, 1955. Entry 369. 21 Boxes.

6. Summary of Policy Decisions on Occupied Area Matters, 1946~47. Entry 502. 2 Boxes.

7. JCS Directives to Supreme Commander for the Allied Powers 1945~49. Entry 508. 116 Boxes.

8. State-War-Navy Coordination Committee And Its Predecessor, State-Army-Navy-Air Force Coordinating Committee. Entry 512~545. 104 Boxes.

※ 이것은 미국의 전후처리와 전후 점령지정책을 위하여 국무부－육군－해군 간의 의사조정, 각종 위원회의 기록으로 국내에 잘 알려져 있다. Scholarly Resources사에서 마이크로필름을 제작하였다.

6. 맺음말

이상 지금까지 알려진 미국 국무부 문서들의 개황을 살펴보았다. 새로운 문서들이 매달 상당량 나오는 상황에 비추어 본다면 이런 종류의 소개는 2~3년에 한번씩 보충하는 것이 바람직하다고 생각된다. 국무부문서보다 방대한 것이 미국 육군과 해군의 한국 관계 기록이며 이것들의 소재파악과 개황조사는 현재 진행 중에 있다. 후일을 기하면서 우선 여기서 끊는다.

❖ 『國史館論叢』第79輯, 국사편찬위원회, 1988

미국 국립공문서관 소장 RG 242 내
'선별노획문서' 조사연구

1. 군사목적용 '선별노획문서' 더미의 의미와 내용

(1) 들어가는 말

　1984년 말에 필자는 「노획 북한필사문서 해제」라는 글을 썼다.[1] 그 글은 1986년 2월 한림대학교의 『아시아문화』 창간호에 실렸고 국내와 일본에서 나름대로 주목을 받아 왔다. 글의 골자는 1977년도에 정식으로 기밀해제 되었다는, 한국전쟁기에 노획된 북쪽의 문서들을 개관하고 북쪽의 6·25 개전을 검토 소개한 것이었다. 당시 필자가 그 해제를 쓰려고 했던 진정한 목적은 맥아더 사령부의 정보기관에서 6·25 발발을 알고도 방관하였다는 나의 견해를 알려 하나의 은감(殷鑑)이 되었으면 하는 심정 한가지였다.[2] 필자의 해설이 6·25전쟁사나 6·25 전사의 연구를 위하여도 하나의 적은 초석이 되었으리라는 기대를 품고 있다. 필자는 당시 국사편찬위원회 최영희 위원장의 위촉을 받아 1979년도부터 이 노획문서군(群)

---

1) 방선주, 「노획 북한필사문서 해제(1)」 『아시아문화』 창간호, 한림대학교 아시아문화연구소, 1886, 41~156쪽. 이 글은 본 『해외사료총서』 제3권에 재수록 되어있다.

2) 이 견해는 필자의 『KLO TLO 문서집』 해제에서 좀 더 보충되었다. 『아시문화연구소 자료총서 28』(2000. 6)의 해제를 볼 것.

을 보고 문서를 보냈고[3] 이 자료더미의 의미에 대하여 생각을 많이 했었다. 1,200여 상자에 분납된 약 158만 매의 문서와 책자들을 제일 많이 본 사람은 역시 필자라고 자부하며 이 자료더미 외에도 기밀해제 되지 않은 노획문서들이 상당량 있으리라는 심증이 굳어 갔다. 그 단서는 미 극동군사령부 군사정보국 소속인 번역통역부(ATIS)에서 편찬했던『적의 문건(Enemy Documents)』시리즈에서 200,000 단위의 문건들이 집중적으로 번역되고 있지만 이미 기밀해제 된 노획문서에는 그것들이 포함되어 있지 않다는 데서 찾았다.

결국, 이 기밀해제 되지 않은 문서더미가 미국 국립공문서관(National Archives and Records Administration: NARA)에 입수보전 되고 있다는 사실을 확인한 필자는 1980년도 후반기부터 줄기차게 기밀해제 신청을 했으나 기밀해제의 우선순위(priority)가 아니라는 이유로 거절당해 왔다. 그런데 1990년도 초, 당시 국방부 산하 전쟁기념사업회의 이은봉(전 공군 정훈감)씨의 방미에 맞추어 부관장직에 있는 여성 아키비스트를 기습 방문하여 사정한 결과 20만 단위 시리즈는 물론, 지금까지 있는 것조차 몰랐던 SA2001에서 SA2004의 문서더미도 같이 기밀해제되어 나왔다.[4] 이로써 노획문서의 테두리가 대략 알려지게 되었다.

ATIS에서는 당면한 군사적인 활용면에서 이용가치가 적다고 생각되는 노획문서 더미들을 발송통지번호인 Shipping Advice Number 2001에서 2013까지로 구분하여 미국으로 우송하고(편의상 'SA노획문서'라고 지칭), 군사적으로 이용가치가 있다고 판단되는 문건들은 따로 200001에서 시작하여

---

[3] 국사편찬위원회에서는 보내진 자료를『북한관계 사료집』1책(1982년)으로 시작하여 현시점까지 꾸준히 근 40권을 출판해 왔다.

[4] SA2001에서 SA2004까지는 소련에서 출판된 책자들과 신문들이 주류를 이루고 있으며 SA2004에는 북한에 주재한 소련회사나 대사관에서 나온 문서들이 상당량 들어 있다. 그 목록들은 Record Group 242, Seized Korean Box List(NND 931571)의 일부분으로 존재하며 국사편찬위원회에 들어가 있다. 총 207매의 목록이다.

선별 수집한 것으로 짐작된다. 짐작된다고 하는 것은 이를 확인해 주는 문서를 아직 찾지 못했기 때문이다. 그런데 200001에서 200046까지는 없고, 200047번부터 시작하여 208072번으로 끝이 나지만 남아있는 문건 수는 8026건(8072-46)이 아니다. 첫 상자인 Box No.17이 200047, 200117, 200118, 200119, 222131, 200174…로 이어지는 데서 볼 수 있듯이 빠진 문건들의 숫자가 많다. 미국 국립공문서관의 기록에 따르면 5,822건의 문서라고 하므로5) 2,350건의 문서가 미아(迷兒)가 되고 있다는 이야기이다. 이 미아들은 어디에 가 있는가? 이것이 필자의 제3단계 추적 목표이다.

그런데 미 '국무부문서'에 20만 시리즈 번호가 찍힌 노획문서들이 간혹 들어가 있으며 또 필자는 후버연구소에서 번호가 찍힌 북한의 전단을 찾아 이 목록에 집어넣었기 때문에 ATIS에서 모은 상당한 수의 문건들이 미 국무부나 개인손에 흘러 들어갔으며 또 이치상 RG 319의 631 기밀문서 더미 안에 산재하고 있을 것으로 추측된다. 그러나 노근리사건에 대한 필자의 특수 문서추적에서 알려졌듯이6) 6·25전쟁 초기의 문서들은 일선 각 사단(즉 24사단 제1기병사단이든 해병대든)과 8사단에서 번역하는 과정에서 원문이 파기된 것들이 상당히 있는 것으로 추정되며 이것이 200001번부터 200046번까지 문건의 부재와 연결된다고 보고 싶다. 200189번 문건은 인민군 제1군단에서 작성한 8월 2일자 문서인데 번역만 남고 원문의 소재는 불명이다. 또 똑같은 책자들과 문건 복사물들을 다른 일련번호로 찍었다가 중복된 번호를 말소했을 가능성도 농후하다.

필자가 제3단계로 추구하려는 과제는 ATIS에서 각 사단 각 연대에 배치한 소조(小組)가 번역한 문건들의 번호를 추정하는 것인데, 이를 위해서는

---

5) 1959년 2월 26일 미국 국립공문서관의 Captured Records Section, Description & Disposition Unit의 Job Number III-IWD에 의하면 Boxes 17-185 Captured Enemy Documents No.200047 - 208072=5822 documents(174 archives boxes)로 되어 있다.

6) 방선주, 「한국전쟁 당시 북한자료로 본 '노근리'사건」, 『정신문화연구』 2000년 여름호(23권 2호), 24쪽과 주 3)을 볼 것.

번역문서들을 모두 모으는 작업이 필요하며『적의 문건(Enemy Documents)
』(1~103권), Supplements(159건), Bulletin (1~136권)과 비교하면서 진행할 필
요가 있다. 이번에 목록을 작성한 결과『적의 문건』등과 대조하여 목록에
빠진 것이 많다는 사실을 확인한 것도 하나의 소득이다.

　본인이 옛 논문들에서 '신노획문서'라고 이름지은 '선별노획문서' 더미
가운데 군사부분은 마이크로필름 형태로 당시의 국방군사연구소에 제공
했으며, 또 한림대학교 아시아문화연구소에서 자료집으로 간행하였다.[7]

(2) 내용

　간단히 말해 이 문서더미는 귀중한 역사적인 자료들이 수두룩한 것이
특색이지만, 여기서 하나 하나 모두 설명하기는 어렵다. 필자는 한림대학
교 아시아문화연구소에서 간행한 자료집의 해설들을 쓰면서 이 자료의 여
러 면을 반영했으므로 그것을 병행하여 참고하기 바란다. 여기서는 200047
번부터 차례로 필자가 중요하다고 생각하는 문건, 또 설명해야겠다고 생
각하는 문건들을 약간 소개하는데 그치겠다.

　첫 번째『정치상학교재』의 상학(上學)은 한국적인 개념과 약간 달라, 중
공군에서는 집체적으로 '공부한다', '학습한다'는 뜻으로 쓰이며 이것이 인
민군에게도 계승된 것이다. 인민군의 골간 간부들이 중공군 출신이기에
중공군적인 용어가 일상화되었던 것이다. 그래서 인민군의 문화일꾼들(정
치지도원들)이 군인들에게 정치관 주입과 규율강화에 이용하는 상학교재
들은 인민군의 바탕을 이해하는 데 도움이 되는 것으로 모든 노획문서 중
에서 이러한 '상학교재'들을 모아 따로 분석할 필요가 있다. 또 민족보위성

---

7) 아시아문화연구소 자료총서 12『조선공산당문건자료집』, 13『북한경제통계자료집』, 19『북
　한경제관련문서집』, 20『빨치산자료집』, 29『한국전쟁기 삐라』, 30『한국전쟁기 중공군문서』
　등이다.

총참모부가 편찬한『보병전투규정』이나『정찰규범』따위의 수많은 교과서들은 대체적으로 소련의 것을 그대로 번역한 것이 특색이며 번역 용어의 선택에도 꽤 고심한 흔적이 있으나 일반적으로 평할 때 상당히 서툴게 번역되었다고 느껴진다. 좌우간 소련 군대의 교과서를 그대로 사용하고 국내적인 요소를 가미하거나 개수하지 않은 점이 눈에 띤다. 즉 중공군과 달라 창군 후 얼마 되지 않은 인민군이 아직 미숙했다는 증거이다.

200258번과 200259번에서 보는「개전전투보고」는, 필자의 조사에 의하면 인민군 제3사단 7연대 제1대대(문흥권 대대장)와 제3대대(옥재민 대대장)의 문건들이다. 제3사단 7연대라고 명기되어 있지는 않지만, 필자는 한국전쟁사를 쓰기 위해서 인민군의 좌관급 이상의 인명을 모두 수집해 보려고 노력했고 또 각 사단 연대의 대호(代号)도 모았다. 그래서 이들 소중한 문건에 나오는 작전문서들에 소속이 밝혀져 있지 않은 경우에도 소속을 알 수 있는 경우가 많다. 인민군이 개전을 전후하여 어떻게 배치되었고 어떻게 작전했는지를 이러한 문서들이 생생하게 보여주고 있는데, 655군부대 즉 제6사단의 개전준비와 소련고문관의 작전지시, 또 개전 후 작전전개에 대한 200254호「한신호일기」가 여기에 수록되지 못하고『적의 문건』에 실려 있는 영어번역으로만 접할 수 있는 것이 애석하다. 소련고문관들의 역할에 대해 흥미를 가진 미국의 어떤 기관이 빼 가지고 가서 실물은 어딘가에 소중히 보관되어 있는지도 모르겠다.

이 20만 단위 '선별노획문서'에는 인민군 군인들의 일기가 상당히 많다. 의용군에 출정한 대학생의 일기(200376번)를 비롯하여 개인간의 애증관계, 인생관의 변화, 만주에서 일선으로의 출동 경로 등등을 다룬 가지각색의 일기들이 흥미로운데 다만 활자화하기에는 개인의 사생활과 어떻게 조화시켜야 할지 문제가 될 수 있다.

200569번「김건후 심문록」은 20세기 전반기 한국인 지식인의 비참한 유형 한 가지를 보여준다.「김건후 심문록」은 대한민국 성립 후 광산국장을 지낸 그가 전쟁 당시 북쪽에 잡혀 살고 싶은 일념으로 중경 임시정부 치하에서 소련을 위하여 스파이 행위를 했다고 소련당국에 문의해 보라는 기록에 불과하다. 그러나 재미한인의 독립운동을 연구해온 필자로서는 그에 대하여 꽤 알고 있다. 1920년대 콜로라드주의 대학에서 광산공학으로 학위를 받았으나 미국에서의 취직은 불가능에 가까웠다. 유태계 미국인 처녀와 결혼한 그는 그래서 소련으로 이주해 광산기술자로 보람있게 사는 듯이 보였다. 자주 미국 교포들에게 문안편지도 썼다. 그런데 스탈린의 대숙청 바람이 불어 닥쳐 그는 북극 가까이의 강제 노동수용소에 수용되었다. 그의 부인은 중앙아시아에서 미국대사관이 있는 모스크바까지 걸어가다시피 하여 진정했고 결국 부인과 그 어린 아들만 미국 귀환이 허용되었다. 미국에 귀환한 부인은 줄기차게 남편의 석방을 위하여 운동했고 이 기록이 미 「국무부문서」에 소상히 나오고 있다. 드디어 소련당국은 석방의 조건으로 ① 중경으로 갈 것, ② 소련을 위하여 보고서를 쓸 것을 요구했다. 이것이 200569번 문서에 나타나는 것이다. 중경에서는 김건후의 부친이 임시정부 일을 보고 있었는데 김건후는 국민당 치하 광산의 기술자로 취직하고 보고서들을 쓴 것 같다. 그 동안 그는 미국의 부인과 편지왕래가 많았으나 떨어진지 오래 되어 관계가 소원해 진 것 같다. 김건후는 남한으로 돌아가 미소공동위원회에서 미국 측의 러시아어 통역도 했다. 그 후의 김건후에 대하여는 아는 바가 없지만 미국에는 김건후의 아들이나 자손이 그 어딘가에 살고 있을 것 같다. 이것이 200569번 문서가 보여주는 비극의 한 토막이다.

200602번에서 보는 따위의 인천방위전투에 관한 문건들은 1970년대에 나온 노획문서나 '선별노획문서'에 상당량 포함되어 있는데, 북한은 인천상륙을 예측한 바 있었으나 필자의 조사결과로는 기진맥진하게 지친 판에 뾰족한 대책이 없었다는 것을 그 참패의 원인으로 들 수 있다. 인민군이 낙동강에 도달했을 때 승패는 이미 결정 났는데 왜 계속 밀어 부쳐야 했는지에 초점을 맞춘 연구가 있을 법하다.

200686번은 '선별노획문서' 더미 안에서도 극히 사료가치가 높은 일급 자료이다. 원문은 러시아어로 된 8매의 대형도표인데 러시아어의 영어번 역은 "Handwritten file, in chart form containing intelligence plan for an attack operation by the North Korean Army, dated 20 June 50, classified 'Soviet Secret'"이며[8] 남한에 대한 3단계 침공안을 담고 있다.

200710번은 당시 좌익 재미교포인 선우학원과 이사민이 연명하여 1948 년 11월에 미국공산당원의 자격으로 김일성과 박헌영에게 쓴 편지로 평양 시 북한 내각관청 안에서 발견되었다고 영어번역에 쓰여있다. 이사민은 후에 북한에 입국하였고 선우학원은 미국에 남았는데, 선우 박사에게 문 의하니 이 편지는 시애틀의 N 씨를 통해 남한으로부터 지하 루트로 북한 으로 보내졌다고 했다. 이런 종류의 편지가 정부청사에 남아 있었다면 더 중요한 편지들도 남아 있어야 될 것인데, 이 노획문서 더미에서는 찾아볼 수 없는 것이 마음에 걸린다. 선우 박사는 임화(林和)를 의심하는 듯 했으 나, 이 편지 때문에 선우 박사가 미국 의회조사의 도마 위에 올라간 것을 감안하면 과연 이 편지가 평양에서 발견되었는지 재고의 여지는 있다.

200774번과 200791번 이학구 총좌가 낙동강전선에서 미군에 항복했을 때 몸에 지니고 있던 문건들이다. 이학구는 중공군에서 북한으로 이식(移 植)된 군인이 아니라 인민군 자체 안에서 육성된 엘리트 군인으로 장래가 촉망되던 부류에 속한다. 계급이 가장 높았던 포로였으므로 그는 친북 포 로들의 명목적인 총수가 되었으나 사실은 미국 측이 전향을 막고 억지로 그런 자리로 밀어 넣었다는 혐의가 없지 않다. 그가 항복 당시에 가지고 있던 문건 중 가장 중요한 것이 강건 참모총장의 전사를 알리는 생생한 기

8) 필자가 이 자료의 발견을 국립공문서관의 보일란(Boylan) 씨에게 자랑하자 그는 자료를 본 후 귀중품 서고에 격리 수용했다. 국방군사연구소의 『한국전쟁』상권, 78~79쪽에 소개되어 있다. 단 와다 하루끼 교수에 따르면 '소련비밀(Soviet Secret)'이라는 번역은 '극비'의 오역이 라고 한다. 둘 다 비슷한 발음을 가졌다는 것이다.

록이다. 유성철은 자신의 증언에서 강건이 금강변에서 지뢰에 의해 폭사
했다고 한국 신문에 기고했지만 사실이 아니다. 강건은 경북에서 소련인
고문과 지프차를 타고 전선을 시찰하던 중 소련고문과 같이 폭사한 것으
로, 유성철의 증언은 소련 고급장교의 동행과 그 전사를 은폐하려는 의도
에 따른 것으로 간주된다. 이에 대해서 필자는 글을 쓸 준비가 되어 있다.

200852번은 1947년 3월 북한이 소련당국과 협정을 맺어 청진, 나진, 웅기
세 항구를 30년간 소련 측에 양도(즉 租借)한다는 중요 문서이다. 북조선
인민위원회 지시 제74호「항구 양도에 관한 지시」와 그 부속 문서를 여기
서 열람할 수 있다. 이 문서의 존재는 역으로 말해 북조선 인민위원회가
북한 통치기관으로 기능했다는 증거도 된다.

200859번은 북한 인민군의『군사지식』1950년 4월호 3권인데, 원래 SA2008
9/25였다는 것, 또 안동에서 노획했다는 것을 말하고 있다. 참고로 Shipping
Advice No.2008, Box No.9의 Item 25 항목을 보면 "『군사지식』6권, 1950년
1월부터 6월까지"로 되어 있고 "극동군사령부에서 수거"라는 도장이 찍혀
있다. 'SA노획문서' 더미 안에서도 이 '선별노획문서'에 차출된 문건이 있다
는 증거이다.

200862번~200865번은 인민군 제9사단의 간부등록부, 즉 수백 명의 이력
이 적힌 명단이다. 이것은 비단 인민군 제9사단의 성립사에 유용할 뿐 아
니라 인민군과 38경비대의 성격규명에도 지대하게 유용하며 또 북한에도
없는 자료일 것으로 생각되므로, 전쟁 생존자 또는 사망자 추적용으로 그
들에게도 유용한 것이라 할 수 있다.

200884번, 200888번, 200892번~200895번, 200900번~200904번, 200910번,
200976번 등 북한해군 어뢰정대(魚雷艇隊)의 문건들을 접할 때 곧 연상되
는 것은, 6·25전쟁 당시 북한과 미영 해군간의 유일한 해전(海戰)인 1950
년 7월 2일 새벽 주문진 앞 바다에서의 해전이다. 이 해전은 10척의 소형
운반선을 호위하던 제2어뢰정대(21~24호 전부)가 주문진 앞 바다를 초계

(哨戒) 중이던 미국 순양함 '쥬노우', 영국 순양함 '쟈마이카', 영국 프리게 이트함 '블랙 스완'에게 발견되어 포격을 받자 그중의 2척이 김군옥 정장의 지휘하에 돌격하여, 북쪽은 그중 3척을 잃고 김군옥 정장의 21호만 미영 군함들 사이를 뚫고 동해 깊숙이 도망쳐 원산항으로 생존하여 돌아간 해 전을 말한다. 이 상황은 필자의 객관적인 서술이고, 미국 측의 한 서술은 4척 모두 격침시켰다고 하고 있으며 북한 측은 '볼티모어'급 중 순양함 1척 을 격침하고 2척의 어뢰정을 잃었다고 발표했다.

또 제23호 정장 최정수 대위는 장렬하게 전사했고 생환한 김군옥 정대 장은 공화국영웅칭호를 받았다고 대서특필하였다. 이러한 서술들은「선별 노획문서」안의 북한신문들을 보면 자세하게 나온다. 김군옥, 최정수 등 제1에서 제4정대 인원의 이름에 익숙한 필자는 최정수가 구조되었다는 미 국 해군의 서술에서 출발하여 그가 유엔군의 제4호 포로였던 것을 확인했 고, 또 휴전 후 북으로 귀환한 것도 확인했다. 김군옥은 공화국의 전설적 인 인물로 변하여 전후 두고두고 그 업적이 찬양되었다. 그리고 전후 세대 인 북한의 당정 관계자들은 이 전설을 역사적인 사실로 교육받았음인지, 아마도 김일성 우상화에 일조할 목적으로 1990년대에 김일성이 1950년 6월 30일 해군사령관에게 지시하였다는 문장을 만들어 냈다.『김일성전집』12 집에 수록된「미제 침략군 전투함선 집단을 소멸할 데 대하여」라는 글이 그것이다. 이하 김일성 수상의 지시문이라는 것을 발췌해 본다. "제2어뢰 정대에 전투에 진입할 수 있는 어뢰정이 4척밖에 없다고 하는데, 물론 4척 의 어뢰정으로 적 중 순양함 함선집단을 까부신다는 것이 결코 용이한 일 은 아닙니다", "어뢰정은 작고 속도가 빠르며 타격력이 강하기 때문에 해 상 함선집단 가까이에 접근시켰다가 불의에 타격 하도록 하여야 하겠습니 다", "제2어뢰정대장이 해군군관학교 제1기 졸업생으로서 용감하고 대담하 며 높은 돌격정신을 소유한 능력 있는 지휘관이면, 좋습니다", "이번 해상 전투에서 주 타격대상은 적 중 순양함 '빨찌모르'호입니다", "해군사령관

동무는 오늘 밤 중으로 떠나 래일 아침까지 속초항에 도착하여야 하겠습니다. 속초항에 도착하면 7월 2일 새벽 3시에 공격을 개시하도록 하여야 하겠습니다." 미국 순양함 '쥬노우'호의 항해일지에 오른 전투상황은, 미국 함선의 레이더를 피할 목적으로 해안선을 인접하면서 소선박을 호위 항해하던 4척의 어뢰정을 발견한 미국과 영국 군함이 먼저 6시 17분에 포격을 시작하자 2척이 모래사장 위로 돌진하여 탄막을 피하려다 각좌(擱坐)되었고 2척이 돌진해 왔다는 것이다. 즉 이것은 북의 해군이 의도적으로 도전한 것이 아니었다. 북쪽에 신화창작행위의 중지를 호소하는 데는 이러한 자신들의 기록을 포함한 사실 문건에 의거하는 것이 효과적일지 모른다.

200980번~200983번, 201032번 문건들은 대동강에서 건졌다. 8군 문서에 의하면 Batch #201 묶음은 16건인데 대동강 물에 던져진 금고 안에서 찾아낸 것이다. 그 내용은 ① 65호 공장시설(구 일본 병기창)을 소련기술자의 도움으로 보수 개선하는 계획, ② 1949년 소련에 수출한 물품통계, ③ 남한의 생산과 경제에 관한 통계, ④ 1948년 소련에 수출한 물품통계, ⑤ 북한 외국무역 장부의 일부, ⑥ 중국어로 쓰여진 문건들, ⑦ 왕래 전보목록, ⑧ 소련 외국무역부에 보내어진 김책 부수상의 편지(1950년 9월), ⑨ 소련주재 북한대사관과 김책 사이에 오고간 전보들, ⑩ 주소련 대사관에서 북한 외무부에 보내진 전보의 사본, ⑪ 65호 공장 기밀문서 보관에 관한 잠정규정, ⑫1 948년 소련 주재 북한 어업대표가 김책에게 편지한 것, ⑬ 원산 석유공장 화재 손해보고, ⑭ 군함 B1호의 복구 보고, ⑮ 국가안전부위부 부원에게 주어진 지시, ⑯ 러시아어 문건들이다. 이 금고에서 나온 문건들이 '선별노획문서' 안에 대부분 존재한다고 믿지만 확실한 것은 점검을 필요로 한다.[9]

이상에서 보듯, 20만 단위문서의 첫 30~40상자는 평양함락 때까지의 문

---

9) RG 338 EUSAK Office of the Assistant Chief of Staff. G-2, 164th Military Intelligence Service Detachment, ADVATIS-FWD-0004 November 4, 1950.

서들이 주류를 이루고 있으며 그 뒤는 점차 중국인민지원군 문서들과 인민군 문서들이 섞여있고 마지막 부분은 거제도 포로수용소의 친공포로들의 전단 격문, 그리고 학습노트 등이 많이 보이며 휴전성립 후에도 월남군인들이 휴대해온 문건, 또 공작원들이 가져온 문건들이 약간 보인다. 'SA노획문서'는 마지막 부분에 중공군 문서가 약간 보이지만 대략적으로 1951년 후의 것은 없다. 이 해설은 첫 부분의 문건에 대한 해설로 끝을 맺으려하나, 다만 '선별노획문서'에서 중요한 위치를 차지하고 있는 중국인민지원군 문서는 그 생생한 실태를 보이는 중국에서는 도저히 얻어 볼 수 없는 정호(頂好)의 문헌이 아닐 수 없으며 많은 해설을 필요로 하지만 여기서는 들지 않겠다. 필자의 견해를 보려는 분들은 『한국전쟁기 중공군문서』(한림대학교 아시아문화연구소, 2000. 6)의 해설을 보아주기 바란다.

(3) 결언

'선별노획문서'는 필자가 고생하면서 발굴했고, 고생하면서 틈틈이 목록을 만들었다. 이 목록을 만들면서 미 극동군의 'SA노획문서 목록'이 얼마나 치밀하게 잘 된 것인가를 느끼게 되었다. 필자의 것은 문자 그대로 틈틈이 수년간에 걸쳐 만든 것이기 때문에 수정할 사항이 많다는 것을 조금도 부인하지 않는다. 근래 미 국립공문서관에서는 이 '선별노획문서'를 다시 새 상자에 넣으면서 상자 수를 늘리고 있다. 그래서 연구자들은 파일번호는 인용하되 상자번호를 인용할 필요는 없을 것 같다. 필자가 제3단계 연구에 착수할 때 새 상자번호 소개와 내용의 충실을 기할 것이다.

2. 자료목록

(생략)

❖ 『 미국소재 한국사자료 조사보고Ⅲ : NARA 소장
RG242 <선별노획문서> 외』, 국사편찬위원회, 2002

미국 제24군 G-2 군사실(軍史室) 자료 해제

1. 도론(導論): 미군정 3년사 편찬을 위한 기초

한국 현대사에 있어서 미군정 3년의 역사는 매우 중요하다고 생각된다. 현대사에서 뿐만 아니라 고대에서 현 시점에 이르기까지 한반도의 역사에서 미군정 3년이 차지하는 위치가 결코 작을 수 없다. 그런데도 불구하고 여태껏 종합적인 군정사는 하나도 나오지 않았다. 필자는 이 글을 쓰기 위하여 점령군 즉, 미24군의 구성표를 찾았으나 찾지 못하였다. 군정부문 구성표는 있으나 가장 기본적인 점령군의 구조까지 다시 캐어내기 시작하여야 된다는 이야기이다.

그란트 미드(Meade)의 군정사[1]는 저자의 전남에서의 경험이 주무대이고, 호그(Hoag)의 군정제1년사(軍政第一年史)는[2] 미육군부에 원고채로 남아 있는데 이것은 제24군 내부에서 편집된 1945년 9월부터 1946년 6월까지의 『한국내의 미군정사』[3]와 『주한미군사』[4]를 참고로 한 미완성고이다.

---

[1] Grant Meade, *American Military Government in Korea*, New York: King's Crown Press, 1951.

[2] Leonard Hoag, *American Military Government in Korea: War Policy and the First Year of Occupation, 1941~1946*, Draft manuscript produced under the auspices of the Office of the Chief of Military History, Department of the Army, 1970. Pentagon Library.

[3] Wilbur L. William & William W. O'Hearn, *History of United States Army Military Government in Korea: Period of September 1945~30 June 1946*, The Statistical Research Division, The Office of

이러한 연고로 미군정 3년사의 종합적 정리를 위하여서는 아무래도 주한 미군 내부에서 편찬한 두 가지의 미공간 '역사'의 검토에서부터 시작하는 것이 바람직할 것이다.

『한국내의 미군정사』의 「차례」를 통하여 그 내용을 짐작하려면 그것은 다음과 같은 구성이다.

제1편
  1. 도론
  2. 군정의 구조
  3. 요원의 조달과 배치
  4. 경제문제
  5. 신문과 방송—한인과의 관계
  6. 정당과 지도자들
  7. 정부의 수립과 소련쪽과의 관계
제2편
  1. 「관방(官房)」 부처 「국(局)」 부처
  2. 민정청
  3. 「관방」 부처
    A. 계획과
    B. 총무과
    C. 외무과
    D. 조선민정과(나중 조선인사행정처)
    E. 서무처

Administration, USAMGIK, 1946(manuscript). 워싱턴시 미육군 군사연구소에 소장되었던 것인데 근년에는 국립공문서관에 차출되어 있음. 원본은 아마도 복사지를 대고 타자기로 찍은 제일 안보이는 일부로 국립도서관에서 마이크로필름화하였으나 역시 보기 힘든 쪽수가 더 많다.

4) G-2 Historical Section, USAFIK. *History of the United States Army Forces in Korea*. Seoul, 1948. 이 원고의 제 상황도 주 2)에서 보는 것과 같다. 이 원고의 제목도 일정하지 않고 History of the Occupation and Military Government in Korea 따위로 표기한 문서도 많다.

이상 총 330여 매의 이 원고는 총무부의 통계조사행정서(統計調査行政
署)의 윌버 윌리엄(Wilbur L. William) 소령에 의하여 제1~2편이 편찬되었다
가 그가 이한하였으므로 같은 부처의 윌리엄 오헌(William W. O'Hearn) 중
령에 의하여 수정되고, 그가 편집한 제3편과 같이 초고『주한미군정사
1945년 9월~1946년 6월』을 완성한 것이다. 이 군정사는 간략히 서술된 것
이며 또 주(註)가 달리지 않았지만 각 부처에 배당된 미군관(軍官)과 병원
(兵員)의 명단을 수록한 것이 연구에 도움이 되고 각 부처의 변천합병사를
알려고 하는 데 도움이 될 것이다. 이 '군정사'는 통계조사부의 한두 명에
의하여 자발적으로 완성한 것이기에 1947년 여름에 이르기까지 이 '역사'
의 존재를 하지 사령관까지 몰랐고, 알고 나서 곧 그 속행(續行)을 금지시
켰다는 것이다.[5] '제1보도 · 군사(軍史)서비스'대(隊) 소속의 제24군 군사관
(軍史官)들이 워싱턴과 동경을 통하여 이러한 역사가 존재한다는 것을
1946년 연말에 알게 되고, 오헌 중령에게 어떤 목적으로 또 누구의 명령으
로 작성하였는지 문의하였으나 요령부득의 회답만 하더라고 적고 있다.[6]
제24군의 수석군사관인 라슨(Larson) 박사는 극동군의 수석군사관 스윈들
러(Swindler) 대령에게 보낸 편지에서 이『군정사』를 쓴 사람들이 월권적으
로 군사실의 자료를 들추어 보았다고 섭섭한 듯 적고 있다.[7] '군사실'에서
도 1946년도 초기부터 군정사의 편집이 활발하게 진행되고 있었던 것이다.
'군사실'에서는 제24군 각 부처와 군정 각국 각과를 상대로 국사(局史) · 과
사(課史) · 부대사(部隊史)를 쓰게 하고 이것들을 수정하여 야심적인『군정
사』를 작성하고 있었는데 이『군정사』의 편찬을 위하여 모을 수 있는 자

5) History of the Historical Section, G-2, XXIV Corps, 국립공문서관 소장 미(美)주한(駐韓) 제24
군 G-2 군사편 찬실 (RG 332) 제52상자 내 4쪽.
6) 「보도 · 군사」써비스부처를 통솔하는 파아커 소령이 동경의 군사관 Roberts 소경에게 쓴 편
지(1946. 12. 2) 또 이『군정사』일부를 보내라는 극동군사령부 G-2군사 편찬실 Swindler사관
의 편지(1947. 4. 27). 원전은 앞의 것과 같음.
7) 1947년 6월 11일의 편지, 원전은 주 5)와 같음.

료를 모두 모아 놓은 것이 그대로 RG 332번호의 'USAFIK XXIV Corps G-2 Historical Section' 자료당(資料檔)으로 남아 있다. 이 『군정사』는 야심적인 목표를 가지고 3년 넘게 진행된 것인데 끝내 완성 못하고 미군 철수와 더불어 실질적인 종지부가 찍혀졌던 것이다. 지금 그 '차례'를 통하여 내용을 짐작하면 다음과 같다.

5. 사법부   125pp
6. 농무부   479pp
7. 상무부   150pp
8. 재무부   ?
9. 문교부   170pp
10. 보건후생부 (이하 마이크로필름에는 수록되지 않았지만 원문에는 있음)
11. 교통부
12. 체신부
13. 독립부처
14. 국방부

이 『점령 · 군정사』는 본문과 주석이 방대 자세하여 『미군정 3년사』의 편찬을 위하여서는 기초가 될만한 것이다. 그 이상으로 중요한 것은 이미 지적한 바와 같이 『군정사』의 편찬을 위하여 모아 둔 자료가 그대로 살아 있다는 점이다. 이 자료당(97상자와 상자에 수용 안되는 대형철 다수 포함)은 대략 15만 매 내외가 되지 않을까 생각되며 국립공문서관이 소장한 여하한 한국관계 자료당보다도 풍부하고 다양한 내용을 가지고 있다. 고로 종합적인 미군정 3년사의 성립을 위하여는 각 부처사 원고와 관련 자료가 풍부한 이 자료당을 통하지 않고는 불가능하다고 말하여도 과언이 아니다.[8]

2. G-2와 군사편찬실(軍史編纂室)의 결합

제2차 대전 후 미국육군부 특수참모부 군사국(軍史局)의[9] 역할은 다음

---

8) 필자는 과거 10년간 이 자료당의 약 절반가량을 복사히여 놓았다. 매우 힘든 작업이었지만 이 글을 쓰는데 결정적인 도움을 주고 있다.

과 같았다.

1) 제2차 대전의 전사편찬정책과 계획의 수립
2) 민간 · 각계와 군사(軍史)면에서 협력
3) 육군부내 각부처의 역사 편찬 활동을 협조 감독
4) 군사관의 훈련
5) 역사연구활동의 정비 · 표준 · 계획설정
6) 자료활용면에서의 정책 · 표준 · 계획의 설정
7) 역사적 가치가 있는 물체 건물의 보전정책 수립
8) 군사박물관과 수집물에 관한 계획과 정책을 수립
9) 전사 · 군사에 관한 질문회답에 협조
10) 육군부내 모든 종류의 공식적 역사를 편찬.[10]

또 제24군 군사실의 역할은, 주한미군사 · 주한미군군정사 · 각부처부대 사의 편찬, 자료수집 · 인터뷰 · 군사에 관련된 사항의 대외협조 등등으로 규정되었다.[11] 제24군 군사실의 역사를 간략히 소개하면 다음과 같다.

제1보도군사서비스대(First Information and Historical Service)가 창립된 것 은 1944년 8월 5일 태평양방면군사령관의 명령으로 3명의 보도 인원과 3명 의 군사 편집 인원으로 하와이에서 성립된 것이었다. 다음 해 1월 20일 제 10군단에 소속되어 류큐작전(琉球作戰)에 종사하였고 8월에는 장교 20여 명을 포함하는 50여 명의 부대가 되었다. 제24군이 류큐에서 남한 점령의 임무를 맡자 이 부대는 대부분 제24군 소속 하에 배치받았고 45년 연말까

---

9) Historical Division을 전사부(戰史部)라고도 번역하지만 전사는 전쟁에만 관계되는 단어로 이 해될 수 있고 Army Historian은 전사 편찬뿐 아니라 평화 시에 있어서의 군부대의 주둔사 · 사료수집 · 전시 등 다각적인 활동을 하는 것이므로 여기서는 '군사(軍史)'라는 단어로 통일 한다.

10) "Organization Of Historical Division" *Staff Administrative Circular* No.5-15. Dept. of Army, Office of the Chief of Staff, January 1, 1948.

11) James O. Sargent(Chief of the Historical Section), "Standard Operating Procedure for Historical Section" May 24, 1947. 「군사실자료당」 Box 6 포함.

지 지방답사를 네 차례, 72회의 녹음 인터뷰, 점령군정사의 계획과 집필(총 22장 예정에 7장 500매 완성) 제24군 간부회의 출격과 기록 등 활동을 진행시켰다. 대장 토드(Todd) 중령은 점령군정사를 지휘하고 나중에 한국전 쟁사로 이름이 알려진 애플만(Appleman) 대위는 류큐작전사를 집필 담당 하였다고 한다.[12] 참고로 이 부대의 조직표를 소개한다.

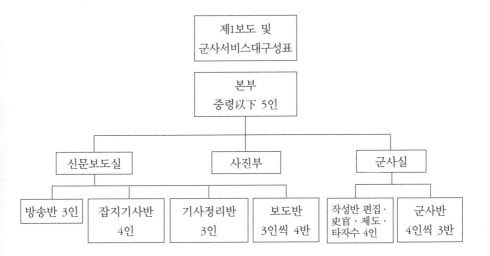

이 부대는 1945년 12월 31일 '일반명령 제162호'에 의하여 분해되어 '군사 편찬실'은 특수참모부에 소속하게 되어 독립 운영형식을 취하였는데 군사 편찬에 있어 매우 중요한 비밀제한문서나 통신 또 첩보대활동에 접근하기 위하여 1947년 6월 2일, 당시의 실장이었던 사전트(Sargent) 대위의 제의로 극동군의 선례에 따라 G-2에 소속하게 되었다.[13] G-2에 소속된 군사실은 특히 라슨 박사가 수석군사관에 취임한 후 군정사의 완성에 박차를 가하 였으나 원체 이 사업이 너무 거창하여 시일을 소모하다가 미군 철수와 함

---

12) "1st Informations and Historical Service Unit History, 1945" Box 5 위 자료당.
13) 인용 출처는 주 5)와 같다.

지 '군사실'도 철수하여 소속 자료는 모두 육군부를 거쳐 최종적으로 국립 공문서보존기구인 National Archives의 수트랜드(Suitland) 분관에 소장되게 되었다. '군사실'이 G-2에 소속하게 되었기 때문에 연구자들이 얻는 이익은 매우 큰 것인데 그러면 제24군 내의 G-2는 어떠한 위치에 있었는가? 알다 시피 미군 참모부의 골격은 인사(G-1), 정보(G-2), 작전·교육(G-3), 보급 (G-4)의 네 부분으로 성립되어 있다. 1948년 가을에 있어서의 G-2의 구성 을 보면,

1. 집행부(장교 3인, 사병 7인, 기타 촉탁 등)
2. 남한부(장교 4인, 사병 1인, 기타 촉탁)
3. 북한부(장교 6인, 사병 2인, 기타 촉탁)
4. 군사부(문관)
5. 제971 CIC지대(장교 62인, 하사관 29인, 사병 90인, 기타 문관 촉탁)
6. 제315 사령부 직속 정보지대(장교 2인, 사병 16인, 한인 31인)
7. 민간검열대(장교 7인, 190인의 한인, 기타 촉탁)
8. 정치고문부(문관, 촉탁 급 한인 2명)
9. 평양 연락소(장교 2인)

등이 있었는데[14] 평양 연락소는 소련군사령부의 요청으로 1948년 12월 25일 철수되었으며, 정치고문부는 원래 미소공동위원회 산하에 있었던 것인데, 1947년 10월 20일 후로 G-2 산하에 들어와서 주로 남한 정치인의 이력을 조사하였다는 것이다. G-2에서 발행하는 정기보고서로는 매근무일에 발행 하는『G-2, Periodic Report』가 있고「북한정보요약(Intelligence Summary, North Korea)」이 격주간으로 1945년 12월부터 1947년 12월 15일까지 존속하 였으며,『G-2 정보요약 (週報)』은 미군이 상륙 직후 발행하기 시작하다가 1948년에 들어오면서『북한정보요약』도 흡수하여 동년 12월 26일까지 속

---

14) "History of G-2 Section" Box 44 수록. 작성 일자는 없으나 1949년 초의 작성이 확실하다.

간하였다. 또 1948년부터는 매주 무전보고『Weeka』와 극동군 G-2에 보내는 부정기『G-2 Highlight』무전보고도 있었다. 1948년 12월 31일 제24군의 G-2는 폐지되어 차후 주한미군사령부의『G-2 Periodic Report』로 이어지다가[15] 다시 군사(軍事)고문단(KMAG)의 것으로 이행하였다.

3. 버취 중위 관련 문서를 통하여 본 군사실 자료당(資料檔)

미군정사에 조금만 상식이 있는 사람은 버취 중위가 일개의 중위로서 매우 큰 영향을 당시의 정계에 끼쳤다는 것을 잘 알고 있겠다. 그는 1946~47년에 있어서 미군정의 '괴물'이었다. 군사관들은 틈만 있으면 그에 접근하여 그의 발언을 공자왈 식으로 메모하여 두곤 하였다. 어떤 때는 꽤 중대하다고 생각되는 발언이 아무렇게나 노트 조각에 타자되어 문서더미 한 구석에 놓여져 있기도 했다. 그래서 버취 관련 문서를 약간 모아 소개하며 이 자료당이 가지는 일성격을 보이고 싶다.

A. 존스턴(Johnston) 기자의 박헌영(朴憲永) 발언 '오인(誤引)' 사건

이 사건에 대하여서는 커밍스 교수가 이미 간략히 소개하여 놓았지만[16] 버취 중위의 관련 및 기타 사항에 미진한 점들이 있어 여기서는 자세히 소개한다. '군사실'이 자랑하는「사관기장(史官記帳)」(Historical Journal)도 이 자료당에 포함되어 있는데 1946년 1월 6일자를 보면 "날씨 흐림. 매우 춥고 불시에 대설이 내리곤 하다"라는 묘사에서 시작하여 정례막료회의의 내용

---

[15] "History of G-2 Section(15 Nov. 1948~15 Jan. 1949)" January 18, 1949. Office the Assistant Chief of Staff, G-2 작성. "History of the G-2 Section, USAFIK, 15 January 30~June 1949 Box 52 수록.
[16] Bruce Cumings, *The Origins of the Korean War*, Princeton University Press, 1981, pp.224~225.

을 필기하였다. 그중에 이런 기록이 있다.

> G-2의 Nist 대령에(하지 중장은) 공산당수령 박한영의 인터뷰 전문의 번역을
> 보았는가고 물었다. Nist 대령은 "아니오"라고 대답하다. 하지는 그것은 매우 흥
> 미로운 것이라 하였고 그는 『뉴욕타임즈』에 보낸 기사의 송신허가(release)를
> 보았는데 그것은 가장 계몽적이었고 특히 송신허가에 포함되지 않은 Richard
> Johnston 기자의 메모 전문이 더욱 그러하였다고 했다. 하지는 박이 '상전에서'
> 명령을 받은 것 같다고 말하였다.

이 회의록의 뒤에는 딴 종이에 사관의 평언(評言)이 달려 있다.

> 박의 인터뷰에 참석하고 그 메모들을 본 장교 한 사람은 존스톤이 박의 발언
> 을 완전히 곡해하여 써 놓았다고 말하였다. 러시아에 의한 일국 신탁통치안과
> 궁극적으로 소연방에 가입할 것이라는 명백한 제의를 박헌영이 하였다는 존스
> 톤의 기사는 박헌영의 견해를 아는 모든 사람들에게는 정확한 보도가 아니라
> 는 것이다. 군정 · 대민홍보국(CIS)의 Newman 대령조차 이 보도를 의심하여 이
> 기사를 풀어놓기 전에 Edgar Snow 기자에게 이것이 정말 박의 견해이었던가고
> 물었다. Snow 씨는 이 기자회견에는 참석하지 않았지만 그 전날 저녁 같은 문
> 제로 장시간 박과 이야기하였으므로 이것은 朴의 견해가 아니라고 단호하게
> 뉴먼대령에게 이야기하였다는 것이다(Snow 기자 자신이 나에게 일러주었다).
> 여기서 오해가 시작된 것 같다. (자료 A 참조)

박헌영은 1월 5일 12명의 한인기자, 7명의 외국기자 및 관계자를 상대로
기자회견을 가졌는데 여기에 참석한 외국인기자는 『뉴욕타임즈』의 존스턴,
전『Florida Times Union』지의 기자이며 현『태평양성조기』 군신문(軍新聞)
의 콘웰(Cornwell) 중사와 마속(Massock, 소속 불명)이었으며 여기 홍보관
터커(Tucker) 대위 등 군정요원이 참석하였던 모양이다. 이 기자회견은 다
음날의 국내 신문들에 보도되었으나 풍파를 일으킬 징조는 보이지 않았

다. G-2 언어문서실의 남한신문 번역 제288(1/7)와 제289(1/8)에는 이 기자 회견에 대한 다음 신문들의 요지 또는 회견기를 번역하고 있다.

『조선인민보(朝鮮人民報)』: 국제적 시각에서 보면 '신탁'통치는 진보적인 단계
    이다. 임시정부는 그 팟쇼 면모를 폭로했다.(朴씨 談)
『자유신문(自由新聞)』: 국제적 민주조선의 성립을.(朴씨 談)
『중앙신문(中央新聞)』: 모스크바회의의 결정을 받아들임으로써 통일을 조속히
    이룰 수 있다.(朴씨 談)
『신조선보(新朝鮮報)』: 우리는 국제조건에 순응하여야 될 것이다.(朴씨 談)
『서울신문』: 통일을 위하여 공통원칙이 필요하다.(朴씨 談)
『조선인민보』는 특히 일면을 모두 이 기자회견에 소모하였고, G-2에서는 이 전
문을 번역하여 놓고 있는데 그 중에는 이런 대목이 있다.

문 : 당신은 조선의 공산화를 원합니까?
답 : 현 단계에서는 공산주의로 나가지 않는다. 조선은 민주 혁명으로 나아가
    고 있으며 봉건주의의 모든 잔재는 소멸하여야 한다.

한편 『G-2 남한정보주보(약칭 WS)』 제17호(1/8)는 소련 일개국에 의한 신탁통치를 원하고 10년 내지 20년 이내로 소연방에 가입이 가능하다고 비쳤다(hint)는 박씨 회견내용을 간략히 소개하였고(6쪽), 다음 제18호(1/15 발행)에서는 한국신문은 어느 신문이건 전호에 소개한 위의 기사 내용은 없었다고 썼다(4쪽). 존스톤 기자의 송신이 『뉴욕타임즈』에는 게재되지 않고 의의로 상항대한방송(桑港對韓放送?)으로 퍼뜨려져 국내의 우익 및 민족지에 대대적으로 선전되자 제19호(1/22)에서는 朴 씨의 부인에도 불구하고 "이 소식은 전파되고 사실로 받아들여졌다"고 쓰고, 『동아일보』・『대동(大東)신문』・『신조선보』들의 격렬한 박헌영 공격을 소개한 뒤 "1월 20일에 이르러는 그 회견내용의 진위는 중요하지 않았다. 한국 신문들은 공동보다 일개국 신탁통치를 훨씬 덜 좋아하는 것이 분명하여졌다"고 썼다(3쪽),

문제의 대목에 대하여 존스톤이 메모한 내용은 다음과 같다.[17] (자료 B 참
조)

    문(Johnston) : 미스터 박, 조선을 위한 소련 단독 신탁통치에 대하여 당신의 태
        도나 느낌은 어떠한 것이죠?
    답(영어로 대답) : 나는 이것을 반대하지 않습니다. 우리는 소련에 의한 단독
        신탁통치를 반대하지 않습니다.
    문 : 미스터 朴, 당신 나라의 정치 추세에 대하여 어떠한 생각을 가지고 있습니
        까?
    답 : 우리는 10년 또는 20년간 사회주의와 노농노선(Sovietized lines)에 따라 자
        유스럽고 독립적인 민주국가로 발전되기를 희망합니다.
    문 : 이것은 궁극적으로 조선의 노농정권化(sovietization)를 지향하여 장래의 어
        떤 시점에서 소연방에 가입한다는 가능성을 포함합니까?
    답 : 예, 그럴 수 있지만 현 단계에서는 가능하지 않습니다.
    문 : 왜 그렇습니까?
    답 : 지금 현재 조선 인민은 이것을 좋아하지 않고 또 지리적으로도 소연방에
        포함되는 것이 가능하지 않습니다.

『Seoul Times』지는 18일 『성조기』지의 콘웰 기자가 한국 우익지에 인용
되는 그러한 발설은 하나도 듣지 않았다는 해명을 실었고, 19일에는 이 기
자회견에 참석한 12명의 한국인 기자의 공동성명이라는 것을 적었는데 이
들에 의하면 문답은 다음과 같았다.

    문 : 만일 조선이 공산주의가 된다면 조선은 소연방의 일부가 될 것인가?
    답 : 조선의 소비에트화(노농정권화) 또는 사회주의화는 현 시점하에서는 생각
        할 수 없는 문제이다. 나는 이것이 언제 생길지 전혀 모르겠다. 그러나 조
        선이 10년이나 20년 후에 '노농조선(Soviet Korea)'이 되더라도 조선은 독립

---

17) RG 338, USAFIK UNIT 11071 Hodge 통신철 1946년 1월분에 2매의 이 사건 변명서가 있다.

국가로서 자립할 수 있다고 믿는다.

또 같은 영자신문은 23일, 이 기사가 난 『뉴욕타임즈』를 보고 비교하여 야 되겠지만 현재 본사에서 확인한 문답 내용은 다음과 같다고 적었다.

문 : 러시아에 의한 단독 신탁통치를 어떻게 생각하십니까?

답 : 그것은 우리를 위하여 나쁜 것이 아닙니다. 러시아는 제국주의적이 아니 고 영토 확장의 침략적 야망을 갖고 있지 않습니다. 소련은 세계 노동자의 권익을 옹호하는 가장 진보적인 국가입니다. 우리는 그것을 반대하지 않 습니다.

문 : 그러면 조선을 소연방의 일국으로 가입하는 문제는 어떻습니까?

답 : 현 시점에서는 가능하지 않습니다. 인민은 이것을 원치 않고 있고 추세는 민주 발전에 있습니다. 우리는 10년 내지 20년을 소모하여 농업적 후진성 을 소멸하고 여러 개혁을 추진하여야 하겠습니다. 그 후에야 우리는 독립 된 노농국가(a soviet state)를 만들 수 있겠습니다. 지금으로서는 소연방의 일부가 되기에는 지리적 곤란이 가로막고 있습니다.

조선공산당은 17일 장문의 성명을 발표하여 존스턴의 '왜곡'을 항의하 였다. 그것은 "1) 모든 서울의 신문사가 기자회견에 나왔고 다음 날 모든 신문이 보도하였는데 존스턴이 말하는 이야기는 없었다. 2)『성조기』지의 콘웰 기자도 그런 일이 없었다고 하였다. 3) 12일 박한영이 미국 영사관에 존스턴을 찾아가 항의하였을 때 존스턴은 사과하고 시정하겠다고 언약하 였다."라는 세 이유를 들고 우익의 보도를 공격하였다.[18] 사실상 조선을 소련의 속국으로 희망한다는 기사가 나오자 매국노·역적 등등 생각할 수 있는 모든 독설이 박헌영과 공산당에게 퍼부어졌고 전국적으로 규탄 시위 와 성명이 줄을 이었다.[19] 그런데 묘한 것은 『뉴욕타임즈』 기자의 송고는

---

18) 1월 18일 『조선인민보』 G-2 『남한신문 번역』 제300호, 6~7쪽에서 인용함.

『뉴욕타임즈』지에 전혀 게재되지 않았다는 사실에 있다. 실리지도 않은 기사가 '방송'되어 한국 정가와 국민에게 산사태처럼 붕괴하며 내린 것이다. 여기에는 분명히 미국신문계에서 간혹 볼 수 있는 '의도적 오보'가 작용한 것 같다.[20] 여기에 신탁통치 반대로 곤혹을 치르고 있던 미군정이 묘수를 친 것이라고 볼 수 있다.

본론에 다시 돌아와 여기에 버취 중위가 등장한다. 버취 중위는 대민홍보국에서 『정계동향(Political Trends)』의 집필을 맡고 있었고 『G-2 정보주보』와도 관련을 맺고 있었는데, 1월 20일자 『정계동향』 제17호에 다음과 같이 썼다.

이 가장 순조롭지 못한 계절인 1월 15일 아침, 박헌영폭탄이 터졌다. 〈중략〉 이것이 한국이나 딴 곳의 정통 스탈린주의자를 포함하여 박헌영의 궁극적인 목적인 것에 놀란 사람은 없었다. 그러나 박을 빈틈없는 정치가로 알고 있는 많은 사람들은 그가 이러한 발언을 하였는지 의심한다. 이 보도가 가져 온 전국적인 분노의 고함은 그 분량과 격렬성으로 공산주의자들까지 놀라게 하였을 것이다. 심사숙고할 기간은 매우 짧았다. 다음 날 그들은 부인과 반박을 준비하여 놓았다. 부인은 박력 있고 격렬한 것이었으나 이 아우성 중에서 간신히

---

19) 『남한신문 번역』 301호 이하. 참조.

20) 필자는 커밍스 교수의 글을 보기 전까지 박헌영의 「소연방 가입론」을 당연한 사실로서 20~30년간 지내 왔기에 이 문제를 들추어 낼 수 있는 데까지 들추어 보았다. 존스턴의 기사를 보려고 『뉴욕타임즈』를 철저하게 찾았으나 없어 혹시는 조판(早版)·만판(晚版)·도시판·지방판의 차가 있어 못 보는 것이 아닌가 하였는데 다행히 하지 중장의 통신철에 메모가 있어 "전달 과정에서 오전(誤傳)되었기에 이 기사는 햇빛을 보지 못하였다(it was not published because of being garbled in transmission to New York)"한 것으로 보아 실리지 않은 것이 확실하여졌다. 『뉴욕타임즈』 1월 18일판에는(8면) 존스톤 기자 서명의 기사가 보이는데 여기에 박헌영의 부인 발언이 약간 실렸으나 글 자체가 "garble"되고 있다(즉 yesterday 등의 말). 기사는 다음과 같다. In the latest break the parties on the Right have refused to attend further parleys and the Rightists continue to hurl the accusation of "traitor" at Pak Huenyung, Secretary General of the Communist party. Yesterday in a conference with the American press, Mr. Pak expressed himself as "having no objection to a single nation Soviet trusteeship" for Korea. In his defense Mr. Pak is quoted in the Leftist press as saying that he was misunderstood and that he was the victim of "language difficulties."

들릴 정도였다. 당의 가장 충실한 추종자를 제외하고는 모든 사람의 의식에 공산당의 마스크는 벗겨진 것이었다.[21]

이 기사는 기명에 없는 것이었다. 그러나 버취 중위가 집필하였다는 것은 『사관기장』의 1월 26일자 기록으로 분명하다. 즉

> 존스톤과 박헌영의 발언에 관련하여 『정계동향』 제17호에 쓰여진 글의 저자 버취 중위는 그 기사가 존스톤이 정확하게 박의 발언을 보도하였다는 인상을 준 것이었다고 자인하였다. 그래서 그는 다음 호에 존스톤의 보도는 거짓(false)이었다고 정정기사를 써도 무방하냐고 국장인 뉴먼 대령께 물었다. 뉴먼 대령은 안된다고 말했고 그냥 그대로 놓아두라고 하였다.(left just as it was).

조공과 박헌영은 하지 중장의 말대로 "윗전의 명령으로" 신탁 거부에서 찬성으로 표변한 것이었으나, 이 사건에 한하여 고찰한다면 그는 술수에 넘어간 것으로 추측된다. 그러나 당시의 지식인 출신 군정요원 중에는 후술하다시피 나치 치하에서 망명해 온 사회주의자, 소위 뉴딜러(New Dealer), 자유주의자 등 여러 갈래의 사상 경향을 가진 사람들이 있었고, 이들이 일반적으로 일본과 결탁하였던 측을 경멸하고 좌익 측 활동에 동정적이었던 점을 감안하면 그들의 쓴 글을 그대로 받아들이는 것도 문제일 수 있다. 이 사건의 재구성 시도에 있어서 자료 취급의 어려움도 절실히 느끼는 것이다.[22] 버취 중위는 뉴먼 국장이 정정 성명 요청을 깔아뭉갠 것으로 생각

---

21) 『정계동향』 또 『민의(民意)의 추세』는 대민홍보국(CIS, 관방공보국으로도 번역되었다)에서 부정기로써 보내던 것인데 『G-2 정보일지』에 부록으로 배달되었다.

22) 커밍스 교수의 이 부분의 서술에도 작은 착오가 많다. 예를 들면 이 기자회견석상의 다른 미국기자들은 한국인을 위한 한국인에 의한 한국을 박이 원하였다 하였는데, 이것은 『Seoul Times』의 보도이었다. 하지 중장 서신철의 메모에는 컴웰(Cornwell) 기자, 매속(Massock) 기자 모두 존스턴 기자의 기사가 정확하다고 말하였다고 강조되어서 어느 쪽의 기록이 옳은가의 문제가 있다(물론 필자는 하지 메모의 성격으로 보아 이쪽이 억지라고 보기는 한다). 또 하지 중장이 존스틴(Johnston)의 정정기사 발표를 못하게 하였다는 이야기도 없다.

하였을지 모르나 이 박사의 일 사신(私信)에 의하면 뉴먼 대령은 친공적이고 자신의 정규방송을 금지시켰다고 불평하기도 하였다.[23] 하버드대학 출신이라는 버취 변호사도 다분히 자유주의적인 경향성을 내포한 사람이었던 것 같은데 1946년 일찍이 한국에 도착한 후로 처음 말려든 사건이 이것이 아니었던가 한다.

B. 여운형(呂運亨) 사회민주당(社會民主黨)의 창립 후원활동

군정은 여운형의 인민당과 공산당의 유대 관계를 끊어보려고 무척 애썼으며[24] 이 노력 과정에서 주지하다시피 여운홍(呂運弘)의 사회민주당이 생긴다. 커밍스 교수에 의하면 버취 중위가 주동이 되어서 5월 8일 여운홍을 설득시켰고 군정 측으로부터 자금 후원을 받았는데 그것은 이승만 박사에게서 나왔다는 것이다.[25] 그런데 군사실자료에는 『사관기장』에서 떨어져 나간듯한 종이에 사관 로빈슨(Robinson)에 의하여 다음과 같은 증언이 적혀 있다.

> 버취 중위와의 인터뷰 1947. 3. 7
> 사회민주당
> 버취는 여운형을 공산당의 영향 하에서 절연시킬 수 있을지 모른다는 계산에서 이 당을 창설하여 여씨를 인민당에서 뛰쳐나오게 만드는 아이디어를 굿펠로우 대령에게 불어넣었다. 여씨의 가까운 개인적 친구와 고문들은 공산당의 인민당 지배를 매우 불쾌하게 생각하고 있었다. 이들은 Wang Chu Nam(황진남 黃鎭南), Lee Yin Su(이임수 李林洙?), 이만규(李萬珪), 이여성(李如星), Cho Han

23) 굿펠로우(Goodfellow) 대령에게(6월 27일 준 편지). 후버 연구소 소장 Goodfellow paper.
24) 一例를 들면 1946년 4월 12일 굳페로우 大領, Thayer 大領, 버취 中尉는 呂運亨, 呂運弘, 黃鎭南과 오후 두 시 조선호텔에서 會同하여 이 문제에 결단을 내리라고 촉구하였으나 呂運亨은 결정적인 언질을 주지 않았다. "Report : status of peoples party" 對民弘報局文書.
25) 커밍스, 앞의 책, 170쪽, 534쪽.

Kyu(조한용趙漢用?) 그리고 여운홍 등이었다. 이들은 공산당원이 아니었고 여씨 개인의 파당에 속하였다.

굿펠로우 대령의 명령에 의하여 4월 한 달 동안 여운형을 인민당에서 끌어낼 공작을 벌렸다. 이어 굿펠로우, 버취 그리고 두 여씨는 조선호텔에서 몇 번 만났다. 큰 여씨는 현상에 불만이었으나 그로 하여금 인민당을 떠나서 새 조직을 창립하도록 설득하지 못하였다. 굿펠로우와 버취는 그의 개인적인 친구들과 고문들을 떠나게 함으로써 여씨를 인민당에서 튕겨내려고(blast out) 하였다.

5월달 중 버취는 이들 중의 많은 사람들과 만나고 새 정당을 만들도록 공작하였다. 한 때 저들은 거의 이러한 준비가 되었었다. 그런데 저들은 먼저 랭돈을 방문하여 그가 이 일을 어떻게 생각하는지 알아보았다. 랭돈은 말하였다. "당신들의 유교 윤리가 어떻게 말하고 있소! 당신들의 지도자를 따르시오." 그래서 그들은 다시 인민당으로 돌아가게 되었다. 그러나 이 상처가 아물지 않고 결국 몇달 후 분열이 일어나 48 대 31의 투표로 공산당에 합하고 말았다.

하지 장군, 굿펠로우 그리고 버취는 만나서 (여씨로 하여금) 인민당을 버리고 새 정당을 만드는 모든 방책을 취해 보도록 하였다. 저들은 여운홍과 송사리 추종자들을 얻었다. 5월 8일 미소공동위가 마침내 깨지는 날 저녁에 여운홍은 인민당에서의 탈퇴와 새 사회민주당의 창립을 선포하였다.

재정적으로 10만원을 한국인 기증자들에게서 받았는데 굿펠로우와 버취가 중계자였다.

가장 많을 때가 아마 5,000명 당원이었고 지도력과 재정이 결하였다. 주요 당원들은 따라오지 않았다. 이 당이 마치 달의 인력(引力)으로 조수(潮水)현상을 일으키는 것처럼 되기를 바랬다.

이 당은 인민당 내의 공산주의 지도층을 공격함으로써 매우 소중한 기능을 행사하였으며 박과 여 사이에 쐐기를 집어넣었다.

　로빈슨 記

이 박사는 당시 풍성한 자금을 가지고 마음대로 사용하였다. 이 박사가 6월 28일 굿펠로우 대령에게 쓴 자필 편지를 보면, 3주간 정간당한 『대동신문』에 50만 원의 원조를 주고 자신이 소유자의 일인이 된다고 하였고,

미국에서 이 박사를 위하여 로비활동을 할 굿펠로우 대령은 1년에 4만 불에서 5만 불 상당의 돈을 받을 것이라고 말하고 있다.26) 이에 준하면 여운홍에 주었다는 10만 원은 새발의 피일지 모른다.

C. 여운형 일제 관련 조사활동

버취는 1946년 8월 2일 하지 중장에게 다음과 같은 여운형 조사 제의를 하고 있다.27)

1. 소문에 의하면 여는 전쟁기간 매우 은밀한 관계를 일본의 고관들과 가지고 있었다 합니다. 1939년부터 45년도까지 그는 정치 목적을 위하여 8회에서 14회까지 일본을 왕복한 것 같습니다. 여씨 자신이 나에게 그는 도조(東條), 고이소(小磯), 또 기타인과 사사로운 회견을 가졌었다고 합니다. 한번은 무심코 이민 이야기를 한 적이 있읍니다. 즉 1945년 여름 그는 체포되었는데 일본경찰에게 일본수상이 친히 안전 통행권을 주었기에 체포할 권한이 없다고 항의하였다는 것입니다. 이것은 분명히 여씨가 시모노세키(下關)에서 부산에 내릴 때에 일어난 일입니다.
2. 여씨가 공산주의자를 두려워하는 하나의 이유는 공산주의자들이 어떤 정보 ─아마도 문서상으로─가지고 있기 때문이 아닌가 합니다.
3. 다시 말씀드리는데 이 정보는 풍설에 불과하지만 그에 가까운 사람들에게 들은 바로는 그는 소련과 일본간의 교섭의 중개자였다고 합니다. 이에 의하면 이 교섭들은 소련을 전쟁에 말려들지 않게 하기 위한 최종적이고 영구적인 조약을 목적으로 하였다는 것입니다.
4. 1945년 여름 여씨는 소련에게 경제적 영토상의 양보를 하고 한국에 제한된 자치를 허용하는 골자의 제안을 가지고 갔다는 것입니다.
5. 만일 이것이 사실이라면 여씨는 이 사실을 민중들에게 알리지 못하도록 애

---

26) Goodfellow papers. 스탠포드대, 후버 문서관 소장

27) Memorandum for the Commanding General, XXIV Corps: Subject: Suggested Investigation into Relations Of Lyuh Woon-Hyung, August 2, 1946.

쓸 것이라는 것을 상상할 수 있습니다. 왜냐하면 그의 교섭이 성공적이었다면 한국에 대한 일본의 주권을 영구화시켰기 때문입니다.

6. 현 시점에서 여씨는 한국 정계에서 아직도 결정적인 위치를 점하고 있습니다. 오늘 날짜로 본다면 그가 우리 편에 서서 일해 줄 가능성이 가장 큽니다. 그가 우리 편에 서든 안 서든 우리는 그와 일본인과의 관계를 모두 다 알아두는 것이 매우 중요하다고 생각됩니다. 만일 그가 우리 편에 선다고 가정 할 때 우리는 이 정보를 이용하여 뜻밖의 일을 회피할 수 있고 필요로 하는 반박을 준비할 수 있을 것입니다.

7. 이 사령부가 일본에 일인의 장교를 파견하여 呂씨에 관한 일반적인 사항을 광범위하게 조사할 수 있도록(극동군 사령부가) 조치하여 주도록 요청하시는 것이 매우 중요합니다. 특히 도조(東條), 고이소(小磯), 아베(阿倍) 전 총독 그리고 전 서울 일본경찰간부들에게서 얻은 정보의 확인에 노력을 경주하여야 될 것입니다.

8. 이 조사를 위하여서는 한국인의 정치에 대한 일반적인 배경을 숙지하고 기민하고 책략이 풍부한, 신문에 기술이 능한 조사관의 파견이 필요할 것입니다. 저는 삼가 찰스 O'Riordan 소령을 천거하는 바입니다. 그는 현재 군정 외무국에서 일을 보고 있으며 이 조사를 위하여서 우수한 적격자로 생각됩니다.

레오나드 버춰 드림

(여기에 하지 중장의 연필로 된 글씨가 뒤따랐다. 즉 "이것은 사리에 맞아. 나는 이에 대하여 좀 알고 싶네." 하지 씀.)

오리오단(O'Riordan) 소령은 일본으로 갔다. 필자가 가지고 있는 신문기록은 지금 현재 엔도 류사쿠(遠藤柳作)의 것 밖에 없는데,[28] 지금 이 문서를 보면 다음과 같다.

28) General Headquarters, Supreme Commander For the Allied Powers, Military Intelligence Section, General Staff. "Interrogation of Ryusaku Endo. Re Ro-un-kyo and the Korean Independence Movement" Box 800 in RG 319 Records of the Assistant Chief of Staff, G-2, Intelligence Library File, 1944-54. O'Riordan 소령의 조사 보고로 사료되는 CIC의 여운형철이 국립공문서관, 현대 육군부에 소장되어 있어 정보자유법에 의하여 그 기밀성 해제를 신청 중에 있다.

문 : 오늘 찾아 온 것은 전쟁범죄와 관계없다. 여운형에 대하여 알려고 왔다.
　　언제 그를 처음 만났는가?

답 : 작년 봄이다.

문 : 어떻게 그를 만나게 되었는가?

답 : 전쟁은 날로 악화되어 가고 인심은 불안하였다. 그래서 내 책임은 여운형
　　뿐만 아니라 저명한 모든 사람을 만나 그들의 희망에 따라 시정책을 강구
　　하는데 있었다.

문 : 왜 당신은 여운형을 저명인물로 생각한 것이요?

답 : 여운형은 조전 청년층에 가장 존경받던 인물이었다.

문 : 일본정부에 대한 그의 태도와 의견은 어떠하였나?

답 : 그는 매우 협조적이었고 식량, 노동, 교육면에서 나에게 충고를 주었다.

문 : 총독부를 서울에서 딴 곳으로 옮길 계획이 있었는지?

답 : 없었다.

문 : 조선인과 정권을 분담할 계획이 있었는지?

답 : 없었다.

문 : 당신은 여운형의 친구였소?

답 : 나는 그를 4~5차 밖에 만나지 못했다. 〈중략〉

문 : 그는 연안(延安)으로 가려고 하였던가?

답 : 그는 공산지역으로 간다는 이야기를 한 일이 없다. 그러나 중국에 가고 싶
　　다고 하였다. 〈중략〉

문 : 그는 순수한 민족주의자인가 또는 정치적 기회주의자인가?

답 : 나는 그가 강한 민족주의자라고 생각한다. 때때로 그는 기회주의자가 되
　　었지만 그것은 조선인들의 공통적 성격이었다.

문 : 반일 그가 조선의 통치자가 된다면 러시아나 중국이나 딴 강대국의 괴뢰
　　가 될 것인가, 또는 그의 지조를 지길 것인가?

답 : 그는 순수한 민족주의자이다. 그러나 사정에 따라서는 추종할 수밖에 없
　　다. 그것은 할 수 없는 일이다.

문 : 만일 그가 조선의 통치자가 된다면 조선을 위하여 전력을 다할 것인가, 또
　　는 반역자가 될 것인가?

답 : 그는 조선을 위하여 최선을 다할 것이다.

문 : 과거 그는 어떤 일을 했는가?

답 : 과거에 그는 일본정부나 총독부에 귀를 기울인 적이 없다. 총독부는 그에게 중직(重職)을 거듭 제공하였으나 듣지 않았다. 그는 순수한 민족주의자이다.

문 : 일본관리 중에서 여를 만난 후 그에게 반감을 가지게 된 사람이 있는가?

답 : 송진우나 김성수를 좋아하던 일본인들 중에는 있을지 모른다. 그들은 여를 좋게 말하지 않았다.

이 신문이 끝난 후 엔도(遠藤)는 자진하여 김성수(金性洙)가 귀족원(貴族院)의 자리를 거절한 이야기를 꺼내어 그를 칭찬한 기사가 부록으로 달렸다.

군사실 자료 중에는 또 총독부 왜경의 우두머리 니시히로(西廣)와의 인터뷰 요약이 있는데 이에 의하면, 니시히로(西廣)는 100만 엔을 橫路(요고지)를 시켜 여운형의 비서에 건네주었다는 증언이 있다.[29]

여운형의 배경 조사는 기본적으로 그에 대한 혐의를 풀게 한 모양이다. 군사관 로빈슨(Robinson)은 버취 중위를 인터뷰하고 여기에 대하여 한 장의 기록을 남겨 놓는 것을 잊지 않았다. 즉

1946. 3. 7.

여(버취 중위와의 인터뷰)

O'Riordan에 의한 일본에서의 여의 일본관련 조사 결과는 혐의가 없는 것으로 되었다. 한 조각의 증거도 찾지 못하였다. O'Riordan이 인터뷰한 거의 모든 사람이 그러한 질문이 나오는데 놀랐다고 했다. 그들은 여를 탁월한 조선인 애국자로 간주하였다.

로빈슨 記

---

[29] CIC File 4-31 Lyuh Woon Hyung, 1946년 가을 조사라고 연필로 적고 있다.

그러나 해방 후 정국에서 여는, 많은 군정요원들이 이미 지적한 바와 같이 '하나의 완벽한 정치적 기회주의자'였다. 여운형이 암살됐을 때 그의 서류가방에서는 김일성, 김두봉 2人에게 부치는(부친) 1946년 11월 16일과 11월 30일의 편지들(사본) 「인민당의 계획」이라는 그의 독백(1946년 7월경 작성 추측), 그리고 성명 미상의 친구에게 부치는 편지 등이 있었는데, 이 것들은 모두 그가 골수 좌익이라는 일면을 보이려는 것이었다(자료 C 참조). 한편 그의 집에서 찾은 김용중에게 쓴 영문 편지를 보면 그는 또 다른 면을 보이고 있는데, 자기는 군정에 호의를 가지고 있는데도 불구하고 왜 냉대를 받아야 하는가 하는 식의 편지였다.[30] 이 마지막 편지에는[31] 그가 일본 측에서 돈을 받은 점을 부인하는 일절이 있어 그 대목을 옮겨 본다.

  1945년 10월 중순경 한국에 들어온 지 한 달 넘어서야 하지, 아놀드 양 장군 은 나를 접견하였소. 나는 1919년 상해 독립운동 시절부터 알고 있는 황씨[黃鎭南]를 대동하였는데 악수를 하고 나자 하지 중장이 맨 먼저 던진 질문이 다음 과 같았소. "○(일인)과 어떤 관계에 있었소?" 답 "별로 없었소." 문 "○에게서 얼마 받았소?" 답 "받은 일 없소." 나는 그의 질문과 불친절한 태도에 완전히 당 황하였소. 터놓고 말하면 나는 성명서를 휴대하여 갖고 갔기 때문에 이것을 그 에게 주고 물러설려고 할 때 아놀드 장군이 나에게 군정 자문회의에 참가하겠 는가고 물었소. 그래서 "기꺼이"라고 하니 나를 옆방으로 데리고 갔소. 거기에 는 이미 나를 포함하여 10명이 있었소. 이 조선인들 중에 김성수(金性洙)와 나 중에 암살당한 한민당 당수 송진우(宋鎭禹)만 알려진 인물이었소. 나머지는 서 울에서 잘 알려지지 않았고 거의 나쁜 평판이 따르던 사람들이었소. 서로 인사 를 나눈 후 의장을 선출하게 되었소. 나는 모(某)를 투표하였는데 결과로는 김 성수가 9표 얻어 그가 자기를 찍었던 것을 알게 되었소. 그 뒤에 경기도지사를 또 투표하게 되었는데 역시 9 대 1의 투표였소. 딴 쪽은 완전한 불록을 형성하

---

30) 이상 몇몇 편지는 *Journal of Modern Korean Studies* Vol.2. Dec. 1985, pp.61~63에 소개되었기 때문에 생략한다.
31) 1947년 7월 18일발 편지.

였었고 나의 견해는 완전히 무시되었던 것이요. 그래서 나는 사퇴서를 썼지요.

D. 국무부의 이 박사 급료지불설

군사관 로빈슨의 버취 인터뷰를 보면[32] 다음과 같은 한 장의 버취 증언이 있다.

> 이(李)
> 1946년 11월에 이르기까지 하지는 이를 완전히 등진 것이 아니었다. 하지가 한국에 도착하였을 때 그는 국무성에서 이와 김구를 조심하라고 충고받았다. 이것은 랭돈에서 들었다. 왜 하지가 이 두 사람과 같이 대중 앞에 나타나고 절반 공인 비슷한 태도를 보였는지 버취는 이유를 모른다고 하였다.
> 전쟁 중 이는 국무부의 급료자(payroll) 명단에 있었다. 그 전에는 그는 중국과 미국에 있는 한인, 중국인 단체에서 지원을 받았고, 그는 또 한때 가짜 채권을 팔고 있었다고 간주되었다.

이 박사가 미 국무부의 자금 지원을 받고 있었다는 버취의 주장은 어딘지 석연치 않다. 필자가 만난 은퇴한 국무부 한국 관계자들은 모두 입을 모아 그럴 수 없다고 주장한다(헨더슨, 본드 등).[33] 그러나 본드 전(前) 한국과장은 국무부 밖의 부처에서 돈이 나왔을 가능성은 있을지 모르겠다고 하였다. 필자의 생각으로는 버취의 주장은 사실이 아니라고 본다. 혹시 OSS에서 약간의 지원이 있었는지는 모르겠다.

---

32) 이 인터뷰에는 듣는 사람의 이름이 안 적혔다. 그러나 날짜가 3월 7일이었고 딴 3월 7일 Robinson 記라는 메모가 많으니 틀림없이 로빈슨의 것이다. 그는 워싱턴주립대학을 나오고 하버드에서 MBA를 받은 지식인이었다.(군사실 이력철 참조)
33) 단 이들 국무부 관련자들은 모두 해방 후에 국무부 본부에 관련되었다.

E. 정치범 유무(有無) 논쟁과 버취

군사실 자료당에 수용되고 있는 1매의 삐라는 다음과 같이 시작되고 있다.

　南朝鮮에 政治犯이 있느냐 없느냐를 圍遶하고 立法議院에서 長時日 論難하다가 結論을 얻지 못하고 있었다. 이때 하-지中將의 政治顧問 삐-취中尉는 數日前 政治囚人法案에 관한 提案을 文書로 立法議院에 보내왔다. 立法議院에서 이 提案을 어느 정도 참작할는지는 알 수 없으나 一部議員들이 南朝鮮에 政治犯이 없다라고 主張한데 對하야, 世界의 어느 곳에도 政治犯은 존재한다라고 前提한 것은 興味 있는 指摘으로 提案의 內容은 大槪 다음과 같다고 한다. 立法議員에서 右翼議員들이 南朝鮮에는 政治犯이 없다고 하였으나 世界의 어느 곳에도 政治犯은 存在하고 있다. 政治犯이란 規定限界가 困難하나 犯罪의 動機가 政治的 性格을 가졌을 때는 政治犯으로 規定할 수 있다. 따라서 미국이나 歐羅巴의 대다수 국가에서는 政治的動機를 가진 犯人에 對하여는 死刑을 加하는 일이 없다. 獨逸 나치스 간첩을 살해한 유태 피난민 하셀 그린스판에 對해 死刑보다 自由刑을 준 佛蘭西法庭의 判決이 뚜렷한[34] 例가 된다. 立法議院은 政治犯에게 가벼운 判決 또는 소급하여 判決을 輕減하는 法案을 通過시키는 것이 타당할 것이다. 이러한 행동은 一方的인 것이 아니다. 이것은 自由스럽고 民主的인 人民들만이 향락할 수 있는 특권이다.

여기에 대하여 러치 장관은 브라운 중장에 준 자필메모에서 "만일 버취가 정말 이렇게 썼다면 이것은 엄중한 간섭 행위이다. 이것을 결정하는 것은 그가 아니요 저들이다. '정치범'이라고 지적된 자들은 지금 헌병재판소에서 재판을 받고 있지, 조선인의 법정에서 받고 있지 않다. 더우기 관용

---

[34] 이곳까지가 2매 중 1매의 내용이고 다른 1매는 분실되고 있다. 그러나 여기에 대한 버취의 원문이 있어 메꾸었다. 원문에는 러취 장관의 것으로 생각되는 촌평이 유태 피난민 운운한 옆에 달렸다. "大邱 殺人사건을 겨냥했다."

을 베푼다는 것은 집행부의 역할이고 입법기관의 것이 아니다"라고 말하
고, 버취 원문 옆에 '대구 폭동 살상사건을 겨냥'이라 썼다.[35] 여기에 대하
여 버취는 구차한 변명을 늘어놓고 이 정치법에 관한 메모는 입법의원에
정식으로 제출한 것이 아니라 박건웅(朴建雄)과 정이형(鄭伊衡)에게 민주
적 정치 운영을 위한 참고로 써준 것이 이용당했을 뿐이라고 하였다.[36]

　버취는 이상에 소개한 예 밖에도 수많은 메모와 논문을 남겼다. 여기에
는 북한을 방문하였을 때 경험한 4편의 분석 기행문도 포함된다. 이것들을
이 군사실 자료당 여기저기서 모으고 서야 그에 대한 통일적인 개념을 가
질 수 있을 것이다. 요컨대 그는 공산주의를 경멸하는 만큼 이 박사에도
그랬다. 그는 다음과 같이 썼다.

　　이 박사가 남한에서도 북한에서 저질러지고 있는 따위의 포학정치와 실질적
　　으로 같은 정부조직을 수립하려는 것을, 압도적인 증거에 의하여, 확신하는 바
　　입니다. 나는 이 점에서 그의 성공이 미국의 입장을 위태롭게 만든다고 믿습니
　　다.[37]

　그는 중간노선에 희망을 가졌다. 그리하여 실패하였다. 당시의 한국인
의 정치의식과 경험으로는 너무나 큰 부담이었는지 모른다. 그는 차차 군
정 수뇌부에게 소외당하였던 것 같다. 하지 중장은 버취 중위에게 경고장
을 보냈는데 남한에 부임한지 1년 만에 8차례나 교통법규를 위반하여(속
도위반 등) 기소되었으니 장교로서 말이 아니라고 나무랐다. 버취 중위의
장기이자 기반은 그와 정치계 인사들과 일선에서 사귀어 왔기 때문에 정
계 소식에 남달리 밝았다는 데 있었다. 여기에는 위험부담도 따른다. 결국

---

35) 3월 12일부의 메모.
36) 3월 6일의 브라운 중장에게 준 편지, 또 3월 17일 웨커링 장군에 준 편지 참조.
37) 1947년 4월 18일의 memo: Memorandum to General Weckerling. Subject: "Alleged Adverse
　　Comment on Syngman Rhee".

1948년 그 어느 날 한국에서 물러난 버취는 미국에서 변호사 개업을 하였
으나 그것도 여의치 못하였다고 했다.[38] 버취는 군정사연구에 있어 매력
있는 하나의 중요 인물이다. 그에 대한 기록이 이 당중(檔中)에 가장 많다
는 것을 알려 둔다.

4. 각 자료 상자의 내용과 해설

이 자료당은 매우 유명한 것이기에 연구자들이 반드시 한번은 접근하는
연구원(研究源)이 되었다. 따라서 상자는 훼손되어 1985년에 새 상자들에
집어넣으면서 분류를 다시 하였다. 한 철로 묶여 있던 문서들이 갈라져 여
기저기 흩어지게 되었다. 따라서 1986년 이전 연구서나 논문에 인용되었
던 상자 번호들은 이미 아무 의미를 갖지 않게 되었다. 본 해제는 새로운
상자 번호에 의하여 그 중요 내용을 추출하여 대강 설명하고 중요하다고
생각되는 것들에 비교적 자세한 해설을 적는다.

Box. 1

A. 제1보도군사 서비스대 통신문서 1944~1945

B. 24군신문『The Corps Courier』1944~1945.

C. 사상손실보고(死傷損失報告) 팔라우 마리아나 마셜 등 열도(列島)작전

Box. 2~3

오키나와작전문서집

---

[38] 그레고리 헨더슨 씨에 의하면 버취는 변호사 자격정치 처분을 받았다. 시카고대학 사학과
의 커밍스 교수는 그가 옛날 버취의 집을 찾아가 인터뷰한 메모 수첩을 빌려준다고 하였으
나 사양하였다.

Box. 4

A. G-2 Summary 8 · 15 이전 것.

B. 미일군교신철(美日軍交信綴)

미군이 오키나와에서 서울로 진주하기 전에 일제 조선군사령부와 교신한 기록들.

C. 『경성일보(京城日報)』의 영역(英譯)(1945. 8. 10에서 9. 2)

Box. 5

A. 미 주한군정부(美駐韓軍政府)「군정부의 조직과 기능」

이것은 150여 년의 미군정부의 각 부처의 조직 구조와 그 역할기능의 설명이다. 작성연대 미상. 2부로 갈라져 있으며 제1부는 서(office) 5처, 부(department) 11처, 다음에 잡부처(신한공사 등 11처) 등 민정부문이요, 제2부는 G-1, G-2, 군무, 사령부, 사령부중대, 복지후생, 보도교육, 감찰, 법무, 통신, 식품공응(食品供應), 군목(軍牧), 헌병, 외과, 권속숙사(眷族宿舍) 등의 부처로 갈라 설명하고 있다.

B. "Report on the Occupation Area of South Korea Since Termination of Hostilities" Part 1 Political. 1947년 9월.

이 『종전후 남한점령지구보고』 제1부「정치」는 본문 68면 부록 12면으로 구성된 타자문서이다. 이것은 제2부「경제」와 함께 미군정에서 웨드마이어 특사의 남한 방문 시 참고로 하라고 만들어진 것이다. 따라서 웨드마이어의 보고서가 얼마나 이 문서에서 영향을 받았는가 하는 것도 연구 대상이 되지만 군정에서 어떻게 남한에서 전개된 정치2년사를 정리하였는가도 흥미의 초점이 될 수 있다. 스튜에크(Stueck) 교수의 The Wedemeyer Mission이 이러한 문서들의 분석에 통 관심이 없었기에 더하다.[39]

---

[39] 「回顧와 展望」, 「美洲篇」, 『韓國史研究彙報』 제51호, 1985, 14~15쪽을 참조.

C. 군정법령·사령집(辭令集)(official gazette)

Box. 6

A. 극동군총사령관이 주한군사령관에 보낸 무전 지령집.

B. 미주한군(美駐韓軍) 각종 전화부

이러한 전화부의 이용 방법은 많다. 첫째로 제24군의 구조, 배치, 이등 등을 파악할 근거를 제공하며 인명록을 통하여 인사이동 상황도 알 수 있다. 1945년도와 46년 초기의 전화부가 없는 것이 흠이다.

C. 제24군 주둔부대 명단

1946년 8월판, 10월판, 47년 1월판, 4월판 등이 있다.

Box. 7

A. Monthly Summary of Non-Military Activities in the Enforcement of the Post-Surrender Policies for Japan and the Administration of Civil Affair in Occupied Korea는 Supreme Commander for the Allied Powers에서 내보내었고 이 상자에는 제1호(9월~10월)와 제목이 약간 달라진 46년 1월호(통권 제4호)·2월호(통권 제5호)가 있다. (Summation No.4 Non-Military Activities in Japan and Korea). 이 상자에는 계속하여 일본 것만 있는데, 이것을 『군정매월 요약』 또는 『군정월보』로 부르기로 한다. 주한군정 측에서는 따로 군정활동보고서(Report of Military Government Activities)가 군정기획과(Planning Section)에서 나와 군사실 자료당에는 1945년 11월 15일. 11월 28일, 12월 3일, 12월 12일, 12월 19일, 1946년 1월 3일, 1월 31일, 2월 14일, 2월 19일, 2월 20일, 2월 27일, 3월 6일의 것이 있다.

일본과 한국의 『공동군정월보』는 통권 제5호에서 끝나고 제6호에서부터 따로 나오기 시작 하는데, 제목은 Summation of United States Army Military Government Activities in Korea가 된다. 이 월보를 발간한 부처는 "Statistical

Research Division of the Office of Administration"이었다. 통권 제23호부터는 South Korea Interim Government Activities, United States Army Military Government in Korea로 변하고 출판원도 중앙경제위원회(National Economic Board)로 되었다. 통권 35호(1948년 9월, 10월)는 다시 Republic of Korea Economic Summation이 되고 출판원은 민사과(Civil Affairs Section)가 되어 통권 제36호(1948년 11월, 12월호)로 막을 내리는 것 같다.

이 월보들은 미국 주요 도서관에서는 모두 일부 또는 전부 소장하고 있으며 대한민국정부 내 모모부에서 부사(部史)를 편찬할 때는 이것을 참고하곤 하였다. 그러나 이것은 모두 개정판에 의한 것으로 원래 이 초고는 분량이 보다 방대하고 통계표도 많다. 통권 제15호(1946년 12월)로 예를 들면, 두 쪽 다 내용은 제1부 「일반」, 제2부 「정치」, 제3부 「경제」, 제4부 「사회」로 구분되나 원초판은 7매의 4도시와 각도의 도매물가표가 있으며 하곡·추곡수집량의 통계, 노동계의 소식 등이 있으며 분량이 배가 되는 듯하다. 이 군정월보는 그런대로 미군정사 연구에 필수적인 것으로 평가된다.

Box. 8~11
내용 Box. 7과 같음.

Box. 12
A. 일본군정월보 4월~6월(1948)
B. 상무부사고(商務部史稿)(1945~48)
C. 상무부 상무국사

Box. 13~14
A. 상무부 무역국사, 상무국사, 직물과사, 귀속사업과사 등 상무부 각부처의 역사와 자료

B. 남한 석유사정, 전기사정 자료

Box. 15

A. 체신부사와 자료

B. 중앙가격행정처사

C. 재무부사 · 회계국사

Box. 16

A. 재무부사 자료

B. 농무부사 · 농업생산국사

Box. 17~18

A. 축산 · 토지개량 · 원예 · 수산 · 면직 · 삼림 · 양잠 등 부문 자료

B. 중앙식행정처사

C. 농민신문

Box. 19

A. 농무부 자료

B. 후생부 자료

Box. 20

A. 남한각지구 인구통계

B. 보건후생부 자료

Box. 21

A. 법무부자료 법무부 인터뷰

B. 플랭켈(Fraenkel) 박사의 담화

C. 미점령군에 대한 불평문건

Box. 22

A. 미군정에 대한 비판문건

B. 중앙경제위원회사

C. 클라이드 미첼(Clyde Mitchell), 「신한공사(新韓公司) 최종보고」

D. 신한공사의 Weekly Minutes(1947~48)

Box. 23

A. 북한사정(피난민의 정보, 신문 등)

B. 군정의 언론홍보자료(Press Release) 1945. 12~1946. 12.

Box. 24~25

언론홍보자료(Press Release) 1947~48

Box. 26

경무부사(警務部史) 원고 주석 · 참고문서

Box. 27

A. 경무국사와 자료

B. 군사관기장(軍史官記帳, Historical Journal) 1945년 8월 11일~12월 31일.

Box. 28

A. 군사관기장 1946년 1월 6일~4월 30일, 1947년 7월 1일~1948년 12월.

이것은 군사관들이 인천상륙 직전부터 1948년 연말까지 보고, 듣고, 인터

뷰하고 신문 보도를 오려둔 것의 집합체이며 약 15cm의 분량이다. 1946년
5월부터 47년 8월까지는 없으나 사관 로빈슨의 버취 중위 취재기 등이 원
래 이곳 소속이었다면 이 중의 약간은 남아 있고 더 자세히 한장 한장 이
당(檔) 90여 상자를 들추어 보면 더 나올지도 모른다. 미 국방부 도서관에
소장되어 있는 것으로 첫 두 달 것의 복사품이 시중에 나돌지만 그것들을
자세히 관찰하면 이 당에서 복사하여 간 것에 불과하다는 것을 알게 된다.
이 「군사관기장」은 비록 중요한 부분이 사라졌지만 군정사 서술에 많이
인용되는 유용한 자료집이다. 일례를 든다.

　수석군사관 라슨(Larson) 박사는 1947년 9월 18일 로이벤 굿맨(Reuben
Goodman)이라는 법무부 소속 노동문제 전문 변호사에게 저녁 초대를 받
아 들은 이야기⦁이모저모를 다음날 「군사관기장」에 4매 가득히 적어 넣었
다. 굿맨에 의하면 프랭켈 박사(Dr. Earnest Frankel)는 나치 독일에서 망명
하여 온 원래 사회민주당원이며 로저 볼드윈(Roger Baldwin)은 좌측 지향
으로 미국 민주주의의 결점을 한인들에게 선전하고 『네이션(Nation)』誌
에 「한국에서의 미국의 실수」 같은 기사를 썼고 같은 법무부의 리차드 길
리엄(Richard Gilliam)은 보수적인 버지니아주 출신의 반(反)루즈벨트파 민
주당원인데도 남한을 '경찰국가'라고 말하였다느니, 자신도 번스 박사의
생각과 같이 공산당을 축출한 '인민공화국'과 고 여운형이 정권을 담당하
였다면 좋을 뻔하였다는 등의 이야기를 기록하였다. 이러한 군사관의 역
사에 충실하려는 기록은 그런대로 군정사에 도움이 되는 것이다.

　B. 프랭크 에버설(Frank Eversull), 한국사정에 대한 보고서("Report of
Condition in Korea")

　C. 교통부 자료 일부.

Box. 29

　A. 교통부자료

B. 농지분배에 관한 여론조사

C. 「종전후의 남한 점령지구보고 제1부 정치」

D. 남한 각도사고(各道史稿)와 자료

E. 드레이퍼(Draper) 육군부 차관과 하지(Hodge) 사령관의 대담기록(1947. 9. 23) (자료 D 참조)

이것은 드레이퍼와 그의 일행이 남한에 왔을 때 하지 중장이 브리핑을 한 기록. 한국 정치 정세와 역사에 대한 하지 중장의 견해를 잘 말하여 주는 자료다.

Box. 30

A. 군정관보사령철(軍政官報辭令綴)

B. 미소공동위패회 공동성명 제5호 선언서 서명문서

이것은 「신탁」조항이 포함한 모스크바 결의의 목적을 지지한다는 서명문서들로 여기 서명하지 않은 정당은 협의의 대상에서 제외되기 때문에 당황한 군정이 명분을 만들어 우익진영을 포함하여 314정당·사회단체의 서명을 받아 냈다.[40] 이 선언서 서명단체와 당수명을 이하에 전재한다.(접수번호 순으로)

1) 朝鮮輿論社(朴易夏) 2) 朝鮮映畫同盟(安鍾和) 3) 朝鮮婦女總同盟(劉英俊) 4) 朝鮮産業醫學研究會(崔應錫) 5) 全國農民組合總聯盟(白庸熙) 6) 在日朝鮮人聯盟 서울委(金正洪) 7) 朝鮮文化協會(金良瑕) 8) 朝鮮教育者協會(尹日善·李萬珪·朴俊泳) 9) 朝鮮美術作家同盟(金周經) 10) 朝鮮人民援護會(許憲, 서명: 副會長 朴承鍾) 11) 朝鮮青年團(金明鎭) 12) 朝鮮社會科學研究所(姜鋌澤) 13) 서울失業者委員會(趙東祐) 14) 朝鮮新聞記者會(李鍾模) 15) 反日運動者救援會(李英, 서명: 書記長 鄭洪錫) 16) 應微士同盟總本部(尹道淳) 17) 朝鮮協同組合中央聯盟

---

40) 우익의 署名 同意 경과에 대하여는 송남헌, 『解放 3년사 II』, 까치, 1985, 321~322쪽을 참조. 이 명단에서 보건대 一團體 再登錄, 또 急造 幽靈團體가 있는 것 같다.

(朴景洙) 18) 朝鮮科學者同盟(朴克采) 19) 朝鮮民族革命黨(金若山) 20) 朝鮮法學者同盟(趙平載) 21) 朝鮮勞動組合全國評議會(許成澤) 22) 中央人民委員會(許憲·呂運亨, 서명: 許憲) 23)民主主義民族戰線(李康國) 24) 朝鮮人民黨(呂運亨) 25) 朝鮮左翼書籍出版協議會(溫樂中) 26) 朝鮮文學家同盟(洪命熹·李泰俊, 서명: 李源朝) 27) 朝鮮新民黨京城特別委(白南雲) 28) 朝鮮科學技術聯盟(都相祿) 29) 朝鮮醫師會(尹日善, 서명: 李炳南) 30) 朝鮮反共共同鬪爭委(鄭雲永) 31) 朝鮮造型藝術同盟(尹喜淳) 32) 朝鮮工業技術聯盟(李駿烈) 33) 朝鮮民主靑年同盟(趙僖英) 34) 朝鮮靑年總同盟(李昊濟) 35) 朝鮮共産黨(朴憲永 2枚中 1枚는 英文으로 1枚는 露文으로도 싸인) 36) 朝鮮食糧對策中央協議會(魚龜善) 37) 朝鮮學術院(白南雲, 서명: 尹行重) 38) 朝鮮演劇同盟(羅雄) 39) 京畿道人民委(朴昇秉) 40) 民主主義民族戰線京畿道委(洪晃玉) 41) 서울市民主主義民族戰線(金恒圭) 42) 朝鮮音樂同盟(金載勳) 43) 朝鮮國旗奉贊會(徐成達) 43) 錦東同志會(申伯雨) 45) 同隣會(崔章敏) 46) 서울市住宅組合(李璋鎔) 47) 朝鮮海事協會(孫元一·梁鐵鎬) 48) 京畿道農民組合聯盟(洪承裕) 49) 大韓全國義勇團(朴勝烈) 50) 朝鮮新化黨(文容福) 51) 朝鮮藥學會(都逢涉) 52) 朝鮮生物學會(都逢涉) 53) 學兵拒否者聯盟(崔祥麟) 54) 天道敎靑友黨(李應辰) 55) 朝鮮社會問題對策中央協議會(崔潤廷) 56) 朝鮮出版勞動組合(張奎景) 57) 서울市人民委員會(崔元澤) 58) 協同組合서울市聯盟(李泰秀) 59) 檀民會(金鍾泰) 60) 大倧敎(尹世復, 서명: 趙琬九) 61) 天主敎會(盧基南, 서명: 張勉) 62) 大韓獨立促成國民會(李始榮, 서명: 吳夏英) 63) 國民黨(安在鴻) 64) 朝鮮女子國民黨(任永信) 65) 國民大會準備會(金俊淵) 66) 獨立促成中央協議會(李承晩 ; 1枚는 1875년 2월 26일生으로 되어 있고 墨筆 署名에 英文版刻 서명이 따랐고 다른 1枚는 1873년 3월 16일生으로 만년필 서명이고 英文版刻 서명이 있는데 兩枚筆蹟이 다르다.) 67) 朝鮮基督敎會全國聯合會(金奎植) 68) 韓國赤十字社(金奎植, 서명: 白象圭) 69) 儒道會中央總部(金昌淑, 서명: 鄭寅普) 70) 朝鮮佛敎中央務院(金法麟) 71) 天道敎中央總部(白世明, 서명: 吳世昌) 72)朝鮮基督敎南部大會(咸台永) 73) 新韓民主黨(柳東說, 서명: 金朋濬) 74) 新韓民族黨(權東鎭, 서명: 金麗植) 75) 韓國民主黨(金性洙, 서명: 元世勳) 76) 韓民獨立黨(金九) 77) 非常國民會議(洪震, 서명: 金炳魯) 78) 獨立促成愛國婦人會(朴承浩) 79) 韓國農民總聯盟(金尙德) 80) 大韓獨立勞動總聯盟(洪允玉, 서명: 金龜) 81) 서울醫師會(白麟濟) 82) 朝鮮革命黨(李浩源) 85)東北韓國民會聯合會(申肅, 서명: 李

東山) 84) 朝鮮藥劑師會(都逢涉) 85) 朝鮮勞農黨(崔潤廷) 86) 科學女性會(宋喬)
87) 天道敎會(申明熙) 88) 東三省韓人協力會(禹德淳) 89) 西北協會(方應謨) 90) 塗
裝看板勞動組合(洪泰俊) 91) 朝鮮學兵同盟(羅承表) 92) 黃海靑年會(梁槿煥)
93) 大韓商工報國會(洪建澤) 94) 救國同志全國總聯盟(鄭自山) 95) 新韓靑年總聯
合會(金鎭泰) 96) 朝鮮儒林聖政會(姜賢) 97) 新進民族協會(金之淸) 98) 大韓獨立
協會(劉秉敏) 99) 海外歸還者自彊協會(金光昊) 100) 祖國文化社(李革) 101) 龍山
區社會事業協會(張一) 102) 大韓民國軍事後援會(徐廷禧) 103) 義烈士安重根先
生記念事業協會(禹德淳) 104) 朝鮮社會問題對策中央協議會(曺景叙) 105) 同聲
社(崔允東) 106) 全國協同組合運動本部(孫奉祚) 107) 大韓獨立黃四靑年會(姜昌
永) 108) 貫一同志會(朴瓚熙) 109) 淸友會(俞鎭熙) 110) 朝鮮中央基督靑年會(俞
億兼) 111) 朝鮮基督敎靑年聯合會(白南薰) 112) 建設社(金載學) 113) 大韓民主靑
年同盟(柳珍山) 114) 政治硏究院(朴熙哲) 115) 朝鮮語學會(張志暎, 서명: 李克魯)
116) 儒道會(金昌淑, 서명: 金戊圭) 117) 天道敎革新靑年會(吳中根) 118) 全國儒
林統一會(閔致煥) 119) 朝鮮辯護士會(金用孝) 120) 獨立促成宗敎團體聯合會(金
觀植) 121) 同志會(外交部長 張德秀 서명) 122) 自由黨(金弼秀) 123) 憂國老人會
(李炳觀) 124) 朝鮮實業協會(金禧圭) 125) 朝鮮民族優生協會(俞億兼, 서명: 李甲
秀) 126) 基督敎朝鮮監理會中央委(李奎甲) 127) 京城法曹會(金準杓) 128) 朝鮮靑
年文學家協會(金東里) 129) 中央文化協會(李軒求) 130) 全朝鮮文筆家協會(鄭寅
普, 서명: 薛義植) 131) 大韓革新靑年會(朴文) 132) 靑年同志會(韓國東) 133) 朝
鮮靑年會(金從會) 134) 靑年建義團(金基仁) 135) 安岩靑年團(曺喜哲) 136) 獨立
促成中央靑年會(金燦雨) 137) 朝鮮留學生同盟本部(朴命萬) 138) 北韓靑年會(朴
經九) 139) 朝鮮通信勞働組合(文周鍾) 140) 朝鮮交通運輸勞働組合(曺孟奎) 141) 朝
鮮化學勞働組働(朴秀甲) 142) 朝鮮鑛山勞働組合(羅東昕) 143) 朝鮮鐵道勞働組
合(吳秉模) 144) 朝鮮土建勞働組合(韓哲, 서명: 鄭在民) 145) 朝鮮金屬勞働組合
(玄勳) 146) 서울市·町會聯合會(鄭魯湜) 147) 朝鮮民主漢城市町靑年聯合會總同
盟(彭仲石) 148) 民族問題硏究會(李瑄根) 149) 朝鮮靑年黨(高天籾) 150) 大韓民
衆黨(高天救) 151) 朝鮮發明協會(李駿烈) 152) 朝鮮섬유노동조합(朴性璨) 153) 朝
鮮漢醫士會(金東薰) 154) 朝鮮志士援護會(崔鎭) 155) 同濟社(宋宰源) 156) 革新
韓友會(趙擎韓) 157) 基督新民會協同組合全國聯合會(朴容義) 158) 藥峴天主敎
靑年會(朴大英) 159) 麻浦靑年同志會(徐文植) 160) 基督新民會(朴容義) 161) 韓

國愛國婦人會(梁漢拿) 162) 栢洞카토릭靑年會(劉敬相) 163) 鍾峴카토릭靑年會(趙鍾國) 164) 鍾峴天主教慈悲會(慶興善) 165) 朝鮮愛國婦女同盟(朴恩聲) 166) 天主教鍾峴女子靑年會(李順伊) 167) 朝鮮體育會(呂運亨, 서명: 金恩信) 168) 行政研究會(申翼熙, 서명: 崔夏永) 169) 駱山同志會(申翼熙, 서명: 曺仲瑞) 170) 大韓新民黨(金麗植) 171) 建國協議會(吳正邦) 172) 碧蹄靑年同志會(金敏洙) 173) 龍江同志會(洪淳緖) 174) 中央靑年同志會(盧日啓) 175) 義民同志會(元裕亭) 176) 城南靑年同志會(李貞浩) 177) 韓民會(柳寅福) 178) 興國同志會(崔琪鍊) 179) 大韓建國促進會(朴世東) 180) 仁旺憂國會(文學瑀) 181) 同民會(李榮) 182) 東道會(南相奎) 183) 憂國同志會(金道植) 184) 憂民會(任是宰) 185) 東才會(李炫) 186) 朝鮮蠶糸會(金東經) 187) 安城建國靑年會(李晋永) 188) 獨立推進會(金星鏞) 189) 大韓靑年黨(宋雲) 190) 鐵心同志會(高柄南) 191) 二八同友會(鄭光好) 192) 中央同志會(金鳳圭) 193) 韓一黨(白涇洙) 194) 平安靑年會(白南弘) 195) 京畿道齒科醫師會(文箕玉) 196) 大韓産業輔國團(金錫瑛) 197) 神道同志會(金文漆) 198) 獨不會(申東植) 199) 憂國同盟(全公雨) 200) 朝鮮建國靑年會(吳正邦) 201) 朝鮮美術協會(高羲東) 202) 全南民會(李順鐸) 203) 全南大成會(千石蜂) 204) 信託統治反對國民總動員中央委(權東鎭, 서명: 柳葉) 205) 朝鮮社會事業協會(金錫吉) 206) 朝鮮醫師會(尹日善, 서명: 姜乾夏) 207) 咸南道人會(孫公璘) 208) 朝鮮佛教中央禪理參究院(金鏡峰, 서명: 金寂音) 209) 光復會(李鍾台, 서명: 權寧萬) 210) 朝鮮佛教革新會(金尙昊, 서명: 朴暎熙) 211) 佛教靑年黨(白碩基) 212) 韓國光復靑年會本部(吳光鮮) 213) 天道教靑年團(安卜淳) 214) 大東鄕約(朴治翼, 서명: 金熙南) 215) 朝鮮商工經濟會(鄭梡永) 216) 在美韓族聯合委代表團(韓始大) 217) 在美僑留民代表(宋鍾翊) 218) 高麗靑年團(鄭學龍) 219) 平北道民會(金承學) 220) 朝鮮民主黨(曹晩植, 서명: 李允榮) 221) 在蘇僑民代表(趙白萬) 222) 江原道人會(李炳肅) 223) 全北道人會(白寬洙) 224) 서울聖公會(尹達鏞) 225) 大韓民國軍事後援會(徐廷禧) 226) 獨促國民救國聯盟本部(許鋼) 227) 韓國自由黨(延秉昊) 228) 大韓輔國會(金朋濬) 229) 獨促中央協議會宣傳總本部(李重煥) 230) 朝鮮獨立慶北促進會(金夏鼎) 231) 獨促江陵民友會(沈相駿) 232) 獨促기독교中央協會(咸台英, 서명: 金英珠) 233) 大韓建國會(李鍾九) 234) 文化新生會(李鍾益) 235) 白衣隊(金秉旭) 236) 東友會(洪性夏) 237) 自由同志會(南相喆) 238) 愛國靑年會(李夏榮, 서명: 金永暉) 239) 北韓農民總聯盟(李斗烈) 240) 東三省韓人協力協(禹德淳) 241) 中國

語學會(朴巖) 242) 朝鮮林業會(金化俊) 243) 民衆黨(李鍾榮, 서명: 李鳳九) 244) 獨促全國靑年總聯盟(錢鎭漢, 서명: 韓旻洪) 245) 法律評論協會(徐基俊) 246) 大同團(裵仁植) 247) 天道教畿湖鍊性會(李炳憲) 248) 韓友會(林誠鎬) 249) 大法社(李正立) 250) 三南乙友會(盧兢湜) 251) 力道靑年聯盟(徐相天) 252) 高麗協會(李敬弘) 253) 先驅會(梁熙錫) 254) 革新探偵社(梁槿煥) 255) 越南同志會(趙鍾九) 256) 朝鮮兒童文化研究會(宋南憲) 257) 高麗新聞社(朴槿植) 258) 太極團(崔東植) 259) 民衆議政會(李秉守) 260) 進一黨(梁濟博) 261) 貫一同志會(朴瓚熙) 262) 高麗靑年團(白寬洙, 서명: 愼道晟) 263) 民主同友會(鄭成周) 264) 大同興民黨(朴源植) 265) 力道勤勞黨(李正承, 서명: 羅容均) 266) 東方思想會(李東善) 267) 龍山區同志會(朴雲明) 268) 國際哲學會(姜世馨) 269) 高陽靑年同志會(金慶煥) 270) 建國同志會(田錫鵬) 271) 民和自强靑年團(康順在) 272) 龍山區社會事業協會(張一) 273) 檀丘美術院(張遇聖) 274) 朝鮮工藝家協會(金在奭) 275) 大韓愛國同志會(劉洪鐘) 276) 朝鮮齒科醫師會(安鍾書) 277) 平北同志會(全禹鉉) 278) 新民同志會(申翼熙, 서명: 玉璿珍) 279) 善隣兄弟團(姜元龍) 280) 黃岡同友會(崔允周) 281) 輔國會(元達鎬) 282) 朝鮮聖書公會(金觀植, 서명: 鄭泰應) 283) 朝鮮食料勞働組合(玄初得) 284) 獨立勞農黨(柳林) 285) 新生會(崔泰瑢) 286) 朝鮮淸掃協會慶北支會(金暎) 287) 同上永登浦支會(尹周源) 288) 同上黃海道支會(金成基) 289) 同上平南支會(姜先京) 290) 同上慶南支會(盧光鎭) 291) 同上大田支會(李在暉) 292) 同上咸興支會(李貞觀) 293) 同上鍾路區支會(崔鍾休) 294) 同上咸北支會(金子永) 295) 同上中區支會(金龍範) 296) 同上中央本部(趙勳) 297) 同上東大門區支會(朴光益) 298) 同上麻浦區支會(具滋七) 299) 同上龍山區支會(金世偉) 300) 朝鮮少年體育會(權東淵) 301) 儒道靑年會(金昌淑, 서명: 李載億) 302) 黃海道人會(白南薰) 303) 忠北人會(李世榮) 304) 救國靑年同志會(柳鴻) 305) 己未獨立宣言記念事業會(尹潽善) 306) 京城女子基督教靑年會(俞珏卿) 307) 기독청년서울연합회(李容高) 308) 太白同志會(李思) 309) 檀友會(高喆秀) 310) 朝鮮産業勞動調査所(姜文錫) 311) 朝鮮電氣노동조합(文殷鍾) 312) 建國協力會(成建, 서명: 嚴恒燮) 313) 慶南道人會(崔凡述) 314) 朝鮮政治經濟研究會(李勳求, 서명: 朴斗萬)

Box. 31

군정매일활동보고(Daily Activity Report) 1945년 2월에서 11월까지.

Box. 32

A. 군정 외무부문서

B. 「종전후 남한점령지구보고 제2부 경제편」 140면, 군정이 웨드마이어를 위하여 준비한 문서

C. 공보부사

D. 피난민자료

Box. 33

A. 일본, 만주, 북한, 화북(華北), 화중(華中)에서의 피난민 내도, 송환교섭문서

B. 브라질 이민협회문서

Box. 34~35

A. Box 33 A와 같다. 사진자료도 풍부

B. 문교부 문서

Box. 36

A. 문교부 문서

Box. 37

A. 교통부 문서. 철도국의 것이 많다.

B. 적산(敵産)의 처리와 관련된 문서

Box. 38

A. 신한공사(新韓公司) 최종보고

B. 중앙토지행정처사(中央土地行政處史)

C. 관재처사(管財處史)

D. 민수품서사(民需品署史)

E. 총무처사

F. 여론조사문집(文集)

Box. 39

A. 공보부사

B. 조선인사행정처사

C. 외무처사

D. 「군정의 조직과 구조」

E. 민정청 문서

F. 노동부사

Box. 40

A. 생활품관리처사

B. 관재처사

C. 보건후생부사

D. 토목국사

E. 서울시 설영과사(設營課史)

F. 「영일군(迎日郡)·경주군(慶州郡) 지역사회 답사보고」 1947년 9월

이것은 공보부 여론국 연구분석반에서 제4차 지방답사보고로 내어놓은 것이다. 물론 이것은 사문서이며 이 종류 보고의 특색은 이 지역 사회에 깊숙이 들어가 좌우익 정당의 생태, 여론 등을 조사 수집하는데 있었다. 이 여행에서는 57개의 부락을 방문하여 13사항 90여 설문에 표기하도록 하였다. 참고로 필자가 수집하여 놓은 이 시리즈 제목을 적으면 다음과 같다.

제1차. 조사보고 : 전남 광주(光州) 부근 농촌 1947. 7.

제2차. 보고는 나오지 않은 것 같다.

제3차. 「전북농촌」 1947. 8

제4차. 「영일군·경주군」 1947. 9.

제5차. 「마산(馬山)」 1947. 10.

제6차. 「춘천(春川)」 1947. 11.

제7차. 「논산(論山)」 1947. 12.

Box. 41

A. 미군권족주택과사(美軍眷族住宅課史)

B. 배상청구서비스사

C. 미주한적십자사보(美駐韓赤十字社史補)

D. 통위부사(統衛部史)

E. 기타 잡군정문서

Box. 42

A. 토지대여와 소작자료

B. 교통부 자료

C. 대민홍보처사(Civilian Information Office)

D. 공보부사(Public Information Office)

E. 주한미군적십자사사(駐韓美軍赤十字社史)(1945~48)

F. 한국어 포스터

Box. 43

A. G-2 주보요약 1945. 9~1945. 12.

B. 미군조직도

Box. 44

A. 제24군 회장집(回章集)(Circular)

B. G-2 일지 1947년 1~3월

C. G-2 주보요약 1947년 7~9월

D. 주한군 G-2사

E. 한국지명영역집

F. 군정월보 1946년 11월

G. 웨드마이어 - 하지 대화기록

1947년 8월 27일 아침 9시부터의 대화를 대화 그대로 적은 것.

Box. 45

A. 참모부사와 관련자료

B. 24군사

C. G-2 Periodic Report(G-2 정보일지)

1945. 9. 8~10. 31.

1946. 5. 1~6. 30.

D. G-2 민간통신검열대사

이 검열대는 15명 미만의 미군과 190명 정도의 한인으로 구성되었고 편지 검열, 전화 도청, 전보 검열 등을 일삼았는데 1947년 9월에만 편지 검열 60만 통, 전화 도청 100여 회를 기록하였다. 그중에서 흥미있는 건을 들면 다음 과 같다.

1. 김달호(金達鎬)가 『대동신문』에 보낸 여운형 선서문(1946. 7. 16)

이 편지에서 김달호 등 6인은 자기들은 이 박사와 『대동신문』 사장 이종형 을 숭모하는 청년들이라고 전제하고 여운형에게서 사죄선서를 받아 냈으 니 보낸다고 하였다. G-2에 따르면 이들은 몸를 유괴하였는데, 여운형의 자필사과문이 첨부되고 있다. 내용은, "나는 조국에 적대되는 일을 하였음을 인정한다. 그래서 나는 일체의 사회활동을 포기하고 은퇴할 것을 맹세한다." 여운형 서명과 도장(영어 번역에서 다시 번역)

검열대가 이 편지를 몰수하였으므로 『대동신문』에는 게재되지 않았다. (SEO/2146호 검열)

2. 최능진(崔能鎭)이 이 박사에게 보낸 편지(1948. 4. 26)

최능진은 미국유학생 출신으로 군정 경무국 수사과장으로 있으면서 같은 흥사단원인 조병옥(趙炳玉)과 또 장택상(張澤相)이 친일 경관을 많이 채용한다고 미군정에 불평을 늘어놓던 인물이었다. 그런데 이 박사 상대로 동대문 갑구에서 출마한 것이 불운의 시작이어서 6·25 전쟁 중에 부역하였다고 사형당한 사람이다. 그는 편지에서 자신이 이 박사와 맞섰기에 받은 여러 가지 협박 공갈을 열거하고 이런 일이 없도록 부탁하고 있다.(자료 E 참조) 이 밖에 이 검열대 자료 중에는 1945년 9월에 일본과 한국을 오가던 편지들의 검열이 꽤 많은데 소선(小船)을 통한 인원·금전 등의 일본환류(日本還流)가 과히 힘들지 않게 이루어지고 있는 데 놀랄 것이다.

Box. 46~50

24군사령부, 제7사단 제6사단 G-2 일지.

기간은 1945년도에서 1948년까지 완정(完整)하지 않다.

Box. 51

A. CIC 지역연구 : 한국편. 1945년 8월.

이것은 42면의 소책자로 CIC 310, 224, 7, 497, 493, 964지대가 합동하여 편찬하고 하지 중장의 제24군에 편의를 도모한 것이다. 자기들 깐으로는 있는 정보를 모두 이용하여 한국에 관한 예비지식을 주려고 노력하였다. 한국인의 성격 묘사항에서 "한국인은 쉽게 발끈하여지며 매우 감정적이다"라는 서술이 인상적이다.

B. 제24군사령부에서 상부에 보내던 무전보고(1945. 9~1946. 8)

Box. 52

A. 상부에서 들어온 무전통신철(1945~41)

B. G-2사(1949. 1. 15~6. 30)

C. CIC 자료철[41]

Box. 53

A. 제7사단 자료

B. 군무국(軍務局)무전연락(1947) 2철

C. 사령부관리장교실사(司令部管理將校室史)

D. G-1사

E. G-4사

Box. 54

A. 제24군사령부중대사

B. 제24공병대사

C. 제24통신대사

D. 제24사병정보교육과사

E. 사령부 소속 특별부대사

F. 24군보급대사

---

[41] CIC 자료는 특별한 관심을 유발한다. 971 CIC지대가 거미줄처럼 쳐놓은 정보망을 생각하면 한국현대사와의 관련 하에 보다 깊숙한 분석고찰을 필요로 한다. 국립공문서관에 소장하고 있는 복사불가의 『주한 CIC사』(미육군성정보센터, 『CIC史』 제30권)를 보면 1947년 5월에 하얼빈에서 열린 아시아 코민포름 모임에 남북한 노동당 모두 참가하였다는 정보, 1948년의 여수 반란사건이 가져온 큰 이익의 서술과 이 사건에는 '공식적으로' 관련되지 않았다는 어구 등이 눈길을 끈다. 또, 주한 CIC 대작전의 일례로서 '남색작전(藍色作戰)'을 11장 중 마지막 제10장에 서술하고 있지만 이것은 완전히 삭제되어 그 내용이 무엇인지 추측할 수도 없다.

G. 24군 제152회계경리부대사

H. 24군 군수보급활동사

Box. 55

A. 회계과사

B. 헌병대사

C. 법무과사

D. 24군비행대사

E. 군의과사

F. 화학품과사

G. 제235군우체대사(郵遞隊史)

H. 감찰부문사

I. 군무국사

Box. 56

A. 군정과사

B. 민간인사과사

C. 사령부 직속 제31정보지대사

이 부대는 G-2의 일 부문으로 번역 통역을 주로 담당하였음.

D. 부대홍보교육과사

E. 북한방송청취기록 1948년의 일부

F. 북한연락소사

Box. 57

A. 사령부직속특별부사(1945년 7월 이후)

B. 소책자『금일의 북한』 G-2 발행 36면 1948년간 "For American Eyes

Only"라는 소표제(小標題)가 달려 있다.

  C. 북한 전기공급 교섭문서

  D. 제40사단 G-3 작전보고(1945년 10월~12월)

  E. 군무국 무전교신집(1948년 2월)

Box. 58

A. 제24군 제7사단 제6사단 G-3 작전보고 1945년도 것은 완벽하지 않다.

Box. 59

A. G-2 주보 1946~48년 완전하지 못함

Box. 60

A. G-2 주보 1947년에서 1948년까지의 일부

B. 제24군 전화부

Box. 61

A. G-2 문서철

B. 제24군 활동사진첩

C. 북한방송 청취기록 1948년 4월

Box. 62

A. 1947년도 남한경제 농업에 관한 연구 보고들

B. 군정월보 1947년 10월호

C. 남한 각지 민간소요사건 보고집

Box. 63
남한 각지 민간소요사진 보고집

Box. 64
A. 남한 각지 민간소요사진 보고집
B. 문교자료
C. 한국군사

Box. 65
A. 북한에 관한 자료
B. 통화팽창 등 경제문제 자료
C. 신탁통치 관련 자료

Box. 66~77
'미소공동위'와 'UN임시한국위'의 방대한 자료집

Box. 77
A. 우익정당에 관한 자료
B. 좌우합작에 관한 자료
C. 좌익운동 2년사(여운형 피살 전까지를 다룸)

Box. 78
남한정당관계 자료철

Box. 79~80
입법의원관계 자료

Box. 81

남한정치운동전개사 초고들

Box. 82

남한신문 요약 1948년 일부

Box. 83

A. 남한신문 요약 1948년 일부

B. 북한방송 청취기록 1948년 일부

C. 제주도 사정

Box. 84

A. 여운형 암살시 발견된 여씨 소유 문건

B. 남한정치계에 관한 문건들

Box. 85

A. 남한 『정계추세』. 1946년에 발행되던 공보부문의 간행물

B. 남한정계자료들

Box. 86~87

A. 남북한 신문 번역과 요약

이 사업은 G-2 산하의 제315사령부 정보지대(情報支隊)의 언어문서과 (Language and Document Section)라고 알려진 부문에서 편찬했던 간행물이다.[42] 이 부문은 정확히는 남한신문과 북한신문과 문서과가 있고 1948년

---

42) Narrative History of the 315th Headquarters Intelligence Detachment 참조.

4월부터는 북한방송기록과가 신설되었었다. 지금 현재 남아 있는 것은 11월 9일부터 번역 제201호로 시작되어 1949년으로 올라가지만 1948~49년 것은 거의 다 알려진 신문들의 내용번역이고 흥미있는 것들은 1945년에서 47년까지의 신문 헤드라인과 주요 기사 전역(全譯) 혹 절역(節譯)이다. 특히 당시 우후죽순처럼 쏟아져 나온 신문들의 잔존율이 적은 지금에 와서는 이 지대의 사업 결과는 당시의 정치 정세를 연구하는데 매우 중요한 역할을 담당한다. 북한신문은 입수문제가 곤란하여 피난민 또 연락사무소 인원들의 손을 거처 수집된 것 중에서 번역하고 번호도 남한 것과 섞여 일련번호로 처리되었다. 이 당중(檔中)에서 발견되는 가장 이른 북한신문의 번역은 1945년 11월 21일의 『정로(正路)』이며, 제331호부터 간간히 북한전문 번역호가 생기고 1947년 7월 이후에는 아주 보이지 않게 된다. 그래도 이들 1946년 47년의 북한신문의 주요 내용 번역은 미국학자들이 많이 이용하는 편이지만 국내학자들은 통 이용하지 않았다. 결호가 많지만 다른 당중의 자료와 대조하여 보완이 95% 가능하다.

5. 맺는말

이상에서 대강 이 군사실 자료가 가지는 성격과 윤곽을 실명하였다. 이 설명은 매우 개략적인 것이다. 필자의 메모와 현물과 경험의 축적에서 우선 초보적인 자료 해제를 내어 놓았고 시간과 지원이 있으면 자세한 1매 1매의 목록도 만들 수 있겠다. 구(舊) 문서상자번호가 실효하여 신번호로 바뀌었기 때문에 많은 귀중문서를 소개 못했고 또 1, 2매짜리 문서의 게재란 현 시점에서는 불가능하다.

그러나 종합적인 군정사의 편찬을 위해서는 이 자료당이 가지는 존재가 얼마만큼 큰가를 이 소개로 누구나 짐작할 수 있을 것이다. 1945년에서

1948년간의 미군정기는 그 무대에 출연하는 미국군인들이 일반적으로 선량한 인간들이라는 데서 이 시대 연구에 약간의 위안은 될 것으로 믿는다. 필자의 견해로는 이 시기의 연구는 아직 초보단계에 불과하며 자료의 축적이 선결문제가 아닌가 한다. 바라건대 뜻있는 연구자들이 일부분 분담하여 우선 종합적인 군정사가 나왔으면 하는 마음 간절하다.

【부기(附記)】

필자는 「노획북한필사문서해제(1)」(『아시아문화』 창간호) 81면 러스크(Rusk)의 발언 인용에서 빠뜨린 부분을 발견하여 보가(補加)한다. 그것은 영문 인용문 뒤에 "We see no present indication that the people across the border have any intention of fighting a major war for that purpose."라는 말이 따랐다. 러스크에 의하면 미국과 전장터에서 대결까지 하면서 남침하려는 징조는 없다는 것. 이 글을 쓸 당시에는 한주 건너 2회의 화재로 앉을 자리도 없이 무릎에 원고지를 놓고 썼기 때문에 그렇게 된 모양인데 필자의 대의에 저촉되는 점이 없다고 본다. 6 · 25 전쟁의 원인에 대하여는 시카고대학 사학과 교수인 브루스 커밍스가 가장 많은 자료를 가지고 있다. 그가 펴낸 책을 본 후에 필요에 따라서는 필자도 사견을 담은 1책을 쓸 작정이다.

❖ 『아시아문화』 제3호, 한림대 아시아문화연구소, 1987

해설: G-2 Periodic Report

주한미군사령부대(Headquarters, United States Army Forces in Korea)의 정보참모부(G-2)에서 편집하여 내놓았던 기밀 취급 일간성(日刊性) 간행물 『정보보고서』(G-2 Periodic Report, 이하 약칭 P/R)는 1945년 9월 미군이 인천에 상륙하면서 작성되기 시작하여 1949년 6월까지 계속되었다. 한림대학 아시아문화 연구소는 오래 전부터 이 자료의 사료적 가치에 주목, 수집하여 왔는 바 이번에 미군이 철수한 이후 잔류한 군사고문단(Korean Military Advisory Group)에 의해 1949년 7월부터 작성된 『정보보고서』와 함께 6. 25 한국전쟁 직전까지의 정보보고서를 출판하게 되었다. 이 보고서의 끝에는 미극동군 한국연락사무소(KLO)의 첩보집을 비롯한 여러 가지 자료들이 부록으로 실릴 예정이며 이에 대한 자세한 색인이 첨부되어 해방 후의 6·25 전쟁 前史 연구를 위한 필수불가결의 자료를 제공하게 된 것이다.

미군의 군제(軍制)에서는 사령관 밑에 군사적 사항을 취급하는 참모부, 즉 일반참모부(General Staff)와 非군사적 사항을 취급하는 특별참모부(Special Staff)가 있는데, 1948년 6월 1일 발행된 제24군 전화번호부를 참고로 하여 그 기구를 보면 다음과 같다.

사령관

일반참모부

    G-1 (인사 · 서무)

    G-2 (정보 · 보안)

    G-3 (작전)

    G-4 (병참)

특별참모부(전문막료부)

    군무과, 민사과(民事課), 홍보과, 서무과, 법무과, 감찰과, 헌병과, 청구
과(손해 · 배상), 경리과, 구매과, 회계과, 사병교육과, 의료과, 외과과
(外科課), 병기과, 통신과, 교통과, 군목과, 공병과, 설영과(設營課), 권
족주택과(眷族住宅課), 비행과 등.

    주한미군사령부의 정보참모부(G-2)는 또 제24군 정보참모부(G-2)로서의
이중 역할을 담당하였으나 군정청 산하의 참모부 G-2과와는 별개였다. 이
정보참모부(G-2)에서 제작하여 펴낸 기밀 취급 정보관계 정기간행물로서
는 이『정보일지』외에도『북한정보요약 (Intelligence Summary North Korea)』
과『주간정보요약(Intelligence Weekly Summary)』이 있다. 자세한 북한 내
의 정보는『북한정보요약』에 실렸고 남한과 북한의 제반 정치사회문제에
대한 분석논문은『주간정보요약』에 실렸다.

    『정보일지』는 일보 성격의 소식에 치중하였고 G-2내의 각과에서 수집한
정보를 고정란을 따 적절히 배분하였다. 수집한 정보와 그 제공원의 신빙
성을 규정하는 부호로 A-1, B-3, F-6 따위가 매정보 말미에 부착되고 있는
데, 이들 부호의 뜻은 다음과 같다.

제공원(Source)

A. 완전히 믿을 만함 (completely reliable)

B. 통상 믿을 반함 (usually reliable)

C. 꽤 믿을 반함 (fairly reliable)

D. 통상 믿을 만하지 않음 (not usually reliable)

E. 믿을 수 없음 (improbable)

F. 판단할 수 없음 (cannot be judged)

정보(information)

1. 다른 원천에서 확인(confirmed by other source)

2. 아마 사실이다(probably true)

3. 사실일 수 있다(possibly true)

4. 사실인지 의심된다(doubtfully true)

5. 사실 같지 않다(improbable)

6. 판단할 수 없다(cannot be judged)

한편 1948년 말을 기준으로 한 주한미군사령부 G-2의 구성은 다음과 같았다.

1. 행정과 : 장교 3인, 사병 7인, 문관 4인

2. 남한과 : 장교 4인, 사병 1인, 문관 5인

3. 북한과 : 장교 6인, 사병 2인, 문관 5인

4. 군사실(軍史室) : 문관 5인

5. 제971 CIC지대 : 장교 62인, 준사관 29인, 사병 90인, 문관 5인

6. 제315 사령부정보시대 : 장교 2인, 사병 16인, 본토인 31인

7. 민간통신검열대 : 장교 7인, 문관 7인, 본토인 190인

8. 정치고문부 : 문관 5인, 사명 1인, 본토인 2인

9. 평양연락소 : 장교 2인

행정과는 G-2 각과의 연결조정역을 맡고, 극비사항을 보관했다. 또한 조사 지령과 정보철의 보관 및 간행물의 편집 · 배부, 인사관리, 공급, 전체관리를 맡았다.

남한과는 남한에서 일어난 사건과 정세의 수집 · 평가 · 해석 · 분석을 맡

고 G-2의 여러 보고·간행물에 공급하였다. 북한과도 비슷한 기능을 행사하였다.

CIC는 흔히 '방첩부대'라고 번역되고 있지만 남한에서의 미 CIC는 능동적 첩보활동(Positive Intelligence)도 벌였으므로 일본의 일부 연구자들이 명명하듯 '대적첩보지대(對敵諜報支隊)'라고 부르는 것이 훨씬 합리적이다.

남한에 주둔한 대적첩보지대의 번호는

224th Detachment (서울·사령부)
77th Metropolitan Unit (대구·마산·진주)
78th Metropolitan Unit (개성·인천·청주)
85th Metropolitan Unit (서울)
86th Metropolitan Unit (서울)
59th Area Unit (군산)
7th Detachment (제7사단·서울이 본거지)
6th Detachment (제6사단 전주)
40th Detachment (제40사단 부산)

이었다.

이는 1946년 2월 13일 재편성에 들어가 제224지대(서울), 제6(부산), 제7(서울), 제40(대구), 제1034(대전), 제1035(개성), 제1036(인천), 제1110(광주), 제1111(전주), 도합 인원총수 57명이 되었다.

그러다가 4월 1일 다시 재편성에 들어가 이들 제CIC가 모두 제971번호 CIC지대 산하에 들어가게 되었고, 1946년 9월 현재 89명의 요원으로 구성되었는데 이 중에는 재미한인 출신의 요원이 12~13명 되었다. 1949년에 들어와서는 이 지대 요원수는 13명으로 줄어들고 각 지방 경찰국에 배치되었으며 김포 공군기지에 주둔하고 있던 제607 CIC지대(공군 산하 나중에 제6001번호로 변경)와도 밀접한 협력관계에 있었다. P/R에 게재되는 정보의 인용원으로 CIC S/I 또는 CIC M/R이라는 것은 월간보고서(Monthly Report)나 정보요약(Summary of Information)이라는 등사간행물을 말한다. CIC에도 일일보고서(Periodic Report)가 있었던 모양이지만 (1948년 2월 11일 P/R 참조) 기밀 해제가 됐는지는 모르겠다. 제971 CIC지대의 매월 기밀비는 1947년에 3,000달러 정도였는데 1948년에는 5,000달러 선으로 올랐으며 그래도 초과지출에 고생하여 주초류(酒草類)로 대불하곤 하였다는 것이다.

제315사령부 정보지대(Headquarters Intelligence Detachment)는 원래 제306 및 제307 사령부 정보지대를 인계받았던 제24군 참모 제2부에서 언어문서과로 통합한 특수부대이다. 제306지대는 제364통역반 · 제336심문반 · 제381번역반으로 구성되었고 제307지대는 제365 통역반 · 제337심문반 · 제382번역반으로 성립된 것이었다. 1946년 3월 4일 두 지대에 제360과 제362통역반이 새로이 배치되었다가 1947년 2월 27일 제315지대로 통합된 것이었다. 이 지대가 성립되었을 때의 인원구성은 장교 9명에 사병 26명이었는데 5명 정도의 러시아어 담당자를 제외하고는 모두 미국계의 한국인과 일본인이었다 한다. 이 지대는 군정당국이 보고자 하는 문서의 번역, 남한 17개 일간신문의 번역, 입수한 북한과 러시아어 문서 · 신문의 번역, 제반 통역의 인력 제공, 북한과 소련에서 방송되는 여러 프로그램의 청취 · 번역(1948년 4월 5일 개시) 등 공작을 벌였다. P/R은 이 지대가 제공하던 제1차 자료에 많이 의지하였는데 문제점은 유능한 번역원의 확보에 있었던 것 같다. P/R 765호(1948년 2월 21일)에 수록된 북한 주둔 소련군 사령관이 모택동(毛澤東)에게 보낸 것으로 보이는 편지의 번역이 단적으로 이러한 약점을 보이며 아울러 정보 · 편집의 문제점들도 잘 나타내고 있다. '축유만수무강(祝悠萬壽無彊)'을 영역하였다고 보여지는 구절 뒤에 '아멘!'이라고 적은 것은 번역자가 신학생 출신임을 시사하는 것이 아닌가 한다.

(b) Chinese Army General Writes To NK "Soviet Commandant"

In a December letter interception which bears the return address, "MAO Tse Tung, Esq., President, The Liberated Areas, CHINA," and is addressed to "The Soviet Commandant, The Soviet zone, capitol, PHYENGSAN, KOREA," the famous Chinese Communist army general writes :

"Please allow me to offer you my profound homage and give you the most cordial and respectful greetings on the splendid success of your aims so far in the Chinese theatre. Whatever the help the American and Canadian thugs are rendering CHIANG, the murderer, it will all be in vain. What they are giving him will come over to you ultimately. But unfortunately Chinese are being killed needlessly. All this is due to Yankee thuggery alone. H.WALLACE has said the hatred of the Yankees is mounting up in CHINA. By the time this winter is over, I am sure the liberation of CHINA, north of the YANGTZE will be a hard fact. That will be the beginning of the end of CHIANG-the SHANGHAI gangster broken. May you live forever. Amen! May your comrades CHA-Ich, CHOI-en-Lai, and the Mrs. live their destinies and use it to complete their work for the country. It will have a grand effect all over ASIA. (NOTE : Underlined words are underlined in the letter.) (SEO/6678. Translation of ltr mailed from INDIA)

민간통신검열대(Civil Communications Intelligence Group Korea)의 약칭 은 CCIG-K이었다. 그 전신은 필리핀과 오끼나와에서 비슷한 경험을 가졌 던 육해군 장병(육군, 장교 18인, 사병 38인; 해군, 장교 6인, 사병 5인)들로 구성된 제37검열 전진지대(Censorship Advance Detachment, 약칭 CAD)로 제24군을 따라 1945년 9월 8일 인천에 상륙, 서울 중앙우체국과 반도호텔 을 본거지로 삼고 활동을 개시하였다. 9월 9일 주한미군의 일반명령 제9호 로 CCIG-K로 변신하고 9월 23일에는 이미 국내우편물의 6%, 국외우편물의 22%를 검열하고 있었다. 1946년 6월의 통계를 보면 이 지대는 이달에 약 백

만 통의 우편물을 검열하였으며 약 300의 전보, 약 70건의 전화를 검열하
거나 도청하였다. 초기에는『매월공작보고(每月工作報告)(Monthly Operational
Report)』또는『민간통신검열을 통하여 획득한 정보요약(A Digest of Information
Obtained from Censorship of Civil Communications in Korea)』등 등사 간행
물이 배포되었다. 이 검열대는 이승만을 비롯한 남한 저명인사의 편지 등에
도 각별한 주의를 돌렸으나, 일반국민의 편지 검열에서 매우 유익한 정보
와 민의의 경향을 흡수하려고 하였으며 중앙경제위원회(Korean Economic
Board)의 브루스 멜빈(Bruce Melvin) 박사는 검열대의 공적을 다음과 같이
치하하였다.

　　우리는 남한경제의 골격을 가졌으나 이 부대는 여기에 피와 살을 공급하였
　다. 이들은 우리에게 대체적인 형상을 보여줌으로써 전반적 상황 이해에 도움
　을 주었다.

　P/R에는 특히 편지 검열의 고정란이 있었고 이를 통하여 여러 가지 시
각에 의한 연구분석이 가능하다. G-2의 기타 부문인 군사실(軍史室), 정치
고문부, 평양연락사무소에 관하여는 P/R의 편집에 직접적인 관련이 없는
것 같기에 그 설명을 생략한다.

　1948년 8월 대한민국 정부가 성립되고 제24군의 정보 수집 역량이 축소
됨에 따라 P/R의 내용은 점차 단조로워지기 시작했고, 1948년 연말을 즈음
하여 남한부와 북한부로 나누어져 편집되다가 제1129호(1949년 6월 17일)
로 종결되었다. 약 4년간에 걸쳐 첫 3년은 일보(日報) 성격을 띠었고 마지
막 반년은 1주 3회 발행을 원칙으로 하면서 어떤 의미로서는 미군정시대
의 '조선왕조실록'적 역할을 담당 하였던 P/R은 이 시대 연구에 필수불가결
의 자료가 될 것이다. 이 자료들은 수틀랜드의 미국립문서보관소(National
Archives, Suitland)시 분관에 소장, 다음 3개 당(檔)에 수록되어 있다.

1) Record Group 332, Records of U.S. Theaters of War, World War Ⅱ, USAFIK, 24 Corps, G-2, Historical Section

2) Record Group 319, Records of the Assistant Chief of Staff, G-2, Intelligence Library File, 1944-54

3) Record Group 407, Records of the Adjutant General's Office, WW Ⅱ Operations Reports, 1940-48

결호가 각당(各檔)마다 모두 있어 취사선택 후에도 결호가 있는 것은 다음 미발굴 자료당에서 나올 때 보충하기로 하겠으나 그 수량은 매우 적다.

또 미군에 의한 대북한(對北韓) 첩보공작의 일환으로 미극동군사령부 G-2에서 1949년 6월 서울에 개설하였다는 한국연락사무소(Korean Liaison Office 약칭 KLO)의 첩자 보고요약의 상당량이 펜실베니아주 카라일 배럭스 (Carlisle Barracks)에 소재한 미육군 군사(軍史)연구소(U. S. Army Military History Institute)와 버지니아주 노포크시 맥아더기념관에 소장되어 있는데, 군사연구소 것보다 분량이 많다. KLO는 1949년 6월부터 1950년 6월에 이르기까지 도합 1195건의 첩보를 발송하였다. 지금 이용할 수 있는 보고들은 극동군 G-2에서 6·25전쟁을 사전에 파악하고 있었다고 주장하므로 미 국회와 기타 부처의 비난을 면하려는 목적으로 제시한 증거품으로 생각되는 것들이다. 이 첩보문집의 공개로 우리는 북한의 군·정·산업계에 깊숙이 침투한 첩자들에 의하여 발송된 자료가치가 풍부한 첩보를 분석하여 이 시대 역사연구에 이바지할 수 있을 뿐만 아니라 첩보발송자의 정체까지도 경우에 따라서는 그 확인이 가능하다고 생각된다.

이 자료 시리즈의 출간으로 해방후사, 6·25전사의 해명에 지대한 공헌이 있을 것으로 확신하며 끝으로 이 거창한 사업을 담당한 한림대학 아시아문화연구소에 경의를 표하는 바이다.

참고문헌

1. History of G-2 Section (9pp.)
2. History of G-2 Section, 15 Nov. 1948~15 Jan. 19499 (3pp.)
3. History of G-2 Section, 15 January~30 June 1949 (4pp.)
4. Narrative History of the 315th Headquarters Intelligence Detachment (10pp.)
5. History of XXIV Corps Liaison Section, Pyungyang, Korea (24pp.)
6. Chronological History of CCIG-K, Appendix D Volume of Communications Examined and Intercept Published (16pp.)
7. CIC During the Occupation of Korea, History of CIC, Vol.XXX.
   U.S. Army Intelligence Center, Fort Holabird, Baltimore, Maryland, 1959.
8. 奧泉榮三郎, 古川 編,「日本占領期の極東米軍情報收集活動と組織」,『東京經大學會誌』第109·110合倂號, 1978. 12.
9. 方善柱,「美國 第24軍 G-2 軍史室 資料 解題」,『아시아문화』제3호, 한림대학 아시아문화연구소, 1987.

   ❖『G-2 Periodic Report 1: 주한미군정보일지(1)』, 한림대 아시아문화연구소, 1988

해설: 한국전쟁기 중공군 문서

이 자료집에 수록한 중국인민지원군 문건은 모두 합하여 약 500건이 된다. 어떤 문건은 수십 매에 달하지만 1~3매가 보통이다. 이 문건들의 시대는 대략 중국군이 참전한 1950년 10월에서 1953년 상반기까지 포함되지만 그들이 소지한 일기 이력서들은 그 이전에서 시작되는 것도 포함되고 있다.

이 문건들의 절대다수는 필자가 기밀해제시킨 173상자의 노획문서 마지막 미해제문서 뒷부분에 집중하고 있다. 즉 200047호 문서(제17상자)에서 일련번호로 208072호(제185상자)까지 빠진 번호가 많은 채 수용된 문서들 중 제85상자 쯤에서 중국인민지원군의 문건들이 나타나기 시작한다. 어떤 상자는 상자 32, 상자 32A로 나누어져 있기 때문에 173상자가 되는 것이다. 이 자료들의 목록은 필자가 대략 만들어 놓았기 때문에 어느 문서가 어느 상자에 들어 있고 어느 문서가 '유실' 또는 '수거(收去)'됐는지 쉽게 알 수 있다. 거의 모든 문건이 이 '신노획문서'에서 나왔지만 몇 건은 널리 알려진 1000여 상자의 노획문서 SA2013군(群)에서 수록하였다.

작금 북경의 고서점에서 더러 6·25전쟁 직후의 비공개 각군 중국지원군사(中國志援軍史)가 나오기도 하고 또 기밀성 자료에 의거한 새로운 전사(戰史)가 나오기도 하지만 그 당시의 생생한 자료의 공개는 아마 이 자료집이 처음이 될 것이며, 이러한 의미에서 이 자료집의 출현은 6·25전쟁 사연구에 있어서 연구자의 시야를 훨씬 넓혀 줄 것임이 틀림이 없다고 하겠다.

이 자료집의 출간을 위하여 모든 6·25전쟁 기간의 중국어자료를 우선 모았으며, 다음 중복된 것을 제거하는 작업을 벌였으며 마지막으로 분류와 자료집 목록작성 작업을 동시에 수행하였다. 등사판문서 등 원래 훼손되어 있고 또 복사가 잘 되지 않는 것은 수록하지 않았다. 또 군인들의 개인 신상자료들이 많아 샘플로 몇 건만 제시하였다. 문건의 분류는 작전문건, 정치공작, 포로문제, 군신문, 통보/지시, 선한(鮮漢)대조어휘집, 군법판결문, 규율문제, 사고/도망, 위생방역, 보급, 군제(軍制), 인사/개인정보, 편지와 격문, 일기, 통계, 지도 등으로 나누어 보았지만 많은 문서들이 그 성격상 2~3의 그룹에 소속할 수가 있어 그 분류 경계선이 애매한 것을 이해해 주면 좋겠다.

6·25전쟁 당시의 중공군의 특색은 1) 20여 년간의 가혹한 생존투쟁 중에서 겪은 풍부한 전쟁경험 2) 공산주의의 교양사업의 기능체로서의 각급 당위원의 군지배 3) 무산대중과 국제주의에 충실하려는 열정 4) 깊이 있고 교묘한 수단방법들을 두루 갖춘 중국역사상 유례가 없는 군대이었다고 생각된다. 이 군대가 국민정부군의 기의(起義: 귀순)부대를 흡수하여 한반도 전쟁에 대량 투입했고 그들이 즉 반공포로라는 이미지가 따라 붙지만 많은 국민당 출신 군관 사병들이 새 정부와 해방군을 위하여 잘 싸웠다는 것도 기억하여야 될 것이다. 즉 대륙을 석권한 인민해방군의 정치철학은 새로 통합한 잡다한 분자들도 6·25전쟁 참가라는 시련의 노과과정을 통하여 상당한 정도로 자기 것으로 순화시키는데 성공하였다는 견해도 이러한 노획문서들의 분석으로 가능하겠다. 군안의 정치간부들은 매 개인 군인들의 심도있는 과거 신상 파일을 축적해 두었고 자기들의 정치 도덕규범 안

에서의 통일을 시도하였다. 노획문서가 보이는 당시 22세의 79사단 235연대 3대대의 정치부(政治副)지도원 지호전(遲浩田)이 공작에 자기희생적 노력을 경주하고 전투에 솔선수범하였다 하여 통지(通報)로서 그 공훈을 찬양했는데 그는 아마도 현금의 국방부장일 것이다.

「항미원조 3대수칙(抗美援朝 3大守則)」이나 「출정서사(出征誓詞)」 따위 문건을 본다면 조선에 들어가 규율을 엄격히 지켜 "조선인민의 풀 한 포기 나무 한 그루도 애호한다" "조선인민의 바늘 한 개 실오라기 하나 가져가지 않는다"라는 선언이 눈에 뜨인다. 사실상 참전 중공군은 대륙에서 침범해 들러온 역사상의 어느 집단에 비교가 안되게 규율과 도덕성이 높은 군대이었다.

그렇지만 전쟁은 전쟁이다. 보급이 힘들어지고 배가 고프면 우선 먹어야 한다. 이 자료집 도처에 민가의 가축을 함부로 가져가고 장롱을 뒤지고 땅을 파서 울부짖는 농민을 뒤에 하고 숨겨놓은 양식을 약탈하는 서술들을 볼 수 있다. 양식을 가져가고 「차량증」을 주었고 밥을 시켜 먹고 「식사증」을 주었다. 지원군의 제1차 전역(戰役)에서 제5차 전역 사이의 보급상의 문제로 야기된 민원(民怨)에 대하여는 러시아 외교문서에도 언급되고 있는 바다. 또 38선을 넘고 남하한 군대들이 발행한 "증서"는 유엔군에 몰수되고 중공군은 돌아오지 못해 많은 남한농민들이 이리 저리 손해 보는 처지도 되었다. 이러한 증서의 일부를 샘플로 이 자료집에 수록하였다. 「지원군 군법18조」의 제15조는 "부녀자를 강간하는 자는 극형, 무기 또는 유기도형에 처한다"라고 되어 있는데 지금 남아 있는 군법 판결문 9가지 중의 3이 강간관계 판결문이다. 38선을 돌파하고 임진강을 도하한 중공군의 일 군인은 오리(梧里)라는 동리에서 민가에 침입하여 부모형제가 보는 앞에서 총을 겨냥하고 나이 어린 소녀를 강간하여 사형에 처해졌다. 어느 중공군부대 부참모장은 ─아마도 민박한 농가의─ 부녀자를 강간한 후 타살하였다고 했다. 모두 전쟁이 야기한 불행한 토막 토막의 역사이다.

　중공군 군인들의 일기와 비망록 종류 중 많은 일기들이 참전한 날짜를 9월로 잡고 있어 헷갈리게 하나 음력으로 날을 계산하는 군인들이 많음을 알 수 있으며 이미 1950년 8월부터 한반도에 출전하여야 된다는 여론들이 군영(軍營) 안에 존재함을 주목할 필요가 있다. 고향에서 지원군에 나간 아들이나 동생에게 오는 많은 편지가 고향에서 먹고 살기 힘들다는 점을 강조하고 있어 자제병(子弟兵)의 보조를 바라고 부대장의 증명을 원하는 편지들이 보인다. 군의 증명이 있어야 지방정부에서의 혜택이 가능하기 때문이다. 사실상 군인들은 고향으로 자기들이 위문품으로 받은 수건 양말 칫솔 내의 말고도 봉급을 보내고 있는 것을 노획문서가 보이고 있기도 하다. 또 한편으로 고향에서 보내진 많은 편지에서 토지분배 덕으로 옛날보다 훨씬 잘 살게 되었다고 언급한 대목도 주목할 필요가 있다. 의료 위생 부문의 문건들을 보아도 이 전쟁에 대하여 시사를 주는 점이 많다. 공산군 측의 '세균전' 선전의 뒤에는 1951년부터 만연할 조짐을 보인 흑사병(페스트)과 '반진상한(斑疹傷寒: 발진티푸스)'에 대한 공포가 있었다는 것도 간과해서는 안 될 것이며 장진호(長津湖)전투에서 중공군을 가장 괴롭힌 것은 동상(凍傷)이었다는 것을 그들의 의료통계로서 엿볼 수 있다(총상 1376명, 폭격상 811명, 화상 70명, 타박상 141명, 동상 3032명).

　미군에 의한 세균전이 있었건 없었건 미군이 금지된 독가스가 아닌, 화학탄을 사용한 것은 사실인 것 같다. 노획된 인민군 제3군단(259군부대) 참모장 박성철의 이름으로 1951년 3월 4일 시달된 「통보」에 의하면 2월 23일 오후 1시 미군 비행기가 일발의 '독카스' 탄을 투하했는데 그 증상(症狀)은 "머리가 앞으며 코가 메며 흉부가 앞으고 정신이 잃어진다"고 했고 120명이 다음날까지 중독되었다고 했다(202897호 문서). 그러나 이것은 중공군 제50군의 율동(栗洞)진지에 떨어뜨린 사건이었다는 것이 중공군 3월 3일의 「통보」로서 확인되고 있다. 이 자료집이 보이는 한 가지 해학적인 단면은 지원군이 필요한 조선어의 한자표기이다. 「화선대적감화간단용어(火線

對敵喊話簡單用語)」라는 등사물에는 "손들어"를 "준도락(蠢都洛)"(tsun-du-ruo)로 "무서워하지 말라"를 "부서워하지 마라"로 잘못 적고 "불소아 흑기마랍(不所娥黑基馬拉, bu-suo-o-hei-ji-ma-ra)" 등으로 적고 있어 『계림유사(鷄林類事)』를 생각케 한다.

근래 6·25전쟁 중 남쪽에서 북쪽으로 파견하는 공작원 특히 '토끼'로 불리는 몸을 미끼로 하는 여성공작원의 존재여부가 화제가 되기도 했지만 지원군의 문건에 의하면 당연히 존재하는 듯이 보인다. 모 부대 1951년 5월 20일자의 「통보」에는 "이 일대의 적의 특무들은 조선인에 한하지 않고 장개석 수하도 있고 왜국인만 아니라 개별적으로 양심을 잃은 중국인(필자 주―적에 항복하고 파견된 전 지원군)들도 있다. 그 활동방법은 인민군이나 지원군 또는 피난민으로 가장도하고 우리 간부로 행세하기도 하며 여자의 육체를 미끼로 아측 간부를 유혹하여 정보를 캐내고 있다"라고 적고 결산리에서 인민군에게 잡힌 20명의 특무 중에는 2명의 여성이 있었다고 지적했다. 또 180사단의 3월 20일자 「통보」는 "전문적으로, 많은 수의 6세에서 14세정도의 남녀 어린애들을 피난민이나 거지로 가장시켜 아군진지의 정탐행위를 일삼고 있으며 아군이 어려운 처지의 사람들의 궁상을 동정하는 것을 알고 용모가 준수하지 않은 묘령처녀 한 패를 누더기 옷을 입히고 피난민을 가장시켜 밥을 구걸하는 명목으로 아군에 접촉해 오고 있다"고 적고 경기도 수원이 이들 아동과 여성의 훈련기지라고 했다.

이 자료집을 읽을 때 주의하여야 될 점은 중국군이 사용하는 부대명칭이다. 정식으로 군(軍) 밑에 사(師), 그 밑에 단(團, 연대), 그 밑에 영(營, 대대), 그 밑에 연(連, 중대), 그 밑에 배(排, 소대)가 있지만 군신문이나 통보를 보면 중대 대대 등의 호칭도 쓰고 있다. 여기에 보이는 대대나 중대를 문자 그대로 보면 안된다. 예를 들면 제60군은 그 대호(代號)가 922부(部)이며 그 산하의 180사단은 85부(部)이고 그 밑의 540단(團)은 35부(部)이지만 사단급을 대대(大隊), 연대급을 중대(中隊)라고 칭하기도 하는 것이다. 『항미원조전사(抗美援朝戰史)』 부록을 본다면 제20군 밑에 58, 59, 60사단이 있는데 이 사단들은 각각 1대대, 2대대, 3대대로 부르기도 하며 20군을 3으로 곱하면 60사단이 되고 60사단을 3으로 곱하면 산하 180단(연대)이 되는 양식으로 부대 호칭이 결정되나 예외가 없는 것이 아니다. 제12군 산하는 35, 34, 31사단으로 정확히 3배수로 이어지지 않지만 31사단이 1대대이고 34사단이 2대대 35사단이 3대대가 된다.

또 한 가지 첨부할 말씀은 이 자료집의 목록에 쓰인 한문들은 원래 것이 있고 필자가 내용을 보고 요약한 것이 있으며 또 어려운 중국식 용어를 한국식으로 바꾼 것이 있다는 것이다.

이 자료집이 출판되는 해는 서기 2000년이며 또 6·25전쟁 발발 50주년이 되는 해이다. 여러모로 우리 연구자들의 시야를 넓혀줄 이 자료집의 출간은 한림대학교 고 윤덕선 이사장의 하사금으로 이루어졌다는 것을 밝히며 여기에 심사(深謝)하는 바이다.

2000. 6. 25
미주 워싱턴에서

❖ 『한국전쟁기 중공군문서』(자료총서 30), 한림대학교 아시아문화연구소, 2000

해설: 한국전쟁기 삐라

6·25전쟁이 발발한지 꼭 반세기가 되었다. 이 시점에서 남북 양쪽의 선전 삐라들을 같이 묶어 한림대학교 아시아문화연구소가 출판하게 되었다. 남쪽에서 출판할 수 있다는 그 자체가 큰 진전이 아닐 수 없다. 15년 전만 생각해 보아도 그렇다. 이제는 공포감 없이 그날의 참담함을 여유있는 마음가짐으로 회고할 수 있는 사회로 진화되었으니 어찌 경하할 일이 아니겠는가.

본 자료집은 크게 다음 몇 가지 부분으로 분류할 수 있다. 즉.

1) 6·25 전에 남한군이 북한에 살포한 전단
2) 6·25 발발 후 유엔군에서 살포한 전단
3) 6·25 발발 후 북한군과 중공군이 살포한 전단
4) 빨치산과 거제도 포로수용소 친공포로의 전단 약간
5) 북한군과 중공군의 함화문집(喊話文集)
6) 북한군과 중공군의 적군와해공작(敵軍瓦解工作)문건

여기 포함된 선전 삐라들의 출처는 다음과 같다.

1) 유엔군 것은 맥아더문서관의 전단을 모두 수집하여 이것을 기간으로

삼았지만 이 기관의 수집 기간은 맥아더 재임 시에 한정되어 있음으로 미 육군 군사연구소에서 그 후 것을 취사선택하였다. 미국 측의 전단은 미 국립공문서관을 비롯하여 여러 곳에서 소장되어 있다.
   2) 북한과 중공군 것은 필자가 약 7년 전에 기밀해제시킨 약 180상자의 「신노획문서」에 존재하는 모든 그쪽 전단을 수집하였다.

유엔군이 살포한 전단의 수량은 어마어마한 것으로 1950년 10월 말에 1억 매를 돌파했고 익년 1월 26일에 2억매를 돌파, 동년 11월 16일에는 8억 매를 돌파했고 휴전성립 때까지의 총량은 25억 매를 넘었다는 것이다. 1953년 4월 26일 두 대의 B-29폭격기는 압록강 일대에 100만 매의 전단을 살포했는데 그 내용은 미그 조종사가 비행기를 몰고 오면 5만 달러의 보수를 주겠다는 내용이었다. 유엔군의 정상적인 전단 크기가 약 17×10cm이니 25억 매이면 지구 적도 둘레(40075.2km)를 10번 더 돌고, 한반도면적이 22만 276평방km이라니 한반도 전부를 20번 덮는 수량이었다고 할 수 있다. 그러하니 이런 전단은 북쪽에서는 회수 재생시켜 북쪽의 전단으로 만들어진 가능성도 있으며 휴지나 잡기장으로 이용되는 경우도 있었겠다. 실제로 노획문서 안에는 인민군 정치공작원들의 잡기장으로 유엔 측의 전단이 이용되고 있는 것을 목도할 수 있는 바이다. 한편 공산군은 비행기로서의 살포수단을 갖추지 못했으므로 대포를 이용하거나 사람 손으로 살포하여야만 되었던 그 총량은 매우 제한적이었었다고 생각된다.
   쌍방이 살포한 전단의 내용은 그 발상이 비슷했으니 표현도 비슷한 것일 수밖에 없었다. 어떻게 적군과 민중 간을 이간하며 적군 간을 이간하며 염전사상을 고취하고 항복을 유도하며 그 사회의 모순을 찌르자고 하는데 역점을 두었다. 흥미로운 점은 유엔군 측은 공산군의 전단의 그림과 글의 대의(大意)를 그대로 '도용'하여 살포하는 경우가 있었던 경우이다. 예를 들면 북쪽에서 904호 전단을 살포하였는데 그 내용은 "백성은 곤궁에 빠져 있는데"(수심에 잠긴 곤궁에 빠진 가족그림) "리승만 역도들은 환락에 취하고 있다"(식탁에 가득한 성찬과 술병을 앞에 두고 두 명의 접대부의 시중을 받는 남자)는 그림들과 글이 전단 일면에 있고 그 뒷면에는 격문이 인쇄되어 있다(신노획문서 207555호). 유엔군에서는 '리승만역도'를 지우고 '공산당관리'로 바꾸어 그 그림을 그대로 전단번호 1181호로 살포하였는데 물론 뒷면의 격문내용도 대동소이한데 불과했다.

이들 남북 쌍방의 전단이 보여주는 하나의 진상은 남북한의 민중의 비참상이 대략 그대로 묘사되고 있었다는데 의의(疑意)를 달 사람이 많지 않겠다는 것이다. 근래 노근리사건을 왈가왈부할 때도 피난민이 유엔군 측으로 넘어오는 것을 총살로 막겠다는 의지를 담은 명령이 존재했지만 1·4 후퇴 당시에는 "어떤 사람이나 행렬을 막론하고 유엔군 쪽으로 오는 자는 총살함"이라는 전단을 무수히 뿌렸었다. 사실상 방어군사적인 견지에서 본다면 이러한 행동은 필요악인지도 모르지만 당하는 피난민의 입장으로는 전쟁이 형용할 수 없는 고통이었을 것이었다. 후퇴하는 함경도나 황해도의 지휘관들은 한 사람이라도 더 많이 데리고 내려와 적의 인력을 고갈시키려 했으며 인민군 쪽에서는 피난민이 내려가는 길목에 국군복장으로 나타나 피난민의 남행의지를 꺾으려고 했다. 그리고 방어군은 그들의 견지에서 공군을 동원하여 피난민행렬에 기총소사를 하여야만 했다.

전장터가 된 경기도 남부지역의 주민들의 고통도 막심했다. 이 지역주민들을 대상으로 한 전단은 "1. 주민들은 자기집근처에서 떠나지 말 것. 2. 주민들은 자기 집에서 십 마일 이상 여행함을 금지한다"고 되어있다. 전장터에 남아 있어야 되었던 주민들은 여러 가지로 심대한 피해를 입어야만 되었다. 이러한 전쟁의 고통은, 전단화면과 그 선전문을 통하여서도 반세기를 지난 현재에까지 십분 재현해 줄 것으로 생각한다.

노획문서 안에는 국방군 비행기가 황해도 신천 상공과(1949년 7월 18일) 해주시 상공(1949년 10월 25일, 1950년 3월 14일) 등에 삐라를 산포한 사건을 다룬 문서와 전단의 표본들이 포함되고 있다. 북한상공에서 뿌려진 1949년 8월 25일자 「봉화(烽火)」라는 신문형 전단에는 "공미소탕(共匪掃蕩)은 엿먹기 평양점령은 하루 이내－신 국방장관 등 언명"이라는 글도 보인다. 하나의 역사적인 사건의 일편으로 여기 제시해둔다. 또 전단은 북쪽의 국군 항복유인 전단의 미사여구에 '속아' 해방 전사가 되고 휴전 후 고향에도 돌아가지 못할 처지에 놓인 비참한 군인들의 처지를 엿보이기도 한다.

유엔군에서 이야기하는 심리전(PSYWAR)을 북측에서는 적군와해공작이라 했고 각 부대의 수많은 적공조(敵工組)들이 일선에서 확성기와 육성으로 '함화(喊話)'했다. 그래서 그들의 함화참고문집도 참고로 적시(摘示)했다. 유엔군쪽의 '함화'는 저공 비행기를 많이 이용한 것으로 되어 있다.

6·25발발 50주년을 맞이하여 쌍방의 삐라전단들을 통하여 우리 강토의 전쟁에 대하여 다시 한 번 생각해 보기로 했다.

참고문헌

· Stephen E. Pease, *PSYWAR Psychological Warfare in Korea, 1950-1953*. Harrisburg: Stackpole Books, 1992
· W. Kendall et al, *FEC Psychological Warfare Operations: Leaflets(as of 1 January 1952))* Operation Research Office, The John Hopkins University Technical Memorandum ORO-T-21(FEC), 1952
· Stanlely Sandler(ed), *The Korean War- An Encyclopedia*. Garland Publishing, Inc. New York, 1995

❖ 『한국전쟁기 빠라』(자료총서 29), 한림대학교 아시아문화연구소, 2000

KLO문서 해제

졸고 「노획북한필사문서해제(1)」는 1986년 2월 출판된 한림대학교 아시아문화연구소의 『아시아문화』 창간호에 게재된 바 있다. 이 글 안에서 처음으로 6·25전쟁 전의 KLO 첩보문서 #498-C호를 소개한 바 있었고 KLO 즉 주한연락부(Korean Liaison Office)를 개략적으로 설명했었다. 그리고 1990년도에 출판된 『주한미군정보일지 부록편』 안에 당시 최대한 수집할 수 있었던 모든 KLO문서를 편집 수록하였다.[1] 이 자료의 원 소장처는 미 육군대학 구내에 위치한 군사연구소 군관계인사기록보존부(軍關係人士記錄保存部) 윌로비 중장 기증당(寄贈檔) 안에 있고 맥아더문서관에도 군사연구소 소장철보다 약간 불충분하게 소장하고 있다. 당시 논문에서는 소장처를 자세히 밝히지 않았고 필자의 '방관논의'를 노획문서 해제 논고 안에 파묻어 두었기 때문에 이 문제를 다루는 후발논자의 인용에 있어서 불명료한 서술들이 속출하기도 했다.[2]

---

[1] 한림대학교 아시아문화연구소, 『주한미군정보일지: 부록 -HQ, USAFIK, G-2 Periodic Report』, 자료총서 2, 한림대학교 아시아문화연구소, 1990, 377~490쪽.

[2] 이 글은 1984년에 완성했었고 그 시대상황과 글의 내용상 출판되기까지 우여곡절이 있었으나 원문이 삭제된 곳은 인민군 국군 모두 가혹행위가 있었다는 부분뿐이었다. 연구소의 최창희 교수와 홍순우 간사가 수고를 한 것으로 안다. 미 극동군사령부의 정보기관이 6·25발발을 알고도 방관했다는 가능성을 조심스럽게 내어 놓으려는 것이 이 글의 목적이었음으로 노획문서 해제 속에 파묻어 혹시 있을 수 있는 제재를 피하려는 의도이었다. 그러나 의외로 모든 기관에서 호의적인 반응이 있었던 것은 신선한 충격이었다. 그러던 중 전 일본공산당

여기서 '주한연락부'라고 칭하려는 KLO의 소속과 직속 상부기관을 분명하게 설명한 문서는 아직 보지 못했지만 여러 상황으로 보아 미 극동군 일반참모부 AC of S, G-2(정보부장)에 소속된 것 같다. 1951년 3월 동경에서 극동군 군사실(軍史室)의 프랑게(Plange) 박사가 애봇(Abott) 중령을 취재했을 때 애봇 중령은 전 극동군사령부 정보참모부 KLO에 직위를 가지고 있었다고 했으며[3] 1950년 12월 26일 G-2의 보스 윌로비 중장이 휘하 전역정보부(Theater Intelligence Division)의 이워트(Ewart) 대령에게 적은 메모에는 전임자 포리어(Fortier) 대령은 6·25전쟁 발발 전에 애봇 중령의 KLO 시리즈를 잘 소화시키지 못했었다고 힐책하고 있다.[4]

미 극동군 정보부문의 하나의 표에 의하면 당시 애봇 중령은 연합특수작전(Joint Special Operations)이라는 부문에 딕키 대령(Col. Dickey), 스트릭컬린 중령(Lt. Col. Stricklen), 인드 중령(Lt. Col. Ind) 등과 더불어 배속되고 있었고,[5] 윌로비 중장의 명령으로 애봇 중령이 6·25 발발전의 KLO의 개괄적인 활동사를 편찬하여 제출한 것이 본 자료집에 수집된 문서임으로, 애봇 KLO의 총책임자이었던 것만은 사실인 것 같다. '주한연락부'는 또 '주한 미 군사고문단에 파견된 정보연락부'라는 의미로도 쓰인 것은 이들 문

기자 하기와라 료오(萩原遼) 씨가 워싱턴국립문서관에 연구하러 와서 필자에게 도움을 청했으나 졸고의 전달만으로 끝내고 그 이상은 일체 응하지 않았다. 당시에 있어서의 필자의 입장은 외국인의 북한매도 방조는 피한다는 것이었다. 그러나 그의 거듭되는 KLO문서 소장처 확인요청은 응했었다. 그의 맥아더의 '음모론'이나(필자의 것과는 다르다) 그 근거로서의 KLO문서 인용은 졸고에 근거를 두고 발전한 것임으로 필자가 마다할 이유가 없었으나 국내의 연구자들의 인용태도에 곤혹감을 느꼈다. 늦게나마 와다 하루끼 교수의 문제화에 감사한다.

[3] RG 319 Records of the Army Staff, Records of the Office of the Chief of Military History, Publications, Unpublished Manuscripts, and Supporting Records, 1943-77 Box 718에 수록된 Far East command G-2 Historical Division "Interrogation of Lt. Col. Abbott" 참조.

[4] RG 332 Far East Command Box 3201. 단 이 기록당은 재정리를 하고 있기 때문에 상자번호가 같지 않을 수 있다.

[5] GHQ, Far East Command, Military intelligence Section, General Staff. 〈Operations of the Military Intelligence Section, GHQ, SWPA/FEC/SCAP〉 Volume III, Intelligence Series(III) p.4 참조. 이것은 National Archives의 Finding Aid로 비치되어 있다.

건 중에 'KMAG Liaison Office Report'라는 표기로 알 수 있지만 엄밀히 따져 보면 '주한연락부' 애봇의 서술에 나타나듯이 미 군사고문단에 소속한 것 이 아니었다. 그에 의하면 이 연락부는 극동군사령부가 1949년 6월에 서울 에 설립한 첩보수집기관으로 "KLO는 군사고문단과 주한대사관과도 긴밀 한 연락관계를 취했고 첩자보고를 이 두 기관과 미 극동공군 특수조서처 (OSI)에 나누어 주었고" KLO의 사명은 "북한의 군사 산업 행정기관에 침투 하는 것"이었다. 그리고 1949년 6월부터 1950년 6월 28일까지 받은 첩자보 고는 1,195건이었다는 것이다.

이들 첩자보고에는 KLO번호가 부여되어 있으며 또 정보의 원천(source) 과 평가를 제공하고 있다. 이곳에 나타나는 SAN, WHISKY, HATRACK 등이 연락부의 첩자관리자인 것은 주한 미 군사고문단과 미 대사관의 'Joint Weeka' 매주 보고시리즈에 SAN 등이 나옴으로 짐작할 수 있다. 즉 SAN No.57 –SHEPARD는 Handler인 SAN의 제57번 보고이고 첩자의 암호명이 '목 자(牧者)'가 아닌가 추측해 본다. 필자가 「해제」 논문에 처음 인용하여 국 제적으로 거듭 인용되는 KLO #498-C호 첩보는 1950년 3월 15일에 첩자가 보냈고 주한연락부에서 5월 15일 극동군사령부에 발송한 것 같으며 극동 군사령부 G-2 전역정보과(戰域情報課)(Theatre/Intelligence)의 Target Branch (수집된 정보를 조직하여 사령부 각 부문에 재분배하며 육군부에 보고하 는 기능을 가짐)에서 TB-547-50이라는 번호를 6월 3일 부여하고 다시 상부 에 발송한 것이다.

이 첩보의 내용은 내무성 경비국에서 3월 10일부터 15일까지 6일간에 걸쳐 38선경비대 중대장급 이상 여단장급 이하의 정치 군사 지휘관 360명 을 모아놓고 당면한 여러 가지 문제에 대하여 토론한 기록이다. 10일에 경 비국장 박훈일의 훈화, 11일에 38선경비대 대대급의 군사훈련문제 토론, 12일에는 정치교양사업에 관한 토의, 13일에는 1949년에 일어난 38선 충돌 사건들에 대한 토의가 있었는데 매일 박훈일이 3시간씩 연설하였다는 것

이다. 14일에는 38선일대의 참호시설강화, 전사들의 사기관리, 각 대대담
당 지역의 환경숙지와 각 부대 내 상황의 파악 등에 대하여 토의가 있었으
며 마지막 날인 15일에는 허가이와 김일성의 훈화가 있었다는 것이다. 이
회의에 대하여 당시 『노동신문』에는 보도가 되지 않았으며 또 김일성의
연설이라는 것도 게재되지 않았다.6) 그러나 1995년에 나온 『김일성전집』
제11권에는 1950년 3월 14일에 내무성 경비대 군관회의에서 한 연설 "현정
세와 경비대의 과업"이라는 것이 모두 28쪽에 걸쳐 실려 있다.7) 이 '김일성
연설문'과 "첩보보고"를 비교하기 위하여 후자 김일성연설 요지라는 것을
들어 본다. 즉 1) 경비대는 모든 조선인민의 지지를 받고 있다. 2) 군사훈
련을 강화하여야 한다. 3) 무장을 강화하여야 한다. 4) 남한군은 사기가 낮
고 공격형이라기보다 방어형이다. 우리를 공격한다 하여도 쉽게 격퇴시킬
수 있다. 5) 1949년에서는 방어에 치중했지만 1950년에는 통일국가를 이루
기 위한 투쟁목표를 달성하여야 한다. 6) 그러기 위해서는 38선에서 분쟁
을 일으켜 남한군의 관심을 이곳에 집중시키고 뒤에서 빨치산이 괴뢰를
친다. 통일하려면 이 길밖에 없다. 이 요지를 1995년판의 김일성연설과 비
교한다면 (1)항부터 (4)항까지는 대동소이한 줄기가 보여 그렇다 치고 (5)
항과 (6)항이 나오지 않는다. 중대장급의 내무성 경비대의 지휘관에까지
"방어에서 공격으로 전환한다" "38도선에서 분쟁을 일으키고 배후에서 빨
치산이 공격하여 통일을 이룬다"라고 이야기했다고는 믿어지지 않는다.
알다시피 3월경에는 남쪽의 빨치산은 궤멸적 상태에 있었고 인민군의 기
습공격은 비밀리에 상부층에서만 알고 있었다. 중대장급들이 알고 있었다
면 그 많은 포로심문서에도 반영이 됐어야 한다. 그래서 이 첩보보고안
의 제(5)항과 제(6)항은 첩자가 상황적 판단에 의하여 첨가했다고 보아야

---

6) 『로동신문』, 3월 10일에서 20일까지의 지면을 본다면 17일자 제1면 전체에 김일성 수상의
「조쏘 량국간의 경제적 및 문화적 협조에 관한 협정 체결 1주년에 제하여」라는 글이 실렸
고 다른 기사는 물론 경비국 회의와 토론에 관한 보도는 없다.
7) 김일성, 『김일성전집(1950.1-1950.6)』 제11권, 평양: 조선로동당 출판사, 1995, 225~252쪽.

옳지 않은가 생각된다. 당시 북한 측에서는 계속 빨치산을 훈련하여 남하시키고 있었던 사실을 이 첩자가 알고 있고 경비대의 무력강화를 알고 있기에 상황적 판단으로 남쪽에 위기를 알리려고 골격에 살을 붙여서 보고를 낸 것으로 생각한다. 물론 10일부터 15일까지의 회의와 그 내용은 정확했다고 생각된다. 김일성 수상의 연설이라는 것도 재음미해 볼만한 것이다. 그 회의에서 토의된 것이 모두 그 연설 속에 통일성 없고 초점 없이 길게 이어져 있는데 『김일성전집』 안의 약간의 글은 상식적으로 후세의 작품이라고 생각되는 것들이 들어 있다.[8]

KLO첩자들의 보고는 위의 예에서 보는 바와 같이 냉정하게 관찰하여 볼 부분이 한두 가지가 아니다. 위의 예는 반드시 경비대 중대장 이상급 안에 고정첩자를 심어 놓은 증거가 될 수 없다. 참가자가 회의 참석 결과를 메모해 둔 것을 누가 엿보았을 수도 있는 것이며 또 첩자인줄 모르고 주위 주민에 흘렸을 수도 있기 때문이다. 요는 북한 정부 또 군이나 관에 깊숙히 박힌 고정첩자의 보고는 있는가? 또 어느 정도 있는가? 어떤 보고가 파견공작원이나 친한 주민의 관찰결과인가 등을 식별하고 KLO문서의 성격을 진단하는 것이 이런 문서취급의 첫 걸음일 수 있다. 그러기 위하여 이미 우리가 공개한 보고들의 내용을 검토해 보아야 할 것이며 이하에 각 보고의 내용을 간단히 적었다.

1950. 2. 4.   평남 간리 철로역에서 땅크 50대 등을 내리는 것 관찰.
1950. 2. 10.   평양-원산선 이남의 비행장 소재
1950. 2. 13.   평양비행장의 비행기수 등등
1950. 2. 22.   북한의 13비행장의 소재

---

[8] 예를 들어 1946년 6월 26일의 소련군정 공격 김일성연설문이 그것이다. KLO 첩자보고가 담긴 필자의 1986년 논문을 재미 친북사학자를 통하여 북쪽에서 일찍이 입수한 것을 알고 있다. 따라서 가공여부를 논외로 하고서도 최소한도로 자기들이 소유한 '원문'과 대조했을 것으로 추론해 본다.

1950. 2. 25.   철원 소재 땅크부대 관찰

1950. 2. 27.   함남 정평군 선덕비행장의 관찰

1950. 2. 28.   황해도 신막비행장의 건설

1950. 2. 28.   38도선 연변 주민의 철거 소문

1950. 3. 3.   평산군 월암리에서의 비행장 건설

1950. 3. 10.   한탄강에 새 다리 건설

1950. 3. 14.   38선 제1경비여단의 구조와 부대 소재지

1950. 3. 15.   철원에서 연천으로 이동한 10대의 땅크

1950. 3. 15.   임진강 다리의 건설

1950. 3. 16.   금천과 연천 사이의 교량건설

1950. 3. 21.   남천점 주둔 제1사단 2연대 1대대 1중대 50명의 조직

1950. 3. 15.   금천 주둔 1사단 3연대의 조직 구성

1950. 3. 24.   제1사단 2연대 1대대와 본부의 편성(외부관찰)

1950. 3. 24.   남천점 주둔 땅크 부대 관찰

1950. 3. 27.   북한청년의 강제 징집

1950. 3. 31.   38선 연변주민의 철거

1950. 4. 4.   동상

1950. 3. 31.   청단지역에서의 북한군 남부 침투와 철수

1950. 3. 31.   팔학과 내성지구 침투와 철수

1950. 4. 10.   39선 연변주민의 철거

1950. 4. 10.   4사단과 그 10연대의 편성정보(3매)*

1950. 3. 31.   북한의 비행장 분포

1950. 4. 14.   양양 소재 제1경비여단 3대대

1950. 4. 18.   북한군의 소재 분포*

1950. 4. 18.   중공군(한인) 이동첩보

1950. 4. 21.   38선 지역 교량과 도로의 보수

1950. 5. 2.   38선 연변 주민의 철거에 관한 보충 첩보

1950. 5. 3.   원산에서 제5사단이 3월에 성립

1950. 5. 8.   연천군 일 교량의 건설

1950. 5. 8.   함남 고원에 새 비행장 건설

이상 53개의 KLO 첩보보고를 유심히 살펴본다면 대부분은 첩보원의 견문임이 일목요연하며 항목 뒤에 별표를 단 보고들만이 검토의 여지가 있다고 하겠다. 5월 25일 주한연락부에서는 해주 주둔 6사단 모 연대에 대하여 T-28과 위스키(Whisky) 보고 30호의 두 가지 딴 루트의 보고를 올렸는데 그 보고의 주요 차이를 들면 다음과 같다.

T-28	Whisky
제1연대	제3연대

우편번호:	41390	655
병력:	3,411	3,800(본부에는 1,300)
연대장:	한태숙(28세) 중공군 출신	한태숙(28) 강원도 출신
1대대장:	홍성재(대대본부 해주)	홍주재(벽성군 주둔)
2대대장:	김구봉(대대본부 서해주중학교)	김윤봉(서해주중학교)
3대대장:	김동희(연대본부)	김동희(연대본부)

필자의 연구에 의하면 이 연대는 원래 제1사단의 1연대이었으며 6사단의 연대와 맞바꾸게 되어 구칭인 제1연대 혹 6사단의 제13, 14, 15연대 중의 제14연대가 되는 것이고 연대장은 한태숙(韓泰淑) 대좌이고 연대의 대호(代號)는 859군부대이었다. 655는 제6사단의 대호이며 인민군에는 41390이라는 5수(數)의 우편번호는 쓰지 않았고 4개의 숫자를 썼다. 대대장의 이름에 관해서는 미측의 기록은 1대대장 홍성태 소좌, 2대대장 김윤봉 소좌로 나와 있는 것을 참고로 한다면 홍성재와 김윤봉이 각각 옳다고 생각된다. T-28의 첩보보고는 그 병력 장비 서술이 구체적임으로 연대내부의 통보자를 연상할 수는 있고 위스키의 보고 중에 우편국에 편지 부치러 온 인민군전사 엽서에 655군부대로 적혀 있어 이 연대의 군사우편번호가 655라고 알았다고 했다. 그러니 후자는 순전한 첩자의 관찰이 아니면 우체국 직원이 고정 첩자이었을 수 있다.[9] 그 밖의 별표를 부친 인민군에 관한 첩보들은 인민군 내부에 정보제공자가 있는 것보다 첩자의 관찰에 의한 것이라는 것이 당연한 귀결일 것이다. 즉 이상의 극동군사령부가 대표적인 첩보보고로 내어놓은 것들을 분석하면 군과 정부의 요직에 첩자가 들어 있는 것 같은 유형은 오로지 평양에서 개최한 경비대회의 건과 해주 6사단

---

[9] 1950년 6월 24일에 쓰여진 노획문서 200177호에는 한태숙, 659군부대 부대장으로 되어 있으며 신노획문서 제17상자에 들어있다. 또 8th Army G-2 Periodic Report No.95, Inclusion 2, 〈6th Rifle Division〉과 미 육군부 Office of the Assistant Chief of Staff, G-2가 편찬한(1950. 9. 1.) North Korean Order of Battle 〈6th Division〉을 참고로 했다.

1연대 건밖에 없으며 이 두 가지도 위에서 분석했듯이 군에 친지를 가진 첩자의 간접 첩보채취로도 볼 수 있으니 맥아더사령부의 윌로비 정보기관에서 내어놓은 위의 첩보사례들만 가지고 본다면 '요직'에 심어 넣었다는 선전과는 거리가 있다고 하겠다.

맥아더사령부의 윌로비 중장은 6·25전쟁이 일어나고 미국 내의 여론이 자신들에게 불리하게 돌아가자 자기들이 북한군의 의도를 얼마나 잘 알고 있었는가의 반박자료와 논거가 필요해졌다. 이러한 추세 하에서 애봇 중령의 KLO문서가 햇빛을 보게 되는 것이며 또 윌로비의 반박자료집『전쟁 중의 정보공작-맥아더 정보기관 소사(小史)(Intelligence in War, A Brief History of MacArthur's Intelligence Service, 1941-1951)』는 미 의회의 청문회들을 의식하여 만들어진 비공개 책자였다. 이 책자 중에 관련된 문서들을 선택하여 이 자료집에 첨부한다. "북한 남침전의 전쟁수행태세에 관한 정보"에서는 주로 KLO보고와『극동군사령부 일일 정보요약』에 의거하여 얼마나 자세하게 북한군의 동태를 파악했었다는 것을 과시했고 "중공군의 한국전쟁 개입가능성에 관한 정보"에서도 주로『극동군 일일 정보요약』을 인용하면서 맥아더사령부의 정보부가 일을 제대로 하고 있었다는 것을 증빙문서로 제시하였다.

다음 "적에 대한 지원과 위로행위-언론의 북한보도 논조-"는 날로 고조되는 윌로비기관에 대한 언론비판을 반박하고 우호적인 언론인들의 글을 옮겨 실어 의회와 미국여론을 설득시키려 했다. 이들 문건들은 맥아더사령부의 견해를 잘 대변하고 있으니 남침은 짐작하고 있었으나 한국전쟁 발발의 예보는 자기 권한 밖이었다는 점을 강조하고 있는 것이 주목된다. 그리고 전쟁 전에 북한에 침투시킨 KLO 공작원은 16명에 달했으나 CIA는 오직 4명뿐이었다는 맥아더에 우호적인 신문기자 짐 루카스의 기사의 원천은 의심없이 극동군사령부의 정보기관이었고 그 숫자도 사실이었을 것으로 생각된다.[10]

다만 이상의 KLO문서를 개관한다면 그 대부분이 요직에 심어놓은 고정
첩자의 보고들이 아니었다. 그렇다고 맥아더정보기관이 고급정보 소스를
따로 안 가진 것도 아닐 것이다. 잘 알려진 1950년 3월 11일(동경일자 10
일) 발송한 『Joint Weeka 10』 중의 6월 남침 '첩보'가 그것일 수 있다.[11] 그
것은 간단히 "인민군이 1950년 6월에 남한을 침략할 것이라는 보고를 접수
했다"로만 서술되어 있고 이 첩보에 대한 그들의 평가가 이어졌다. 그 평
가의 요점은 인민군의 38도선 부근 이동이라는 빈번한 첩보가 반드시 남
침을 의미하지 않을 것이다. 왜냐하면 북한의 행동은 소련의 의도와 직결
되어 있기 때문이라는 것이었다. 이 첩보는 53개의 KLO보고사례로서 보건
대 KLO에서 보내진 것인지 의심스럽지만 TB-187-50(27 Feb 1950) KLO 331
호가 6·25 전의 보고 중에는 유일하게 극비취급(Top Secret)이니 이것일
수도 있겠다. 또 「6·25 침략 전 북한군력의 증강」을 보면 KLO문서에서의
인용은 각주에 표시하고 있는데 이 첩보는 그렇게 표시하지 않았다. 생각

---

10) 스크립-하워드(Scripps-Howard) 계열지의 기자 짐 루카스(Jim Lucas)는 「Intelligence Slur Called
A Slap at MacArthur」이라는 기사에서 "6월 25일 한국전쟁이 발발한 날에 CIA는 북한에 4명
의 공작원(agents)이 있었는데 윌로비 장군은 16명을 가졌고 또 6월 25일부터 9월 25일까지
CIA는 적후에 15명 활동시켰고 윌로비는 65명 활동시켰다."라고 맥아더사령부의 입장을 반
영하였다. 지금까지 공포된 KLO 첩자문서 중의 첩자 암호명이라고 간주되는 임진강, 비행기,
호랑이, 사리원, 파랑이, 한강, 닭, 수탉, 신호, 기린, 천당, 목자, 갈매기, 청색, 자전거, 평양
등이 있어 우연이라 할지라도 대략 일치하고 있기는 하다.

11) RG 319 Entry 57, Records of the Army Staff, Assistant Chief of Staff, G-2, Incoming and Outgoing
messages 1950, Box 44. Far East Command G-2, 〈Joint Weeka 10〉 (전보 CX55326). 원문과 극
동군 정보부의 평가는 다음과 같다. "Report received that PA will invade South Korea in June
50." Comment: That PA will be prepared to invade South Korea by fall, and possibly by spring,
of this year indicated in curr rept armed force expansion and maj trp movements to critical 38
parallel areas. Even if future rept bear out present implication, believed civil war will not
necessarily be precipitated. Soviet intentions in Korea believed closely related to Communist
program in Southeast Asia. Seems likely that Communist overt mil measures in Korea still be
held in abeyance, at least until further observations made by Soviets of results their program in
such places as Indo-China, Burma, Thailand. If Soviets satisfied they are winning in struggle
longer and let South Korea ripen for future harvest. If checked or defeated in their opn in these
countries in Asia, may divert lange share of their effort to South Korea, which could result in
PA invasion of South Korea(trp 등 약자는 원문 그대로).

컨대 이것은 극동군사령부가 가지는 딴 채널, 예를 들면 중공이나 소련에서의 첩보, 특히 약간이라도 관련된 두 나라 암호의 해독이 그 원천일 가능성도 고려에 넣을 필요가 있다.

필자는 이 자료집을 위하여 53건의 알려진 KLO 첩보 보고 외에 약 64건을 더 찾았는데[12] 이로써 도합 120건 미만이 되어 1949년 6월1일부터 1950년 6월24일까지의 총 건수 1,195건의 약 10분의 1이 되며 1950년도분 보고의 약 4분의 1정도가 될 것으로 추계해본다. 그중 약간 중요하다고 생각되는 것들이 355A, 359, 361, 372B, 374B, 376, 378A, 381A, 383B, 385, 386, 465C, 466, 471D, 473, 476B, 531A들이라고 생각된다. 그러나 이들 안에서 고정첩자가 부처 안에 박힌 가능성이 가장 농후한 것을 선택하라면 북한 각 지방 공장 생산의 상세한 숫자를 열거했고 지배인등 주요 인물의 이름을 명기한 11쪽의 첩보보고 385호(TB300-50)가 있을 뿐이다. 이들 첩보보고의 내용을 일일이 들지 않는 이유는 이것들이 대표적 사례로 이용되지 않았기 때문이다.

KLO 초기부터 이 기관에 관계를 맺고 있던 최규봉(崔奎峰) 씨에 의하면 '미극동군사령부 주한연락처' 약칭 KLO는 본시 미군정보팀 5명과 한국인 6명이 구성멤버이었고, 동해 중부 서해의 3개 부서로 나뉘어 정보공작을 했었고 한국인 책임자 6명은 각각 30~40명의 공작원을 휘하에 두고 있었다는 것이다.[13] 이 증언이 사실이라면 6·25전에 KLO에서 대북첩보공작에 동원된 한인의 수는 약 200명이 되지 않았나 싶다.

CIA가 심은 첩자에 관하여서는 존 싱글러브(John K. Singlaub) 중장의 회고록『위험한 임무』에서 단서를 얻을 수 있다. 이 책에 의하면 그가 OSS요

---

[12] 원천은 RG 319 Entry 85 Army Intelligence Document File에 문건 하나에 번호 하나씩으로 수십 상자에 산재하고 있다. 원 자료를 찾으려면 문건에 표시된 번호로 찾을 수 있다.

[13] 최규봉,「나는 KLO部隊長이었다」,『신동아』1982년 6월호 참조. 그에 의하면 KLO는 49년 1월부터 본격적인 정보활동에 들어갔었고(극동군문서에서 말하는 1949년 6월이 아니라) 최초의 책임자는 미 24군단 CIC공작과장 런치 대위이었다고 한다.

원으로 만주 심양(일제시 奉天)에 부임했을 때 한인들의 반공정서를 보고 이들의 이용을 생각하여 자신의 부하 스캇 밀러(Scott Miler)와 존 크리슬로우(John Chrislaw)를 시켜 1946년에서 1948년까지 만주에서 북한으로 잘 훈련된 한인청년 12명을 파견하여 공산주의자로 가장하여 군과 관 그리고 운수부문의 요직에 들어가게 했고 이들이 남침가능성에 관한 경계경보를 꾸준히 발송해 왔고 그 결과 이것을 남침 5일 전인 6월 19일의 Estimate(ORE 18-50)에 게재하였고 이것을 백악관, 국무장관, 육군장관, 합참의장 그리고 맥아더 등에 보냈고 그 결과를 확인했었다고 적었다.[14] 그래서 이 문서 ORE18-50호와 20년 후의 편집당사자의 회고담을 이 자료집에 첨부했고,[15] 또 CIA의 중공군 개입예측실패를 보여주는 두 문건도 첨부했다.[16]

이에 관련하여 그들이 포섭대상으로 삼을 수 있는 만주출신 한인 유형의 하나를 지(池)씨 성을 가진 몇몇 인사의 상황에 한정하여 나름대로 상상해 볼 것인데, 분명히 여기서 밝혀 두는 점은 이들이 바로 공작인원으로 선발된 것을 단정하지 않고 또 단정할 수도 없지만 상황적으로 하나의 유형에 들어갈 수 있다는 점에서 예로 든 것이다.

> * 지○철. 1949 26세 동북출신. 일본군의 통역관을 하다 제대한 후 1945년 4월 조선독립동맹에 가맹 의용대 입대, 1946년 4월까지 동북에서 공작하다 귀국. 보안간부학교 수료 후 황해도 내무부 외사과장. 사촌 2명 기독교신자. 북한 당국의 사찰대상자[17]

---

14) John K. Singlaub, *Hazardous Duty, An American Soldier in the Twentieth Century*. Summit Books, New York, 1991, pp.164~165 참조.

15) RG 263 Entry 22, Estimates of the Office of Research Evaluation, 1946-1950 ; Box 4, "Current Capabilities of the Northern Korean Regime" ORE 18-50, published 19, June, 1950 ; RG 263, History Source Collection of the CIA History Staff, CIA Historical Review Program HRP 89-2/01034, Box 4.

16) 위와 같은 상자 중 "Critical Situations in the Far East" ORE 58-50, published 12 October 1950. 또 "ORE's record with respect to warning of the invasion and of the entrance of communist China into the War" 위에 인용한 History Source Collection of the CIA History Staff, CIA Historical Review Program HRP 89-2/01034, Box 4 참조.

* 지기ㅇ. 일본관동군 통역(1950년에 34세. 봉천부근 거주. 1947년 북한 입국하여 익명으로 평양 거주. 공산주의 반대하는 지하공작 중으로 추정된다고 동생 주장.[18]

* 지기철 소좌. 경북 예천군출신 만주 봉천에 이주. 1950년 27세. 관동군 포병. 1945년 12월 의용대 입대 중공군 166사단으로 만주 각처에서 참전, 대위. 1949년 7월 24일 이 사단이 신의주에 도착 인민군 제6사단의 골간이 되었는데 신의주와 해주의 제6사단 여러 부대의 소식을 KLO 첩자보고에 많이 나오는 것을 주목할 필요가 있다. 6·25전쟁이 일어나자 제6사단은 방호산사단장의 교묘한 작전하에 호남지방을 석권하고 마산방면으로 진격하였다. 지기철 소좌는 7월 27일의 하동전투에서 미군을 대패시켰다고 자신의 이름을 드러낸 "지기철 포구분대장의 전투수기"를 『로동신문』에 투고, 8월 31일에 게재되다. 이 글에 의하면 "정확한 조준사격"으로 미군 4백 명을 살상 130명을 포로했으며 자동차 30대를 노획했다고 썼다. 당시 지기철 소좌는 6사단 포련대 제3대대장이었다. 미군의 인천상륙으로 인한 후퇴작전 중 대전부근에서 도망 미군에 항복하여 자신은 "항상 반공주의자였으며 영원히 반공주의자일 것" 또 "이러한 기회를 오랫동안 기다렸다"고 말했다고 한다. 또 그는 관동군 통역이었던 그의 형이 평양에서 반공 지하공작 중일 것이라고 서술하기도 했다. 그는 반공포로로 알려져 있었으나 주영복 소좌와의 공동행동의 약속을 깨고 단독으로 인도군 관리지역으로 탈출, 인도에서 76인 포로의 지도자가 되고 인도에서 사업에 성공하였다. 주영복의 『76인의 포로들』안에 반공정신의 化身인 '박기천'이 바로 그를 그린 것으로 알려지고 있다.[19]

---

17) 노획문서 2005/3/5 내무성 간부처 작성 「성내직속처부 및 각도 내무부 문제되는 간부명단」 참조.

18) ATIS Interrogation Report No.1790, 12 October 1950 참조.

19) ATIS Interrogation Report No.1790 CHI, Ki Ch'ol, 12 October 1950. 만주에서의 그의 주소는 봉천시 신방자(新房子)로 되어 있다. 같은 관동군으로 현병출신인 주영복(朱榮福) 소좌와는 막역한 친구로 브라질과 미국에 있어서의 주영복을 경제적으로 도왔다고 한다. 필자는 인도행 76인의 포로들을 한분 한분씩 분석해 보고 인도에까지 가서 지기철과 '박기천'이 동인임을 확신하였다. 인도행은 한림대학교 고 이사장의 연구비로 충당하였다. 여기에 감사의 말씀을 전한다. 주영복, 『76인의 포로들 제1부 중립국인도』, 서울 대광출판사, 1993 참조.

재차 강조하지만, 필자가 이들을 예거(例擧)한 것은 바로 이들이 공작원이라고 단정하는 것이 아니라 이러한 유형 중에서 공작원이 모집되었을 것이라는 점을 지적하기 위해서이다. OSS는 일본 항복 후 일본군이 쓰던 공작원 밀정들을 인계받았을 개연성이 농후하다.[20]

한편 미 공군 대북첩보기관의 보고에 대하여도 서술할 필요가 있다. 미 공군 특별정보처(OSI, Office of Special Investigation) 제8지부(남한)의 도날드 니컬스의 '첩보기관'은 근래 KLO 만큼이나 명성을 날리고 있다는 느낌이다. 그것은 주로 미공간 원고본 *How Many Times Can I Die?*의 남한 내의 유통과[21] 근간 『아폴로신의 형상없는 저격수들』에서의 대서특필적인 인용에[22] 연유된다. 이 원고본에 의하면 니컬스는 정확히 6월 25일에서 28일 사이에 남침이 있을 것이라고 예측했었지만 "some ass at General MacArthur's Headquarters in Tokyo and/or Washington didn't believe what was being reported...or was too stupid to credit it....or politicians didn't want to admit it"이라고 단언했다. 그에 의하면 그는 전쟁나기 전 두 달 동안 3개의 대형 보고(major reports)를 올려 전쟁이 시작할 것이라고 경종을 울렸지만 소용이 없었다는 것이다(123쪽). 그는 또 비행기를 몰고 평양 평강 등 비행장

---

[20] 미 극동군 사령부문서 중에는 일본군이 사용하던 한인 밀정 명단 같은 것이 인용되고 있다. 이것은 성신여대 김영호 교수가 입수한 문건을 빌려 본 것이다. 단 명단 자체는 당연하지만 기밀해제되지 않았다. 또 OSS는 일본이 항복 후 북경이나 천진에서 귀국하기 위하여 집결한 구 일본군 안의 한인장교 중에서 우수한 사람을 선택 흡수했고 그들이 훗일 남한의 군과 정계에서 활약했음은 그들과 같이 훈련받은 재미교포의 증언이나 한국에서 출판된 책자를 통하여 추측할 수 있다.

[21] 이 타자로 된 원고본은 1981년 Copyright by Donald Nichols, Printed in the United States of America by Brooksville Printing, Brooksville, Florida 그리고 미 의회도서관의 등록번호 81-90004로 되어 있지만 의회도서관에 조회해 보아도 찾을 수 없다는 것이다. 즉 이 원고본은 추측컨대 미 공군당국의 이의(異議)로 활자화되지 못한 것이 아닌가한다. 도진순 교수가 발굴하여 『중앙일보』, 「다시 쓰는 한국현대사」 27~28(1995년 6월 20~21일)에 소개되었었다.

[22] Michael E. Haas, *Apollo's Warriors - US Air force Special Operations during the Cold War*, Air University Press, Maxwell Air Force Base, Alabama, 1997. 이 책의 저자는 그리스의 고전 Odyssey에 나오는 태양신 아폴로의 저격수들 즉 안개로 옷 입고 또 흑야(黑夜)에 바람을 타고 오는 형상없는 암살자들을 표방하여 그의 책의 제목으로 삼았다.

상공을 통과해 촬영하기도 했고 한국공군과 협력하여 북한비행기의 망명
을 유도했었다고도 주장했다. 필자는 그의 보고 다수를 획득하여 본 자료
집에 첨부했지만 그것들은 거의 모두 한국경찰당국에서 입수한 옥석(玉
石)뒤섞인 첩보들로 구성되었을 뿐이다.23) 그러나 다가오는 한국내전에
경종을 울린 니컬스의 대형보고 1건은 미 국무부 1950년 철안에 남아 있고
다행히 공개된 상태임으로 그의 대형보고의 형식을 짐작할 수는 있다.24)
그의 보고 IR-54-50호는 두 부분으로 구성됐는데 첫째 부분의 서술은 다
음과 같다. 불과 4줄로 "계속적으로 증대하여 가는 불안정한 국내 민간상
황과 현하의 정치정세로 보건대 다가오는 한국의 내전은 불가피하다는 것
을 증명할 것이다. 만약 남한정부를 전복하려는 내전이 일어나면 북한공군
이 중요한 역할을 수행할 것은 의심없다고 할 것이다." 둘째 부문은 1949년
11월에서 1950년 1월까지의 북한 공군과 38선 부근에 건설된 비행장 등에
관한 20건의 첩보보고 요약을 나열하고 있다. 동경의 미 극동공군에서는
2월 25일 니컬스의 보고요점을 공군본부에 타전했고 니컬스의 진단으로는
금년 10월이나 11월 후가 위험하다고 근래 주장한 바 있었다고 첨부했다.
이 문제로 미 공군정보부문과 국무부 관련인사들이 3월 30일에 회합하고
토론해 보았으나 한국 내의 정정불안이라는 막연한 이야기를 곧장 내전으
로 직결하는 논리에 당연한 반발이 있었다.25) 그러나 니컬스가 그의 원고

---

23) 본 자료들의 채집원은 Record Group 319, Army-Intelligence Document File, ID 680000 -700000
    단위에 몰려 있다. 자료 1건당에 번호 하나씩 있으며 많은 보고들이 아직도 기밀해제되어
    있지 않다.
24) 국무부 1950~1954년 문서 795.00/3-1950, 795.00/4-350 CS/W 등 참조. 제목은 "Review of North
    Korean Air Power and Its Potentialities(문서번호 IR-54-50), 11 February 1950. To: Director
    Special Investigations, Headquarters Far east Air forces,. From: OSI District Office Number 8,
    Seoul, District Commander Donald Nichols 이 보고는 3매의 보고로 전문(電文)이 아니라 우송
    이었다.
25) 방선주, 「노획 북한필사문서해제(1)」, 83쪽 참조. 이 회의에 참석한 인사는 윔스(Mr. Weems),
    아트레이 상사(Capt. Awtrey), 베이커 중령(Lt. Col. Baker)(이상 공군 정보부, AF Intelligence),
    프렐링휘센(Mr. Frelinghuysen)(동북아시아과), 노어드(Mr. Norred), 스나이더(Mr. Sneider)
    (Division of Research for Far East)이었다.

본에서, 6월 25일에서 28일 사이에 남침한다는 보고를 올렸다는 단언은 사실일 것이라고 생각된다. 38선 이북에 깔려서 적시에 보고하는 남한정보당국, KLO, 그리고 OSI의 첩자들이 해주에서, 남포에서, 평양에서 그리고 원산 함흥에서 38선 연변에 도착하는 대부대의 행동을 주목 못했을 수 없다. 많은 부대들이 6·25직전에 열차로 트럭으로 전선일대에 집결한 것을 보이는 노획문서들이 많이 존재하고 있으며 필자가 구고에서 지적했듯이[26] 6월 21일후에는 연포비행장에서 매일 있었던 비행훈련과 무전연락이 공백상태가 되었던 것에 미측의 레이더와 무전탐지팀, 나아가서는 니컬스 기관에 충분히 단서를 주었을 것으로 생각해 본다. 미 공군의 정보문서들은 웬만하여서는 기밀해제 되지 않음으로 원 문건을 접하지 못하는 것뿐이라고 생각하면 되겠다. 단, 니컬스가 현역에서 1957년 미국으로 돌아가게 된 이유는 그의 편집망상(偏執妄想)적인 정서의 발전과 정신분열 증세때문이었고 그 후 오랫동안 정신분열증으로 입원했었으니 그의 글의 신빙성을 할 수 있으면 하나하나 점검해 보는 것이 바람직 할 것이다. 그 자신적을 고문하고 살육하는 장면에 직접 참가하여 그의 글에 뺄고 있는 것처럼 고통스러웠던 점이 한두 가지가 아니었을 수 있다. 그는 수원에서 목도한 국군에 의한 '1800명'의 적의 살육장면을 한참 서술하고 있으며 그가 유일의 외국인 목격자이었고 그 장면을 사진에 담아 가지고 있다고 말했지만 이 1,800명이라는 숫자는 대전에서 벌어진 그것과 혼동된 것이 아닌가 또는 과장한 것이 아닌가 생각해 본다. 수원에서의 좌익집단 처형은 북쪽신문에 1,146명이라고 발표한 것이 최다 수치이며[27] 또 국제뉴스서비스(International News Service)의 기자 찰스 로셔린스 주니어(Charles D. Roshcrans, Jr)도 수원에서 처형된 시체사진을 찍었다고 보도한 바 있다.[28]

---

26) 방선주, 앞 논문 주 25)을 참조.

27) 『로동신문』, 1950년 9월 17일, 「미국무력간섭자들과 리승만도배들의 만행에 관한 조국통일민주주의전선 조사위원회의 보도 제2호」 참조.

28) *Philadelphia Evening Bulletin*, July 2, 1950 "60 of 300 Captured Korea Reds Executed by Suwon

필자는 위에서 KLO, CIA, OSI의 대북첩보공작을 개관하였는 바 아마도 CIA를 제외하고는 두 기관 모두 고급 고정첩자의 통보보다는 한국의 정보기관 또 수많은 한국인 공작원들에 의존했던 것이 그 개략적인 윤곽이 아니었는가 추측한다. 한국인 KLO 요원들의 많은 서술들을 보면 짐작할 수 있겠는데[29] 북한에서 게릴라부대를 계속 남파하던 남로당 계열에 얼마나 공작원을 침투시켰는지는 별도의 문제이다. 6·25발발 직전에 덜레스를 수행한 *Arizona Daily Star*지의 주필 윌리엄 매튜스(William Mathews)는 그의 특집기사 시리즈에서 거듭 미 군사고문단의 라이트(Wright) 대령이 북한의 게릴라부대가 내려오기 전에 그쪽의 침투계획과 시일 또 침투지점을 사전의 첩보로 정확히 알곤 했다고 자랑을 늘어 노은 것으로 기술하고 있다. 그래서 인민군의 동정도 행동을 일으키기 24시간 전에 알 수 있다고 단언했다는 것을 기사화하고 있다.[30]

여기서 하나 더 특필하여야 될 것은 한국 당국의 대북 첩보공작이 상당한 수준에 도달했겠다는 점이다. 북쪽에서 남침하여 획득한 육군본부 정보국 제3과 작성 단기 4283년도 첩보공작 계획표나[31] 미군이 노획한 북한 첩자의 문서를 보아[32] 그렇게 추리해 본다.

Defenders". 이연길(李淵吉) KLO Goat 부대장의 회상에 의하면 "군사정보 수집을 위하여 수원 쪽으로 올라갔다...전선이 밀고 밀리는 와중에서 양민학살첩보를 수없이 접하며 극심한 절망감을 느꼈다. 양민학살과 관련해서는 남과 북 모두 용서받을 수 없는 죄를 저질렀다. 인민군은 퇴각하면서 대규모로 양민을 학살했고 국군은 전쟁초기 남으로 밀리면서 보도연맹원을 학살했다...이 과정에서 무고한 양민도 다수 학살한 것으로 안다"고 증언한다. 『월간조선』 1993년 3월호, 「남북첩보전선의 生과 死」 참조.

[29] 최규봉, 「나는 KLO부대장이었다」, 『신동아』(1982년 6월호)를 보면 1949년 12월 25일경 원산에서 전곡으로 탱크를 싣고 오는 화차를 탈취할 계획도 세우고 익년 1월에는 전곡주둔 인민군 4명을 생포 "그들의 입을 통해서 전쟁준비상황을 보고해도 계속 묵살 당했다"고 썼다.

[30] *The Arizona Daily Star*(Tucson) 7월 1일, 14일의 매튜우의 특집기사 중 라이트(Wright) 대령과의 담화기록 참조.

[31] 『로동신문』, 1950년 8월 4일 게재 전문 참조. 특히 고정첩자 103명에 대한 공작비로 61,300,000원을 計上하고 있으며 연락첩자 57명분으로 16,920,000원을 책정하고 있었다.

[32] 예를 들면 북한첩자이었던 배민수박사의 인척 연고자가 북에 보고한 「이승만의 대북정보 정치 군사공작의 계획안」 참조. SA2009/9/90. 이 안에 17세부터 55세의 여성첩자(상인과 무

본 자료집은 전쟁 발발 후 특히 서울 수복 38선 돌파 중공군 개입 후인 1950년 12월부터 이용할 수 있는 KLO 적후 침투인원 보고집을 첨가한다. 이 시기의 KLO와 전쟁 전의 KLO는 그 성격이 많이 다르다. 에드 에반보우 (Ed Evanhoe)에 의하면 중공군이 개입하고 유엔군이 후퇴하면서 미 8군의 G-2는 필요성에 의하여 적후에서의 전략적 능동적인 정보공작조직을 "새로" 만들었는데 그 이름을 KLO 즉 Korean Liaison Office라고 칭하고 제1, 제9, 제10군단이 이들 특별공작 요원들의 발송과 회수를 책임지게 되었다는 것이다. 또 제1군단은 자체적으로 세련된 적후활동 정보조직인 전략정보 연락부(Tactical Intelligence Liaison Office)가 있어 이것이 TLO 또는 TILO라고 불렸는데 이 안에는 전 영국의 SAS 요원들도 가담했다는 것이며 이 기구를 주관한 사람은 퍼시 톰슨(Percy W. Thomson) 대령이었다.[33] 그러나 벤 말콤(Ben S. Malcom) 대령에 의하면 TLO는 일선의 각 사단에 배속된 한인들로 인민군이나 민간인의 복장을 하여 적후에 침투, 정보를 수집하여 돌아오는데 적군이나 아군에 총격을 받아 사망하는 비율이 대단이 높았다고 서술한다.[34] 본 자료집에 수록된 KLO 적후활동 보고에는 新KLO와 TLO의 보고가 모두 들어 있다. 전술 루카스 기자는 또 6·25전쟁 시작부터 9월 25일까지 적후에서 활동한 극동군사령부의 KLO 인원은 65명(CIA은 15명)이라 서술한 것을 감안한다면 제8군의 신KLO는 극동군의 KLO이기도 할 것으로 추측된다. KLO는 통칭이었고 나중에는 극동사령부 한국연락파견대 (Far East Command Liaison Detachment Korea, FEC/LD(K)) 8240 부대로 통일

당)의 대량 모집과 파북 토의가 흥미롭다. 여성첩자의 입북에 관해서는 1953년 1월 내무성에서 내부자료로 간행한 「간첩들의 음모책동을 폭로 분쇄하자」(신노획문서 207138호)에도 산견하고 또 빨치산의 연고자로 입북하여 야전병원에서 간호원 일 보며 목표에 접근 통정하여 정보를 빼내는 상황을 상상할 수 있는 일기들도 노획문서 안에 존재한다.

33) Ed Evanhoe, *Dark Moon, Eight Army Special Operations in the Korean War*, Naval Institute Press, Annapolis, Maryland 1995, pp.11~12.

34) Ben S. Malcom, *White Tigers, My Secret War in North Korea*, Washington/London Brassey's, 1996, p.28.

되고 적후 유격활동을 활발히 전개하기도 했다. 이 자료집에 포함된 신
KLO자료는 1951년 2월까지로 그 후의 것은 아직 기밀해제 되지 않았음으
로 기밀해제 되는 것을 기다리면서 그때 미국이나 한국에서 출판된 수많
은 KLO 관련책자 논설과 연계하여 속간 해설해 보려 하며 아울러 제10군
단의 블루보이(Blue Boy)활동도 첨부하려 한다.

이 자료집의 발간은 6·25전쟁 전 또 전쟁 중의 미군 측의 정보활동에,
전쟁 전개과정의 해명작업에 심대한 영향을 줄 것으로 믿는다.

필자는 과거 북한 빨치산문서의 발굴과 간행에 정성을 쏟았다. 똑 같은
심정으로 이들 대한민국의 애국자 즉 자신의 신념을 위하여 이름없이 쓰
러져 나간 군번없는 용사들에게 애정을 가지면서 자료발굴을 계속하려 한
다.

❖ 『KLO·TLO문서집(미극동군사령부 주한연락사무소)』(자료총서 28),
한림대학교 아시아문화연구소, 2000

미국 OSS의 한국독립운동 관련 자료 연구

1. 들어가기

제2차 대전기의 미국이라는 나라는 당시의 많은 한국인들에게 혹시나 민족해방을 가져다 줄 나라가 아닌가 하는 기대감과 애정의 대상이었다. 사실상 필자에게는 한미관계사에서 이 시기의 연구가 가장 마음이 편안한 시기이다. 특히 OSS의 연구가 그렇다.

OSS 즉 Office of Strategic Services는 한국어로는 전략첩보국(戰略諜報局) 정보전략처(情報戰略處) 또는 아예 전략국(戰略局)이라고 번역되기도 했는데 문자 그대로 번역하면 '전략적인 써비스(또는 공작)들을 수행하는 부처'가 된다. 그런데 첩보와 빨치산 및 사보타지활동을 병행하여 지도 전개하는 부처에 왜 '전략적'이라는 의미가 붙고 또 '첩보'라는 원문에 없는 어휘를 달아야 하는가? 필자는 한때 '기획공작국(企劃工作局)'이라고 명명하였었는데 이것은 strategy를 '전략' 이라는 의미로 파악하는 것보다 '책략'이라는 의미로 파악하였기 때문이다.[1] 그러나 일반 미국인 연구자들의 해석

---

[1] 방선주, 「미주지역에서 한국독립운동의 특성」, 『한국독립운동사연구』 제7집, 1993, 499~500 쪽에서 필자는 다음과 같이 적었다. '전략'이라는 번역이 유래한 strategy라는 말에는 군략 전략(戰略) 등 군사행동과 관련된 용의와 책략 계획 획책 등 stratagem을 의미하는 용법이 있다. OSS의 'strategic'의 용의는 이 기관의 성격상 후자와 연결시키는 것이 타당하다고 생각

은 'strategy'를 거시적 지구상의 지정학적인 '전략'을 수행하려는 기구로 파악하는 경향을 가졌다.[2] 그렇다 해도 '전략첩보국'이라는 번역이 가지는 의미는 제한적 성격과 애매 모호성을 지녔고, 미국 전문가들이 인정하는 데로 영문 어휘자체가 하나의 잘못된 명명(misnomer)일 수 있다. '전략적 공작국' 또는 '전략공작국'이라 번역하면 나름대로 명명자의 원의(原意)에 충실할 수 있겠으나 이 글에서는 보다 만족할 번역이 도출될 때까지 불편해도 OSS라고 약칭해 둔다.

OSS는 그 초창기부터 한국에 관심이 많았다. 1941년 7월 11일 대통령의 명령으로 창시되었는데, 당초의 이름은 Office of The Coordinator of Information의 약칭 COI였고, 필자는 정보조정처(情報調整處)라고 번역하기도 했다. 당시의 부서는 Foreign Information Service(FIS)와 Research & Analysis Branch(R&A)가 2대 골간이었고, 전자는 방송청취와 대외심리전방송을 취급했으며 후자는 정보자료의 연구분석을 취급했다.[3] 적후(敵後)공작(Special Operations, 약칭 SO) 부문과 첩보(Secret Intelligence, 약칭 SI) 부문은 아직도 기초를 다지는 단계였지만, 1942년 초기 아시아의 적 후방지역에서 게릴라전을 수행할 수 있게 100만 달러를 배당받고 합동참모본부의 재가를 받는 과정에서 이승만 박사의 오랜 친구 굿펠로우(Goodfellow) 대령이 SO를 맡게 되었다.

한다. 또 service라고 할 때 military service, diplomatic service, secret service 등 용어에서 보듯 공직부문 또는 공작부문을 의미할 것인바 OSS의 'Services'는 복수로서 심리전(MO), 연구분석부분(R&A), 첩보부문(SI), 특공(OG) 등 여러 분야가 포함됨으로 '첩보'만으로 한정시키는 것보다 이 기관의 행동성을 부각하는 의미에서 '공작'으로 포괄하여 '책략공작국'이라고 명명하는 것이 원의에 보다 충실할 것으로 생각된다. 그러나 '책략'이라는 말이 너무 원색적이므로 기도 획책한다는 비슷한 뜻을 살려 '기획공략국'이라고 이 기관의 성격을 참조하여 定名한다.

2) *The Secret War —The Office of Strategic Services in World War II* (1992)의 편자인 George C. Chalou 박사의 의견을 옮겼다.

3) Bradley F. Smith, *The Shadow Warriors : O.S.S. and the Origins of the C.I.A.*, New York: Basic Books, Inc., 1983, p.69 ; Lawrence H. McDonald, "The OSS and Its Records," in George C Chalou(ed), *The Secret War : The Office of Strategic Services in World War II*, Washington D.C: National Archives and Records Administration, 1992, pp.82~83 참조.

COI의 SO와 SI가 활동무대를 찾아 아시아의 여러 곳을 검토해 보았는데, 필리핀은 맥아더가 기득권을 주장하여 COI의 진출을 방어하였고, 따이 리 (戴笠)의 중국 정보당국은 자기들의 손안에 있다고 생각하는 한국독립운동 단체를 발판으로 삼으려 하는 COI를 방해하였고, 또 미 해군첩보부(ONI)는 COI보다 한발자국 앞서 따이 리와 손을 잡은 마일스(Milton Miles)를 파견하여 라이벌 정보기관의 진출을 견제하였다.[4] 그래서 COI는 먼저 버마에 진출할 수밖에 없었고 중국진출은 그 다음이 되었다. 대통령과의 친분을 무기로 자신들의 영역을 침범하는 도노반(Donovan)의 새 조직을 육해군의 정보기관과 록펠로우(Rockfellow)의 미주지역 사무조정처(Coordinator of Inter-American Affairs)가 반대하고 나섰다. 그러나 군부에서는 민간인 주도하의 적 후방 전복활동이 영국의 성공적인 선례로 보아 군인 주도보다 능률적이라고 인식하게 되어, 방송선전부문을 제외한 거의 모든 부문을 합동참모본부 산하에 두는 것을 제안하였다. 도노반도 자신의 조직이 오히려 외부의 간섭을 받지 않고 활동할 수 있게 될 것을 인식하여 이를 받아들이고, 1943년 6월 13일 대통령의 재가를 얻어 그 이름을 Office of Strategic Services로 발족시켰다. 또 이와 동시에 대통령은 선전방송과 전쟁홍보를 주체로 하는 Office of War Information(OWI)을 창립하였는데 미주교포들은 이 기관을 전시정보국(戰時情報局)이라고 불렀다. 재미교포들은 이상에 열거한 모든 기관들에 분산되어 일본어 번역 등 대일 공작에 종사하였다.

다음 도표는 OSS의 조직편성을 일목요연하게 보여준다.[5]

---

[4] Bradley Smith, op. cit., p.105, pp.129~133 ; Maochun Yu, *OSS In China : Prelude to Cold War*, New Haven: Yale University Press, 1996, Chapter 2 ; Milton E. Miles, *A Different Kind of War*, Garden City: New York, 1967, p.88 등 참조.

[5] Chalou, 앞의 책, Lawrence H. McDonald, op. cit., p.92 참조.

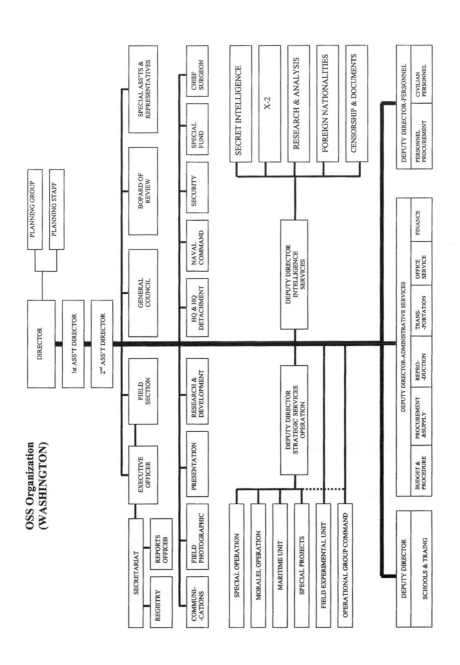

OSS Organization (WASHINGTON)

이 도표에서 주목되는 점은 도노반 국장 밑에 실질적인 공작을 전개할
두 개의 부문을 두고 각각 부국장 2명을 임명하였는데, 그것은 전략공작과
작전을 맡는 Strategic Services Operation(SSO) 부문과 정보공작을 맡는 Intelligence
Services 부문이었다. 전자에는 적의 후방에서 게릴라적전과 파괴활동을
하는 Special Operations(SO), 심리전 · 흑색선전 · 삐라의 제작과 살포 등을
관장하는 Morale Operation(MO), 해상공작조인 Maritime Unit(MU), 공작원훈
련소인 Field Experimental Unit(FEU), 특공대인 Operational Groups(OG)가
있었으며, 후자에는 첩자접선과 첩보수집의 Secret Intelligence(SI), 방첩을
관장하는 X-2, 자료의 연구 분석을 수행하는 Research and Analysis(R&A),
미국 안의 소수민족 연줄을 통해 정보수집활동을 하는 Foreign Nationalities
(FNB), 위장검열 · 정보정리를 수행하는 Censorship & Documents(CD) 부문
이 있었다. 미 국립문서관(National Archives and Records Administration)에서
볼 수 있는 자료에는 이들 약자들을 모르면 접근하기 힘든 면이 있으므로,
이 글에 나오는 문서 중에 보이는 약자는 이곳을 참조하기 바란다.

2. OSS문서의 구조

OSS에 관한 서적과 연구에 대한 목록은 곧 간행된다는 댄 핑크(Dan C.
Pinck)가 편집한 Starking the History of the Office of Strategic Services : An
OSS Biblography(Boston : OSS/Donovan Press, 2000)에 자세할 것이고, 한국
과 OSS에 관한 서적은 '납코' 한국침투작전에 관련된 아이플러(Eifler)기관
을 많이 서술한 책자 두 권 즉 Thomas N. Moon and Carl F. Eifler의 *The
Deadliest Colonel*(New York : Vantage Press, 1975)과 Tom Moon의 T*his Grim
and Savage Game : O.S.S. and the Beginning of U.S. Covert Operations in
WW*II(Los Angeles : Burning Gate Press, 1991)이 있을 뿐이다. 그러나 후자

는 '납코'에 직접 관련되지 않은 말단 OSS 101지대 대원의 눈과 귀로 보고 들은 이야기들을 서술하였기 때문에, 착오가 많아 조심스럽게 옥석을 구분할 필요가 있다. 또 위에서 인용한 Maochun Yu의 OSS In China는 중국에서의 한국독립운동과 '독수리작전'을 연구하려면 꼭 참고해야 할 연구서이다. OSS와 한국독립운동 특히 납코 작전에 대해서는 김계동(金啓東), 김우전, 필자 등의 글이 있다.[6]

위에 인용한 OSS 연구 서적이나 논문들은 예외 없이 본인의 회상, 증언 또는 미 국립문서관의 OSS 문서연구에서 얻어지고 있지만, 연구자로서 가장 믿을만한 자료원은 아무래도 OSS문서일 것이다.

미 국립문서관의 OSS자료 담당관 로렌스 맥도날드(Lawrence H. McDonald)에 의하면 1945년 9월의 OSS는 약 8100평방피트(feet)의 문서를 소유하고 있었다고 추측되는데, 1평방피트는 약 2500페이지가 된다하니 총 20,250,000매가 되었다는 이야기다. 여기에서 폐기한 것이 약 2000평방피트이고 1995년 현재 존재량이 약 4000평방피트로 평가되었었는데, 그중 약 3500피트가 기밀해제 되었고 중앙정보국에서 약 360평방피트를 계속 보유하고 있으며 국립공문서관도 약 220피트를 아직 기밀해제 못했다고 한다. 필자가 기밀해제신청 과정에서 체득한 바는 기밀해제 못한 많은 부분은 개개인의 권리보호차원이지 문서자체의 비밀성 때문이 아니다. 예를 들면 유일한(柳一韓)에 관한 문서 중 기밀해제 시켜 보면 별것 아닌 것들이 많았다. 국립공문서관에 들어간 OSS문서 중 기밀해제 된 것은 Record Group 226으로

---

6) 김계동, 「태평양전쟁기 미국의 한인부대 인천 남포침투 NAPKO 작전계획」, 『現代公論』, 1989 ; 방선주, 「아이프러機關과 在美韓人의 復國運動」, 인하대학교 한국학연구소, 『제2회 한국학 국제학술회의논문집 : 해방50주년, 세계 속의 한국학』, 1995 ; 방선주, 「美洲地域에서 韓國獨立運動의 特性」, 『한국독립운동사연구』 제7집, 1993 ; 김우전, 「韓國光復軍과 美軍OSS의 共同作戰에 관한 硏究」, 『韓民族獨立運動史論叢』, 탐구당, 1992 ; 김우전, 「光復軍 OSS 特攻訓練始末考察」, 한국민족운동사연구회 창립 8주년 총회 학술회의 발표문, 1992년 11월 20일 ; 그리고 필자는 현재 영문으로 『한국독립운동과 OSS』(假題)라는 책을 준비 중이다.

표시되어 약 14000상자에 들어갔다. 한 상자에 800매가량 들어가는데, 상자당 약 600매씩 넣었다고 계산하면 대략 앞뒤가 맞는다. 총목(總目) RG 226으로 구분된 OSS문서는 223의 지목(entry)으로 갈라져 있으며 연구자들의 방편을 위하여 각 지목의 상자 수, 소재7)를 일람표로 밑에 적는다.

부호 ($)은 약간 상세한 목록이 구비된 것이고, (^)은 컴퓨터목록이 있는 것이며, (M)은 마이크로필름으로 남은 것이다. Entry 1에서 86까지는 연구분석(R&A)이 주종(主宗)을 이루고 있으며 이것들은 국무부에 보관되었던 것들이다. 나머지가 미 중앙정보국에서 받아온 문서들이다.

또 지목(支目) 210에서 220번은 기밀해제 되지 않은 문서 중에서 선별적으로 2000년 9월에 해제된 것들인데 대부분은 독일 치하에서 핍박받은 유대인과 그 재산문제를 다루었고 지목(支目) 222는 중국 상해(上海) 공동조계(共同租界) 경찰국 문서 중의 유류(遺留)된 것과 납코작전의 Frazee 소좌 문서 등 7상자로 구성되었다. 상해 공동조계 경찰국 문서는 중공군이 1949년 상해에 입성하는 와중에 미 CIA가 총탄을 피해 선적하여 미국에 가져온 것이다. 여기에는 한국독립운동 문서가 상당분량 포함되어 있는데, 그 대부분은 OSS문서와 구분하여 분류되었다.

---

7) '所在'란 연구자가 문서관에 찾아가 자신이 직접 자료를 신청하려 할 때 어느 지목, 어느 상자를 일일이 표시해야하기 때문에 필요하다. 예를 들어 소재구역이 190이고 그 밑으로 세분하여 Row(서가행), Compartment(구획), Shelf(단)를 190/5/5/07로 기입하여 실무자들(technicians)에게 제출하면, 이것을 근거로 찾아 가지고 나와 연구자에게 줄 수 있다.

〈OSS 워싱턴본부 조직체계표〉

Entry	Title	Box Qty(1)	Location Stack190
	Entries 1-86 accessioned from the Department of State		
1	R+A : Office of the Chief : General Correspondence : 1942-1946	35	3/2/0.6
2	R+A : Office of the Chief : Correspondence Re : Civil Affairs Staging Area (CASA), Outpost at the Presidio, CA : 1945	2	3/3/04
2	R+A : Office of the Chief : Correspondence Re : Civil Affairs Staging Area (CASA), Outpost at the Presidio, CA : 1946	1	B/1/0.3
3	R+A : Office of Chief : Cablegrams Received by the COI : 1941-42	1	3/3/04
4	R+A : Office of the Chief : Dispatches Received from Helsinki, Madrid, Rio de Janeiro, Stockholm : 1941-42	4	3/3/04
5	R+A : Office of the Chief : Most Secrete Cables from OSS Outposts, 1942-44	5	3/3/05
6	R+A : Office of the Chief : Cablegrams to and from OSS Outposts : Algiers, Cairo, Caserta, Kandy, Kunming, London, New Delli, Paris, Det 101, Rome, Singapore, Stockholm, etc. 1942-44	14	3/3/05
7	R+A : Office of the Chief : Cronolog File of Cablegrams, 1942-44	3	3/3/07
8	R+A : Office of the Chief : R&A Reports : 1941-46	64	3/4/01
9	R+A : Office of the Chief : Reports & Studies Re : European Railroads & Bridges : 1942-43	3	3/5/03
10	R+A : Reports of the Joint Psychological Warfare Committee : 1942	1	3/5/03
11	R+A : Office of the Chief : Orders, Memos, Bulletins, Circulars & Instructions : 1943-1945	2	3/5/04
12	R+A : Notes of Economic Intelligence of British Ministry of Economic Warfare : 1942	1	3/504
13	R+A : Popolo Dltalia : Biographic Morgue Files	27	3/5/04
13A	R&A : Studies about Adolf Hitler	2	3/6/01
14	R+A : Name & Subject Card Index to Entry 16	436	3/6/01& 10/18/05
15	R+A : Descriptive (Accession) Lists of intelligence Reports in Entry 16	8	3/11/03
M16	R&A : Intelligence Reports (Regular Series) : 1941-1945. M1499 includes 50,869 of the 145,317 reports on 389 rolls of microfilm (Boxes 1-606)	1685	3/11/04& 10/18/06
16A	State Department charge-out cards formerly as records of : OSS R+A Regular Reports Series	2	10/18/04
17	R+A : Name & Subject Index Entries 19,21 &23	120	4/10/07

Entry	Title	Box Qty(1)	Location Stack190
18	R+A : Descriptive (Accession) Lists of Intelligence Reports in Entry 19	3	4/12/06
19	R+A : Intelligence Reports (XL Series) : 1941-1946	3470	4/12/06& 10/18/05
19	Intelligence Reports (XL Series) : 1941-1946	210	B/1/4
19	R&A : XL Reports : Index	7	4/22/04& 10/18/05
19	R&A : Intelligence Reports (XL Series) 1941-1946 Interfiles	13	2/22/05
19	R+A : Intelligence Reports (XL Series) : USSR Segment	15	4/23/02
19	R&A : Intelligence Reports (XL Series) POSSibly Relating to Oil	10	4/23/04
20	R&A : Descriptive (Accession) Lists of Intelligence Reports in Entry 21	4	4/23/05
21	R&A : Intelligence Reports (L Series) : 1941-1945	457	4/23/06
22	R&A : Descriptive (Accession) Lists of Intelligence Reports in Entry 23	2	4/33/02
23	R&A : Intelligence Reports Re : Enemy Logistics (Order of Battle Series):1941-45	231	4/33/03
24	R&A : Card Abstracts of Intelligence in Regular, L, & XL series reports relating to conditions and events in Europe.	23	5/3/031
25	R&A : Survey of Foreign Experts : Interviews with Refugees Residing in US, 1942-1943. Reports arranged by dissemination A Number, 1942-1945	11	5/3/03
26	R&A : Cross-reference Cards to Unident Reports Re : European and Asian Countries, 1942-1945	27	5/3/05
27	R&A : Economic Division : Correspondence of Chief, 1941-1944	2	5/3/07
28	R&A : Economic Division : Correspondence and reports, 1942-1944	1	5/4/01
29	R&A : Economic Division : Reports on German industrial resources, 1941-1942	0.5	5/4/01
30	R&A : Economic Division : Reports on Recovery of Looted Art Treasurers in Germany, 1940-1945	0.5	5/4/01
31	R&A : Economic Division : Reports on Agricultural conditions in Europe and North Africa, 1941-1944	1	5/4/01
32	R&A : Economic Division : Reports on German Manpower, 1942-1944	1.33	5/4/01
33	R+A : Military Supplies of Axis	1	5/4/02
34	R&A : Economic Division : Industrial Resources of Axis Powers, 1942-1944	0.33	5/4/01
35	R&A : Economic Division : German Trading and Shipping	0.33	5/4/01

Entry	Title	Box Qty(1)	Location Stack190
36	R&A : Economic Division : Economic Conditions and Industrial Conditions in Germany, 1943-44	0.33	5/4/02
37	R&A : Europe/Africa Division : Correspondence of Division Chief	7	5/4/02
38	R&A : Europe/Africa Division : General Correspondence : 1941-1945	6	5/4/03
39	R&A : Europe/Africa Division : Correspondence Re:Outposts, 1942-1945	3	5/4/04
40	R&A : Europe/Africa Division : Reports on conditions in Europe and Africa, 1942-1945	2	5/4/04
41	R&A : Europe/Africa Division : Cablegrams to and from Outposts, 1944-1945	1	5/4/04
42	R&A : Europe/Africa Division : Monthly Progress Reports : September 1943-June 1945	1	5/4/04
43	R&A : Europe/Africa Division : Reports of Interviews with important foreigners, 1945	1	5/4/04
44	R&A : Europe/Africa Division : Civil Affairs Guides on France and Germany, 1944-1945	8	5/4/05
45	R&A : Europe/Africa Division : Outposts Information Letters, 1943-1945	1	5/4/06
46	R+A : Europe/Africa Division : Algiers Outpost, 1943-1944	1	5/4/06
47	R+A : Europe/Africa Division : Balkan Activities, 1944-1946	2	5/4/06
48	R&A : Europe/Africa Division : Cairo Outposts, 1944-1945	2	5/4/06
49	R&A : Europe/Africa Division : Outposts in France, 1944-1945	2	5/4/07
50	R&A : Europe/Africa Division : Outposts in Germany, 1945	1	5/4/07
51	R&A : Europe/Africa Division : Outposts in Italy, 1943-1945	3	5/4/07
52	R&A : Europe/Africa Division : London Outposts, 1944-1945	5	5/5/01
53	R&A : Far East Division : Correspondence with Outposts, 1942-1946	7	5/5/01
54	R&A : Far East Division : Security Classified Records, Far East, 1944-1945	1	5/5/02
55	R&A : Far East Division : China and Formosa, 1941-1946	4	5/5/02
56	R&A : Latin America Division : Biweekly Sitreps, 1944-1945	2	5/5/03
57	R&A : Latin America Division : Correspondence and Photos of Fritz Ehemann, German merchant in Venezuela, 1897-1925	1	5/5/03
57A	R&A : Psychological Division : Reading File, July-December 1942	1	5/5/03
57B	R&A : Psychological Division : Reports : 1-56, 1941-1942	1	5/5/04
57C	R&A : Psychological Division : Research Memos	0.5	5/5/04
57D	R&A : Psychological Division : Budget Records, 1942	0.5	5/5/04

Entry	Title	Box Qty(1)	Location Stack190
58	R&A : Board of Analysis : Minutes of Meetings, 1941-1943	1	5/5/04
59	R&A : Project Committee : Minutes of Meetings : 1942-1946	4	5/5/04
60	R&A : Project Committee : Correspondence : 1943-1945	1	5/5/05
61	R&A : Interdepartmental Committee : New Delhi outpost, Correspondence : 1944-1945	1	5/5/05
62	R&A : Interdepartmental Committee : New Delhi Outpost : Reports SEA, 1944-1945	2	5/5/05
63	R&A : Interdepartmental Committee for Acquisition of Foreign Publications : Stockholm Outpost Correspondence, 1942-1945	1	5/5/05
64	R&A : Interdepartmental Committee for Acquisition of Foreign Publications : Correspondence about acquisition from Washington, London, Paris, 1942--1945	1	5/5/05
65	R&A : Interdepartmental Committee for Acquisition of Foreign Publications : Correspondence of persona ; and finance matters, 1943-1945	1	5/5/05
66	R&A : Interdepartmental Committee for Acquisition of Foreign Publications : Stockholm Outpost : German POW Interrogation reports about art, archives and publications in Germany, 1944-1945	1	5/5/06
67	R&A : Interdepartmental Committee for Acquisition of Foreign Publications : Stockholm Outpost : Monthly Reports, 1943-1945	1	5/5/06
68	R&A : Interdepartmental Committee for Acquisition of Foreign Publications : Stockholm Outpost : Card File of publications sent to Washington & London 1943-1945	8	5/5/06
69	R&A : Interdepartmental Committee for Acquisition of Foreign Publications : Stockholm Outpost : Card File of newspapers and periodicals sent to Washington	1	5/5/06
70	R&A : Interdepartmental Committee for Acquisition of Foreign Publications : Stockholm Outpost : List of German Periodicals Maintained by the Stockholm Outpost, 1944	1	5/5/06
71	R&A : Interdepartmental Committee for Acquisition of Foreign Publications : Stockholm Outpost : Lists of Foreign Publications Microfilmed, 1942-1945	2	5/5/07
72	R&A : Interdepartmental Committee for Acquisition of Foreign Publications : Stockholm Outpost : Swedish Language Newspaper Clippings and Related Material, 1943-1945	3	5/5/07
73	R+A : ETO General Correspondence, 1944-1945	8	5/6/01
74	R+A : ETO Correspondence of Branch Chief, 1943-1945	3	5/6/02
75	R+A : ETO Correspondence Deputy Branch Chief, 1942-1945	4	5/6/02

Entry	Title	Box Qty(1)	Location Stack190
76	R+A : ETO Correspondence of Biological Records Division, 1944-1945	1	5/6/03
77	R+A : ETO Correspondence of Enemy Objectives Unit of the Economic Warfare Division, 1943-1945	6	5/6/03
78	R+A : ETO Correspondence of London Joint Target Group, 1944	1	5/6/04
79	R+A : ETO Reports of Working Committee of the London Joint Target Oil Target Committee, 1944	1	5/6/04
80	R+A : ETO London Joint Oil Target Committee, 1944-1945	1	5/6/04
81	R+A : ETO OSS Mission to Germany, 1944-1945	3	5/6/04
82	R+A : ETO OSS Mission to France : France Political and Economic Conditions, 1945	1	5/6/04
83	R+A : MEDTO Correspondence, 1943-1945	2	5/6/04
84	R+A : China Theater Correspondence, 1944-1945	2	5/6/05
85	Visual Presentation Branch Files, 1942-1945	45	5/6/05
86	Foreign Nationalities Branch Correspondence, 1941-45	1	5//7/04
Entries 87-223 (CIA OSS Archives)			
$87	Austrian Application for Nazi Membership	116	5/7/05
^$88	Overseas Cable File	668	5/9/05
$89	Records Relating to Italian Intelligence Personalities	59	5/23/03
^$90	Records of the Washington Radio & Cables and Field Photo Branch	44	5/24/04
M^$91	Records of the Washington Radio & Cables and Field Photo Branch	5	5/23/03
^$92	History of the London Office OSS (M1623) (Ten rolls)	34	5/25/05
^$92	COI/OSS Central Files	640	5/26/02
^$92A	COI/OSS Central Files	125	40/19/01
92B	COI/OSS Central Files (Withdrawn for Privilege)	115	6/4/03
94	CIG/CIA Organization Charts (Not Accessioned)		
M^$95	Records of the Combined Intelligence Committee/JIC (M1642)	10	6/6/05
^$96	Record of the Washington Comunications Office	2	6/6/07
^$97	Algiers File	45	6/6/07
^$98	Pictorial records Section Correspondence	104	6/7/06
^$99	OSS History Office Collection (WASH-HIST-OP-23)	142	6/9/07
M^$100	Record of the Foreign Nationalities Branch (C0002)	132	6/12/07
^$101	Records of the Jedburgh Teams	3	6/15/04

Entry	Title	Box Qty(1)	Location Stack190
^$101	Records of the Jedburgh Teams	1	B/6/5
^$102	Burma File	4	6/15/05
^$103	Records of the Special Forces & Jedburgh Mission Reports	5	6/15/06
^$104	Communications Chronological File	1	6/15/06
^$105	Records Relating to a Survey of Foreign Experts	32	6/16/04
^$106	Records of the New York Secret Intelligence Branch	83	6/18/02
^$107	Records Relating to a Survey of Foreign Experts	11	6/18/03
^$107A	Records Relating to a Survey of Foreign Experts (Withdrawn during screening)	1	6/18/03
^$108	Washington Registry SI Field Files	462	6/18/04
^$108A	Washington Registry SI Field Files	289	6/28/01
^$108B	Washington Registry SI Field Files	320	6/33/07
^$108C	Washington Registry SI Field Files	22	7/5/04
^$108D	Washington Registry SI Field Files	3	40/21/05
^$108E	Washington Registry SI Field Files	3	40/21/05
^$109	Washington Registry X-2 Intelligence Files	124	7/5/07
^$110	Field Intelligence Reports : Theater Officer Correspondence, Draft Histories	53	7/8/04
^$110A	New Delhi X-2 Intelligence File	15	7/9/04
^$111	Secret Intelligence A Reports	5	40/21/05
^$112	Propaganda Samples	1	B/6/6
^$113	Washington R+D/CD Records	7	7/9/07
114	Photocopies of Donovan files (Duplicates Washington Directors Office Files, and were destroyed at CIA)		
^$115	London Field Station Files	52	7/10/01
M^$116	Records of the Office of the Director, OSS (M1642)	7	7/11/01
^$117	Records Relating to Special Devices	2	7/11/02
^$118	Washington COI/OSS Accession Logs	24	7/11/02
^$118A	Washington COI/OSS Accession Logs	6	7/11/06
^$119	London X-2 Files	29	7/11/07
^$119A	London X-2 Files	92	40/21/07
^$120	Washington CI & Technical Services Staff files	46	7/12/04
^$120A	Washington CI & Technical Services Staff files	26	7/13/04
^$121	Field Station Radio & Cable Files	140	7/13/07

Entry	Title	Box Qty(1)	Location Stack190
^$121A	Field Station Radio & Cable Files	6	7/13/06
^$122	Miscellaneous X-2 Files	6	7/16/07
^$123	Field Station Files : Bern & Madrid	18	7/16/01
^$124	Field Station Files : Athens, Austria, Barcelona, Heidelburg, Bern, Lisbon, London & Caserta and Washington X-2 Files	32	7/17/04
^$125	Field Station Files : Bern, Stockholm & Caserta	59	7/18/01
^$125A	Stockholm X-2 Personalities Files	7	7/17/04
^$126	Caserta X-2 Personalities Files	74	7/18/01
^$126A	Caserta X-2 Personalities Files	3	7/19/03
^$127	Madrid X-2 and SI Files	33	7/19/04
^$128	Field Station Files : Paris (1940-1945, 1947 & 1950)	25	B/6/06
^$129	Cables Logs (A Reports)	4	7/20/07
^$130	Budget Data for COI, OSS, & SSU and Field Photo Negatives	1-3 4	7/22/02B/6/7
^$131	Washington /Field Station Files, Administrative and Support Records Cables	21	7/22/03
^$131A	Records Relating to Emergency Rescue Equipment (ERE)	9	7/22/06
^$132	Records Washington Service Branch (AD, EQ, FIN, CD, PRO)	59	7/22/06
^$133	Washington R+D & MU Registry Office Chronological File and Washington Field Photo Branch & FIN Records	171	7/24/01
^$133A	Washington Registry Office A Dissemination Card Index	7	7/27/04
^$134	Washington Registry Office Radio & Cable Files	372	7/27/06
^$134A	Washington R+D Registry Office Radio & Cable Files	9	7/34/07
^$134B	Washington R+D Registry Office Radio & Cable Files	2	40/23/07
^$135	Records of the Washington Communications Branch	86	7/35/02
^$136	Washington and Field Station Files : Algiers, Austria, Bari, Burma, Cairo, Calcutta, Caserta, Denmark, Kunming, London, Paris & New York	187	8/2/01
^$136A	Donald Downes Papers	10	8/5/06
^$137	Washington Secretariat & SI Records	27	8/6/01
^$138	Washington X-2 Branch Records	4	8/6/05
^$139	Washington and Field Station Files : Cairo, Calcutta, Caserta, Honolulu, New York, Paris, Singapore & Stockholm	298	8/6/06
^$139A	Washington and Field Files:	18	8/13/01
^$140A	Washington, Public Coast, Honolulu, Kunming, Caserta & Norway Field Station Files	94	8/13/03

Entry	Title	Box Qty(1)	Location Stack190
^$141	Washington Personnel, Project & Research Records	6	8/15/03
^$141A	Washington Personnel, Project & Research Records	19	40/23/07
^$142	New York Secret Intelligence Branch Records	5	8/15/04
^$143	Field Station Files : Calcutta & Caserta	14	8/15/05
^$144	Field Station Files : Algiers, Austria, Bari, Belgium, Burma, Cairo & Calcutta	138	8/15/07
^$144A	Washington Secretariat Personnel Files	6	8/18/06
^$145	Research & Analysis Chief Files ; R+D Sample Books ; German Press Extracts and Reports	107	8/18/06
^$145A	Research & Analysis Chief Files	1	8/20/07
^$146	Miscellaneous Washington Files : Budget & Finance ; CD ; General Counsel ; History Project : Intelligence Service ; R+A ; R+D ; Secretariate ; Security ; SO ; and SSO	267	8/20/07
^$146A	Miscellaneous Washington Files : (AD, PERS, NAV COM, FIN, MAPS, SI)	28	8/26/04
^$146B	Washington Personal Files	2	40/24/03
^$147	New York and London Files : (AD, X-2. PERS)	10	8/26/07
^$148	Field Station Files : Chungking, Dakar, Holland, Istanbul, Kandy, Kunming, Lisbon, London, New York, Paris, Pretoria, Singapore, Stockholm and Tangier	136	8/27/02
^$149	New York Station : Survey of Foreign Experts Records	1	8/29/07
150	R+D Production Records	(-.05)	
151	Washington Research & Analysis Branch : Map Procurement & Cataloging Records	(-.05)	
^$152	Washington Research & Analysis Branch : Map Procurement & Cataloging Records	4	8/29/07
^$153	Washington Research & Analysis Branch Records (Duplicate Records)	14	8/30/01
M153A	SSU Intelligence reports : 1946 (M1656) (Five rolls)	9	8/30/03
^$153B	FBI/SSU Intelligence Reports : 1946 (Latin America)	8	40/24/03
^$154	Field Station Files : Bari, Bucharest, Burma, Cairo, Caserta, Kandy and Kunming	218	8/30/04
^$154A	Field Station Files : Casablanca	3	40/24/03
^$155	Washington R+D/CD Records	4	8/35/01
^$156	Secret Intelligence Branch Indices	275	8/35/02
^$157	New York George Office Records	20	9/4/03
^$158	Seventh Army Records	10	9/4/06

Entry	Title	Box Qty(1)	Location Stack190
^$159	New York Secret Intelligence Branch Records	7	9/4/07
^$160	New York Secret Intelligence Branch Records	39	9/5/02
^$160A	New York Secret Intelligence Branch Records	22	9/5/07
^$161	Schools % Training (S+T) Branch Records	12	9/6/03
M^$162	Records of the Directors Office : Minutes and Correspondence with the Navy, State and War Departments and with FDR and HST (M1642)	9	9/6/05
163	General Magruder and Papers	(-1)	
^$164	Research & Analysis Branch : Map Procurement (Combined with entry 152)		8/30/01
^$165	Records of OSS Operations : Mediterranean & Burma	44	9/6.06
^$165A	Records of OSS Operation:	12	9/7/06
^$M166	Records Relating to US Military Government of Korea and Photos of Mexico (1943-47) (P2267) Positive	1	9/7/07
167	Miscellaneous Top Secret Reports File	(-1)	
^$168	Field Station Files : Kandy, Kunming, London, Madrid, New York, Paris, Shanghai, Singapore and Stockholm	95	9/9/01
^$168A	Field Station Files:	16	9/9/07
^169	Records of Washington/London Special Funds Branch	16	9/10/02
^$169A	Records of Washington/London Special Funds Branch	32	40/24/05
170	SSU Liaison Control of Records	(-0.3)	
^$171	Washington X-2 Personalities Files	52	9/10/05
^$171A	Washington X-2 Personalities Files	80	9/11/05
^$172	Cairo SI/X-2 Branch Records	10	9/13/03
^$173	Washington : OSS Official Subject Records	12	9/13/04
173A	Washington : OSS Official Subject Records : (WASH-SEC-PERS-10 & WASH-SI-PERS-4)	2	9/13/06
^$174	Rome X-2 Branch Records (J. Angleton)	284	9/13/06
^175	Records of the Research & Analysis Branch : Latin American Section	2	9/19/05
^$176	Washington X-2 Records	2	9/19/05
^$177	Washington Research & Analysis and State OIR Records	15	9/19/06
^$178	Washington Research & Analysis Files	4	9/20/01
179	OSS Miscellaneous Files	(-0.3)	
^$180	Director OSS official Files : 190 Microfilm Rolls (A3304)	12	9/20/01

Entry	Title	Box Qty(1)	Location Stack190
180A	Director OSS official Files : (duplicate Negatives)	6	9/20/04
181	Microfilmed Official OSS Records	(-4)	
^$182	Shanghai Intelligence Files	51	9/20/05
^$182A	Shanghai Intelligence Files	19	9/21/05
^$183	Washington SI/Special Funds Records	35	9/22/01
^$183A	Washington SI/Special Funds Records	1	40/25/03
^$184	Washington-OSS Records	1	9/22/06
^$184A	Washington-OSS Records	6	9/22/06
M^$185	Washington-OSS Commo Office Records	1	9/22/07
186	Washington-OSS Commo Office Records	(-2)	
187	Washington-OSS Commo Office Records	(-2)	
188	Washington-OSS Commo Office Records : (RND/NSA) (ULTRA Decrypts)	32	9/22/07
189	Washington-OSS Commo Office Records	(-2)	
^$190	Field Station Files : Athens, Bari, Burma, Cairo, Calcutta, Casablanca, Caserta, Heidelberg, Kunming, Lison, London, Madrid, Paris and Rome	742	9/24/01
190	Field Station Files (Withheld for privilege)	1	10/4/07
^$190A	Records Relating to Resistance History (WASH-REG-INT-1-19)	30	10/4/02
^$190B	Records Relating to Resistance History : (1-4 : CASERTA-SI ; 4-8 : KUNMING-SEG ; 9-22 : PARIS-SO & X-2 ; 22-36 : WASH-OSS & X-2)	36	10/4/07
^$190C	Field Station Files : Bern	15	40/25/03
^$191	Records Relating to the Research & Analysis Jewish Desk	4	10/5/05
191A	Dwork Papers : RG 200	29	
^$192	OSS/SSU Miscellaneous Records	5	10/5/6
M^$193	Boston Series (M1740)	5	10/5/7
^$194	Washington and Field Station Files : Algiers, Athens, Austria, Bari, Bern, Burma, Cairo, Calcutta, Casablanca, Chungking, Heidelberg, Istanbul, Kandy, Kunming, London, Madrid, New Delhi, new York, PCA, Paris, Prague, Rome, Shanghai, Singapore and Stockholm	163	10/5/7
^$195	Washington Office Property Board Records	5	10/9/03
^$196	Washington Office Item Previously Withheld	115	10/9/03
^$197	Field Station Special Funds Finance Records (KUNMING-SP FUNDS-FIN-1/20)	52	10/11/06
^$197A	Field Station Special Funds Finance Records	125	40/25//05

Entry	Title	Box Qty(1)	Location Stack190
^$198	Miscellaneous Records (ROME-X-2-OP-2)	2	10/12/06
^$199	Field Station Special Funds Records : ((1-3 : Austria ; 4-17 : Bari ; 17-42 : Bern ; 42-45 : Bucharest ; 46-109 : Burma ; 110-157 : Cario ; 159-175 : Calcutta ; 176 : Chungking ; 177-182 : Heidelberg ; 183-200 : Istanbul ; 200-241 : Kandy))	241	10/12/06
^$200	Washington and Field Station Files : Bern, Kunming, London, Madrid, New York, Paris and Singapore	15	10/17/06
^$201	Records to be interfiled	9	40/28/02
^$202	New York SI ; Madrid X-2 ; Washington Dir off	4	40/28/03
203	Master Index Guide cards	2	10/18/01
204	Miscellaneous Index Cards	4	10/18/02
205	Repeater Indexes	13	10/18/02
^$206	Washington-R+A Reports	1	10/18/04
^$207	Field Files : Stockholm-IDC	2	10/18/04
^$208	Washington Property Board : Casablanca	1	10/18/04
^$209	OSS Miscellaneous Records	1	40/28/05
210	Previously Withdrawn Documents (Entry A1-170)	556	%64/21/01
211	Previously Withdrawn Documents (Entry A1-171)	50	%64/21/05
212	Previously Withdrawn Documents (Entry A1-172)	6	%64/33/05
213	Previously Withdrawn Documents (Entry A1-173)	3	%64/33/06
214	Previously Withdrawn Documents (Entry A1-174)	7	%64/33/06
215	Previously Withdrawn Documents (Entry A1-175)	11	%64/33/07
216	Previously Withdrawn Documents (Entry A1-176)	10	%64/34/02
217	Previously Withdrawn Documents (Entry A1-177)	3	%64/34/03
218	Previously Withdrawn Documents (Entry A1-178)	2	%64/34/03
219	Previously Withdrawn Documents (Entry A1-179)	4	%64/34/04
220	Previously Withdrawn Documents (Entry A1-180)	3	%64/34/04
211	R+A Materials	2	40/28/05
222	Shanghai Municipal Police ; Major Frazee ; and other records	7	40/28/05
223	Classified British Intercept of German communications, particularly in the Balkans : 1943-1945 (This Entry is Boxes 450, 451, 453 & 454 of entry 210)	4	4/12/01 Vault630
	Non-record copies of Propaganda Sample Books	6	B/6/04
	Reference Microfilm of File 115406 (Series 16)	1	10/18/04

OSS문서의 길잡이로는 위에 인용한 지목 외에 공문서관에서 자원 연구자의 도움과 자체 인력으로 다음과 같은 것들을 비치해 놓고 있다. 즉 Point of Origin, Branch, Record Type, Code, Personal Name, Topical Index, Director's Office(M1642)의 목록, OSS Personnel List 등인데 마지막 'OSS요원 명단'에 나타난 한인 이름을 검토하여 본다면 그 명단이 상당히 불충분한 것을 알 수 있다.

3. 한국독립운동 관련 문서의 전개

OSS문서는 동일한 문서라도 여러 지목의 다른 상자에 따로 복사되어 수용되어 있기도 하다. 그래서 항상 중복 복사문제가 일어나지 않을 수 없다. 필자에게는 국사편찬위원회가 소유하고 있는 OSS문서와 보훈처에 들어가 있는 문서와는 별도로 필자의 책을 위하여 가지고 있는 자료가 있다. 필자에게는 1998년 11월 4일에는 미 중앙정보국에서 직접 기밀해제 하여 준 문건들이 있었고, 2000년 9월에도 새로 기밀해제 되어 나온 문건들이 있어, 이들 필자가 가지고 있는 자료 중에서 한국독립운동과 직접 관련된 문서만 골라 OSS문서목록을 보충하려 한다.

이것을 국사편찬위원회에서 간행한 『한국독립운동사자료』 제22~25권의 내용목록과 대조하면서 참작한다면 OSS 한국독립운동 관련문서의 약 80%는 확보한 것이 되리라 짐작한다. 다시 말하자면 OSS가 간여한 '납코'와 '독수리'작전, 그리고 중경과 미주의 한인 독립운동 단체들에 대한 정보들은 국편 목록과 이 목록을 보면 그 내용을 상당 정도로 알 수 있다는 것이며 상호 보충적이라는 것이다. 예를 들면 국편 자료집 제22권에 수록한 독수리작전을 위하여 서안으로 이동한 한인에 관한 문건 제77번과 83번은 본문만 소개하였지만, 이곳에서는 다른 지목에서 얻은 명단까지 보충할 수 있었다.

그러면 아직 기밀해제 되지 않은, 또 이 목록과 국사편찬위원회의 자료
집에 나오지 않은 문서는 어떤 종류의 것들일까? 첫째로, 기밀해제 된지
오래이나 찾지 못한 것이 많을 것은 자명하다. 그 이유는 OSS문서의 분류
법에서 찾을 수 있다. 14,000상자를 모두 열람한다면 모르겠지만, 필자를
포함하여 모든 상자를 열어 볼 시간을 가진 연구자들이 없었을 것이다. 둘
째로, 국립문서관에서 자기들 재량으로 기밀해제 안한 것, 또 중앙정보국
이 계속 가지고 있는 것들이 약 1,450,000매가 될 것으로 추산하며, 이것들
은 주로 기밀해제신청을 제출하는 과정에서 얻을 가능성이 없지 않다. 2000
년 9월에 기밀해제 된 문건들은 독일 내의 유태인 재산문제가 중심이지만
(Entry 211-220) 한인독립운동에 관한 것도 다소 있어 이것들은 별표를 달
아 소개한다. 셋째로 기밀해제 되지 않은 문서들의 대부분은 관련인사가
아직 생존해 있다고 생각되는 시점에서 그들의 사생활(privacy)을 보호하
는 차원으로 이루어지는 것이 상식이다. 예를 하나 들면, 1945년 6월 13일
임시정부에서 이(李)와 장(張)씨 성을 가진 2인의 지하공작원을 보내는데
여기에 편승하자는 편지 두 장이 기밀해제 되었다. 만일 이 편지에 딸린
2인의 지하공작 '전문가'를 소개하는 편지가 개인의 특수사정을 폭로할 우
려가 있다면 이는 아마 기밀해제 되지 않았을 것이다. 즉 아직도 나오지
않은 문건들은 대단한 기밀사항 때문에 못 나오는 것이 아니라, 주로 개인
의 권익을 존중한다는 차원에서 나오지 않고 있는 것으로 생각된다. 수년
전 필자는 유일한선생의 개인기록 한철을 기밀해제 받았는데, 이는 기밀
해제의 목적이 그의 행적을 선양하기 위한 차원이었기 때문인 것으로 사
료된다.

이하 필자의 자료를 대별하면 미국교포의 독립운동, 미국교포를 중심으
로 한 냅코작전, 중국한인의 독립운동, 한미 합동 독수리작전, 버마에서의
한국관련 문서 등이 되겠지만 모두 연대별로 나열하고, 해군정보기관과

같이 RG 226, 즉 OSS당(檔)이 아닌 다른 곳에서 나온 자료는 설명을 약간 더 붙인다. 문서 중에는 제목이 붙은 것이 있고 안 붙은 것이 있어, 일률적으로 먼저 문서 내용을 소화한 후 영어로 내용 적요를 만드는 형식을 취하였다. 즉 제목은 거의 필자가 만든 것이다. 유념할 것은 R&A 부처에서 만든 카드에 담긴 방대한 한국과 한국독립운동에 관한 자료는 이곳에서 소개하지 않는다.

이하 OSS문서에서 사용되는 약자들을 소개한다. CBI(China-Burma-India Theater), IBT(India-Burma Theater), MID(Military Intelligence Division, War Dept), ONI(Office of Naval Intelligence), POA(Pacific Ocean Areas), 109(OSS국장 Donovan의 대호(代号), WJD라는 두문자(頭文字)로도 대칭(代替)함), WD(War Department), 101(OSS 버마지대), 202(OSS 중국지대), 203(OSS 서안 파견대로 짐작), 303(OSS New Delhi지국), 404(OSS 인도 총부 Kandy 소재), 505(OSS Calcutta파견대).

1941/12/23	Larson and Underwood Plan to organize a revolt in Manchuria and Korea. Goodfellow Paper Box 4, Folder 1, Hoover Institution, 2pp
1942/1/7	Further discussion of the Larson and Underwood scheme(W-159) Goodfellow Paper Box 4, Folder 1, 2pp
1942/1/24	Real Goal of Gale Mission to Chingking : Using Koreans in SI Works (Donovan to Roosevelt) Military History Institute, 〈COIO Reports to the White House Vol 1A〉 2pp
1942/1/27	Scheme "Olivia" to penetrate Jap occupied areas including Korea(DePass, Jr to Donovan) Goodfellow Paper Box 4, Folder 1, 5pp.
1942/2/5	Order to the Chungking Post as Special Representative of COI in Far East (Donovan to Esson Gale) 1p M1642

1945/2/5?   Asking State Dept to give Gale the Tile : Special Assistant to the
            Ambassador(Donovan to Howland Shaw) 1p

1942/9/15   *COI Interested in the Visit of US by Kim Koo, Tjosowang &
            David Y.C. An(Kimbel to Travers, Visa Div., State Dept.) 4pp
            E 210 Box 324

1942/11/10 Project FE-4 Korean Group, Response to Dr. Rhee's Request to
            send Korean American to China(Huntington, Jr. to Murphy) 1p

1943/4/23   Request of Assignment : 8 Korean Enlisted Men to the Military
            Intelligence Training Center, Camp Ritchie, Maryland and
            Rejection(between Donovan and Col. Banfill) ; 3 Communications
            3pp M1642 Roll 79 F122-124

1943/6/4   A Report on "Korea : The Other Ally of the Orient"(Hoffmann
            to Donovan) 1p M1642 R66 F229

1943/6/15   Korean Situation : How the American Koreans could be used
            (Hoffmann to Donovan 2pp M1642 Roll 66 F272-273

1943/6/16   Meeting Held Wed. June 16, 1943 at Gen. Stillwell's Home
            Discussing OSS. Miles(ONI, China) wanted to use Koreans. 4pp

1943/9/10   Haan Kilsoo objects New Ilhan's memorandum to OSS(Haan to
            Donovan) 4pp M1642 Roll 66 F225-228

1943/9/29   Rhee on behalf on Provisional Govt requests a half million
            dollars for training 500-1000 Koreans in China-with itemization(Rhee
            to Lend-Lease Administration) 4pp

1943/10/29 Stimson, Secretary of War suggests Rhee to contact with Military
            Attache of the Chinese Embassy for his offer of sabotage and
            espionage by Koreans. 1p M1642 R66 F 253

1943/11/2   Syngman Rhee's Letter to Col. Hsiao 4pp E190 Box 413

1943/11/10   Rhee Proposal met with interest for the FE Theater Officer(Bott to Putzell, OSS) 1p M1642 R66 250

1943/11/20   Negative view of Rhee communication(Buxton, Acting director OSS to Royal, JCS) Attachment : Buxton's letter to Crowley 5pp

1943/12/14   *Investigation of the Korean Resident in New York, Father Laurent Youn (OSS File) 34pp E210 Box 411

1943/?/?   SI & X-2, OSS : Report from Far East(RG 38, Records of the Office of the Chief of Naval Operations, ONI, Sabotage, Espionage, Counterespionage Section, Oriental Desk, 1939-46, Box 6. 이 논문은 아직 OSS문서 중에서는 찾지 못했다. 기밀해제 되지 않은 듯 하다. 저자 미상.

1944/6/17   Qualifications of personnel Assigned to Field Experimental Unit(Frazee to Donovan) ; Eifler, Richmond, Curl, Frazee, Echols etc. 6pp

1944/7/18   Rhee's Proposal : Use of Korean POW Against Japan(Rhee to JCS) 2pp

1944/7/19   Request for Comments to Rhee Proposal(JCS, McFarland to Donovan) 1p

1944/7/22   Koreans can be trained by OSS(Goodfellow to Donovan) 2pp

1944/7/27   It is inexpedient to work with Dr. Rhee(Buxton to Donovan) 1p

1944/7/30   Donovan's Reply to JCS 2pp

1944/7/31   How to use Koreans(State Department's view, to Berle) 4pp

1944/8/2   Discussing how to use Koreans with the State Dept(Kimbel to Donovan) 1p

1944/8/5   Formal Reply fo JCS to Rhee Proposal(McFarland to Rhee) 1p M1642 Roll 66 F 246-248

1944/9/4   A Korean POW Nurse Interrogation Report(OWI, Psychological Warfare Team, attached to US Army Forces CBI JPOW # 48(E 154 Box 101)

1944/9/7   Recruiting 이태모 etc.(Victor to Frazee) 1p E90 Box 1

1944/11/4   List of Koreans in America for the Possible Recruits for Napko Project(Frazee to Roberts) 3pp

1944/11/10   Martin Scott's memorandum : Recognition of Korean Independence and Its Effect on the War(Scott to Major Frazee) 8pp

1944/12/21   Ki Buck Park was assigned to New Delhi(TEKHL, New Delhi to OSS) 1p

1944/12/22   Compensation of Korean Recruited by FE-SI(Sears to Donovan) 5pp, Roll 38

1944/12/27   Instruct Ki Buck Park to come to FEU(OSS to New Delhi) 1p E90 Box 1

1944/12/30   Ki B Park left New Delhi for Washington(New Delhi to Washington) 1p

1944/?/?   Translation of Leaflets and Photographs of Leaflets Made for Koreans in Japanese Army(OSS got from Korean Commission) 8pp

1945/1   Personnel Records File of New Ilhan(유일한) 23pp

1945/1/15   North China Intelligence Project : Draft Proposal for a Major OSS Secret Intelligence Operation in North China and From North China into Manchuria and Korea(Prepared by SI, China Theatre) 30pp E 154 Box 167

1945/2/20   Possible Security Risk(납코의 이근성)

1945/2/22   OSS Force 136 at Kandy(India) Wants some Korean broadcasters

	which was hard to get from China(McKenzie to Coughlin) 1p
1945/2/26	장석윤이 포로로 가장하여 맥코이 포로수용소로 잠입하여 수집한 보고(Eifler to Donovan) 11pp
1945/2/28	Availability of Koreans in US for India(Coughlin to Donovan) 1p
1945/3/1	Recruitment of Non-political Older Koreans in the US for the SI work in China(Memorandum by Duncan Lee, Chief, Japan-China Sec, SI, OSS) 2pp
1945/3/8	General Li's Return(Harding to Helliwell) 1p
1945/3/9	Secret Agents Entering Via China(Eifler to Donovan) 1p
1945/3/12	Napko : Clandestine Penetration of Korea and Later Japan(Major Johnson to Donovan) 2pp
1945/3/12	Explanation of Napko Project to Wedemeyer as it is under the China Theatre(Donovan to Wedemeyer) 1p M1642 Roll 21
1945/3/12	A Communication Letter by Sargent for Colonel 4pp
1945/3/12	Comments on 한국광복군소사 1p
1945/3/14	Reply to Coughlin : Hard to obtain Koreans in US(Donovan to Coughlin) 1p M1642 R66. F271
1945/3/19	Napko Project : Development of a half-submersible craft(Maritime Unit to Donovan) 2pp
1945/3/19	*Interview with Edward Adams, on March 16, 1945 on Internal Situation in Korea(E.W.S to Comdr. Morgan) 3pp E210 Box 262
1945/3/23	Sargent's 3 Letters to Helliwell 8pp
1945/3/26	Comments on Eagle Plan(Ensign Campbell to Major Duncan Lee) 3pp
1945/3/26	Koreans for Eagle Project(Helliwell to Chief, Japan-China Section.

FESI, Washington D.C.) 1p

1945/3/26   Koreans-numerous factions, each striving for a personal advantage (Helliwell to Donovan) 1p

1945/3/26   Colonel Eifler's Memo on Penetration of Korea(Chief, SI to Donovan) 3pp

1945/3/29   Wearing of Tech Rep Uniforms by Koreans from America(Helliwell) 1p

1945/3/30   Attached File -Penetration of Korea(Buxton to Donovan) 2pp

1945/3/30   Napko : Progress Report of Gimik(Penetration Craft to Korea) 3pp

1945/4/2   Comdr Helliwell's Memorandum of 26 March 1945 Regarding Koreans in Hawaii(Ducan Lee to Donovan) 1p

1945/4?   Article of Agreement-Draft?(OSS and Provisional Korean Government) 2pp

1945/4/5   Requisition of Special Fund-For Eagle Project 2pp

1945/4/?   Personnel Suggestions for the Eagle Project(Author Unknown) 2pp

1945/4/3-5   Aide Memoire-Korean File by Capt Sargent. 6pp

1945/4/5   Donovan's Approval of Napko Project(Chief, Secretariat to Planning Group/NAPKO) 2pp

1945/4/7   Colonel Eifler's Project(Far East Div.,SI to Donovan) 1p

1945/4/7?   Report of My Trip to Chingking, March 31-April 7(Sargent to Helliwell) 2pp Attachment : Personnel for the Eagle Project(Sargent to Helliwell) 1p

1945/4/11   Memo : "Donovan Wants Napko Carried under Heppner" 1p

1945/4/11   The Eagle Plan(Japan-China section, FESI to SI, China Theater)

	1p
1945/4/12	Personnel for the Eagle Project(Sargent to Helliwell) 2pp
1945/4/14?	Penetration of Korea(Author unknown) 2pp
1945/4/15	Movement of 35 Koreans from Chungking to Hsian(Helliwell to Roosevelt) Attachment : Name list. 5pp
1945/4/16	Release of Korean from Communist Prison(Helliwell to Roosevelt) 2pp
1945/4/16?	Regarding Travel of Gen. Lee Bum-suk and party from Chungking to Hsian 1p
1945/4/18	Radio Operator for Eagle(Helliwell to Swenson) 1p
1945/4/20	Send back Stanley Choy from India 1p
1945/4/22	Started Procedure on Choy(Kandy, Ceylon to Frazee) 1p
1945/4	OSS Personnel Assigned to the Eagle Mission(Helliwell) 2 pp
1945/4/24	Six Agents to Go Behind the Enemy Line : A Woman, A Colonel, A Ship-Capatain etc.(Chang Han Bun to Bird) 2pp
1945/4/25	Comment on the "E" Plan(Sargent's Memoire?) 2pp
1945/4/25	*Helliwell Tells Dr. Choi, S.W. Chungking Liaison Handled by Whitaker/ Roosevelt(Helliwell to Whitaker) 1p E210 Box 229
1945/4/26	Napko : Two Korean POWs are available from India(Wilkinson to Eifler) 1p
1945/4/27	X-2 Representative with the "Eagle" Mission(Sargent's Memoire) 1p
1945/4/27	Field Photo Representative with the Eagle Mission(Sargent's Memoire)1p
1945/4/28	Napko : OSS India willing to send two Korean POW to Washington (Wilkinson to Washington) 1p E90 Box 1

1945/4/28	Very much interested in Two Koreans(Frazee to Wilkinson, Kandy) 1p
1945/4/29	'Eagle' Views : Coordination Between Napko and Eagle 2pp
1945/4/30	Napko : Need State Department clearance for 2 Koreans (Kandy to Washington) 1p E90 Box 1
1945/4/30	Napko : Stanly Choy is needed in this theater(New Delhi to Washington) 1p
1945/5/2	Report of Activities in Chungking, April 28 to May 2(Sargent to Chief SI, China Theater) 3pp
1945/5/4	Napko : A 3rd Korean POW surrendered, if Washington interested, signal (New Delhi to Washington) 1p E90 Box 1
1945/5/4	Napko : Two More Camps for FEU on Catalina Island 1p
1945/5/5	Napko Penetrate First , Then Eagle(109 to Heppner/Doering) 1p
1945/5/5	Koreans POWs say Jap 49th Division in Burma has 500 Koreans (New Delhi to Washington) 1p E90 Box 1
1945/5/7	Names of 3 Korean POWS(New Delhi to Washington) 1p E90 Box 1
1945/5/7	Eagle Penetrate First, Then Napko(Heppner to 109) 1p
1945/5/7	Korean POW Interrogations Concerning the Morale of the Jap Soldier in Burma (3 Korean defectors) E154 Box 93 F1752
1945/5/8	Napko Project(Wilson to Donovan) 1p
1945/5/8?	Relationship Between Napko and Eagle(109-Donovan to Heppner) 1p
1945/5/8	Errors in the Napko Plan Draft(FEU to Deputy Director, SSO) 2pp
1945/5/8	Napko : 3rd Korean POW also wanted(Washington to New Delhi) 1p

11945/5/9   Napko : Two American Escorts needed, send one from there(Kandy to Washington) 1p E90 Box 1

1945/5/9   Communication Between 109 and Heppner on Napko 1p

1945/5/9   Napko : Find out if we will be able to get Stanley Choy later (Frazee to New Delhi) 1p E90 Box 1

1945/5/10   Napko : Choy's commanding officer doesn't want to release Choy(Kandy to Washington) 1p E90 Box 1

1945/5/10   Heppner Will Try to Talk to Wedemeyer 1p

1945/5/11   If Tonnage for Napko is not so Great, Theater Will Approve (Heppner to 109) 1p

1945/5/12   A Communication(Sargent to Colonel) 2pp

1945/5/14   Need approval from State Dept for clearance for 3 Koreans entering us(New Delhi to Washington) 1p E90 box 1

1945/5/16   Complete Japanese name of 3 Koreans(New delhi to Washington) 2p

1945/5/17   Napko : Waivers of visas granted to 3 Koreans(Washington to New Delhi) 1p

1945/5/17   Napko : Choy is essential in Napko secret mission to his home town(Frazee to New Delhi/Kandy) 1p E90 Box 1

1945/5/17   Proposing Napko Base on Okinawa(109 to Heppner) 2pp

1945/5/18   Inquiring the Cost of tonnage for Napko(Heppner to 109) 1p

1945/5/19   Choy is released and will escorts 3 Koreans(New Delhi to Washington) 1p

1945/5/21   *Napko : Three Korean POWS under escort to Washington(New Delhi, IBT to Donovan/Frazee) 2p. 이것은 버마 일본군에서 뛰쳐나온 3인의 학도병, 박순동, 이종실, 박형무를 납코작전

을 위하여 미국으로 데리고 가는 문서. 박순동, 「모멸의 시
대」, 『신동아』 1965. 9 참조. Entry210 Box 233

1945/5/24   China Theatre Insists Korea and Okinawa Outside Its Jurisdiction
(Heppner to 109) 1p

1945/5/30   A Communication(Kim Yak-san & Lee Chung-chun to Lt. Col.
Bird) 2pp

1945/5/31   OSS Asks JCS to Approve Napko 1p

1945/6/2   Jurisdiction of Napko Question(Wedemeyer to JCS) 1p

1945/6/3   Recruitment of Fu-yang Koreans as Suggested by Gen Kim
Hongil(Major Roosevelt to Helliwell) 1p

1945/6/4   Napko penetration Waiting for the JCS & Navy Approval(Cheston
to Vanderblue) 1p

1945/6/6   Napko, Plan of Organization(Eifler to Donovan) 3pp

1945/6/9   Master Sergeant Chang Sukyoon's Promotion not Considered(WD
to Donovan) 1p

1945/6/13   Koreans for Eagle Project(Campbell, Japan-China Section, FESI
to Chief, SI, China Theater) 2pp

1945/6/13   *Korean Agent for East China(Roosevelt to Helliwell) 1p.
Attachment : 정한범이 버드(Bird) 대령에게 쓴 2인의 지하공
작원 이백근 장중림을 소개하는 편지 1p

1945/6/16   A Correspondence(Gen. Lee Bum-suk to Col. Helliwell) 4pp

1945/6/16? Items Requisitioned and Received for Eagle 4pp

1945/6/18   Napko Operational Plan(JCS to Donovan) 1p

1945/6/21   Xenia Penetration 1p ; Typescript on Napko Project 3pp(Donovan
to Halliwell)

1945/6/21   Report on Korean Affairs-Resistance, Korean Restoration Army(X-2 to ONI) 25pp RG38 OP16-B-7-0. Japanese Activities in the Far East, Box 12

1945/6/23   New Napko Operation Plan : CHAMO(Eifler to Donovan) 8pp

1945/6/26   Letter of Instructions(Helliwell to Sargent) 1p

1945/6/27   Use of Submarines for Napko(Pier to Heppner) 1p

1945/6/28   Discussing Assistance of Navy to Napko(Victor, Honolulu to 109) 1p

1945/6/29   Napko : Reluctant to Make Any Predictions(Victor to 109)

1945/6/30   JCS submit Napko Plan to Commander in Chief, Pacific Fleet (Cheston to Halliwell) 1p

1945/7/9   Napko : Nimitz Asked Opinion of Wedemeyer(Heppner to 109) 1p

1945/7/9   *Sending 5 Koreans(Moon, Kim, Hong, Lee & Han) for EAGLE (Roosevelt to Krause) 2pp E210 Box 229

1945/7/11   X-2 : Hold Young Away From Eagle Until I Return(Helliwell to Evans) 1p

1945/7/11   Sending Lt Bowdler Working on Eagle Setup(Helliwell to Sargent) 1p

1945/7/12   Napko : Discuss Using China as Supply Base(Cheston to Heppner)

1945/7/13   Executive or Administrative Officer for Eagle(Sargent to Helliwell) 1p

1945/7/16   Screening of 11 Koreans for Eagle(Roosevelt to Krause) 1p

1945/7/19   Arrival of Captain Hahm for Eagle Project(Helliwell to Sargent) 1p

1945/7/21   Agree Fully With Your Rewards Letter(Krause to Helliwell) 1p

1945/7/23   Eagle Project(Krause to Helliwell) 2pp

1945/7/23   Grateful For Your Support(Sargent to Helliwell) 1p

1945/7/23   Dismissing 6 Koreans from Eagle Project(Sargent to Helliwell)
             1p
1945/7/26   Hsian Trip Report(Bowdler) 8pp
1945/7/28   Gen. Lee Chongchon Advices To Hide Secret Documents When
             Gen. Tai Li Visit Eagle Camp 1p
1945/7/30   Desires Sending Shin Young Mook and Song to Jucheng(Helliwell
             to West) 1p
1945/7/30   Memorandum : Eagle Project(Helliwell to Strategic Services Officer,
             China Theater) 3pp
1945/7/31   POW Interrogation on Japanese Activities on Shanghai(R&A/IBT
             MEMO D-85) Korean FUKUYAMA, Masakichi. E154 Box 85
1945/7-8   독수리작전에 관련된 미국 장병 명단과 재미한인출신 군관
             사병 11명 이력서철 20pp Entry 154 Box 208
1945/8/1   Administrative Officers for Eagle(Sargent to Helliwell) 1p
1945/8/2   The Eagle Project's Intelligence Section(Sargent to Helliwell) 3p.
             Attachment : Assignment of Duties at Eagle(Sargent to Captain
             Ryong C. Hahm) 1p
1945/8/2   Rumor of OSS Financial Support to Kwangsi Korean Group
             Discourages Koreans(Sargent to Helliwell) 1p
1945/8/2   Napko : Approval or Disapproval by Nimitz Still No Known(Victor
             to OSS) 1p
1945/8/2   Napko : C.H. Choy's Report dated 24 July 1945(from Roberts to
             Echols) 1p. Recruiting of Instructors by Choy 3pp
1945/8/3   Interrogation on Korean Politics and Personalities(R&A/IBT
             MEMO D-88) Interrogation of Yu, Hyungun in Burma. E154
             Box 94 F 1780

1945/8/3	Secret Wire : Little Possibility Eagle will Enter Field Next 2 Months (Longenecker to Bowdler) 1p
1945/8/4	Recruitment Trip For Eagle by Song Myung Tso, Min Yung Hwan and Hsin Yung Mook to Ju-Cheng(Roosevelt to Helliwell) 1p
1945/8/4	Please Advise a Firm Date Eagle Teams Will Be Taking To Field Heading For Korea(Helliwell to Sargent) 1p
1945/8/4	Napko : Report on Prospective personnel(Roberts to Echols) 2pp
1945/8/5	Kim Ku Want to Visit Eagle(Sargent to Helliwell) 1p
1945/8/5	Eagle Hopes to Have Luncheon or Dinner with Kim Ku(Sargent to Helliwell) 1p. E154 Box 192 F 3285
1945/8/6	Use of Korean-American in Eagle Project(Japan-China Section to SI, China Theater)1p
1945/8/6	Napko : Still Waiting the Nimitz Approval(109 Cheston to Chungking Kunming) 1p
1945/8/7	Napko : No word from Nimitz ; If not, Catalina Island is to be closed, asking Donovan try hard there(Washington to 109 in China) 1p
1945/8/8	Napko : Contracts -Miss Anna Chung, Mr. Jacob S. Kim(Estill to Roberts) 1p
1945/8/8	Napko : Urgiing Nimiz to give approval(Davis to Wedemeyer) 1p
1945/8/10	Napko : Wedemeyer Want Napko Start At Once(Kunming to Cheston) 1p
1945/8/10	"If we are not in Korea and Manchuria when the Russians get there…"(Donovan to Wedemeyer, CT) 3pp M1642 Roll 21 F947/E 154 Box 192

1945/8/10   More Staffs for Eagle Needed(Sargent to Bowdler) 1p

1945/8/10   Eagle Assessment Program, Report by Dr. Hudson(Sargent to Handy) 3p

1945/8/10   Visit of KPG(Kim Ku) to 109 Will Be Significant(Sargent to Bowdler) 1p

1945/8/11   Prepare to Take Off for Korea with 12 Members(Bird to Heppner) 1p

1945/8/12   Napko : Nimitz Approve the Project at Wedmeyer's Request(Victor to 109) 1p

1945/8/17   Napko : Liquidation Order(109 to Victor) 1p

1945/8/18   Donovan's transmission of Kim Ku letter to Truman 2pp Military History Institute Donovan Papers Box 126C

1945/8/19   Requests Eagle remain in Field and Concentrate on POW Work(Davis to Heppner) 1p

1945/8/20   Urgent Wire : Eagle Mission Landed Airfield(Duck to Helm?) 1p

1945/8/21   Napko : Korean Military Personnel ihn Field Experimental Unit (Oswald to Frazee) 2pp

1945/8/22   Napko : Sending Messages of No More Action(JCS to CINCPAC) 1p

1945/8/22   Japs Bring Up Tanks and Order American POW Relief Mission Out of Korea(OWI by Henry R. Lieberman) 4pp

1945/8/23   SI Material on the Eagle Project Received From E. COBB : Draft, Outline of the Plan for the Eagle Project. 9pp

1945/8/25   Truman was angry toward Donovan for transmitting Kim Koo letter 1p M1642 Roll 66 F281

1945/8/25   JCS Notifies Napko & Eagle Off(Heppner to 109) 1p

1945/8/25   Evacuation from Weihsien to Hsian(Heppner to Krause) 1p

1945/8/27   To Reconstitute Eagle(Helm to duck) 1p

1945/8/30   Pay for Eagle(Finance to Graft) 1p

1945/8/30   Liquidation of Eagle(to Davis) 1p

1945/8/31   3 Koreans for Eagle Left for Hsian(Thrower- Krause) 1p

1945/9/3   Report on Mission to Korea(Evans to Commanding Officer NE
             Field Command OSS) 4pp

1945/9/3   On Liquidation of Eagle and Phoenix Projects(Happner to Krause,
             Bird)

1945/9/7   Napko : Releasing of 12 from FEU 1p

1945/9/10   Napko : Progress made on Release of Personnel 2pp

1945/9/12   Napko : 4 Koreans applied for discharge 1p E92 Box 521

1945/9/15   Disbanding of the Eagle Project(Heppner to Helliwell and Oates)
             1p.

1945/10/2   Korea : The Hermit Nation(Gwen ZarfOSS to Lt. Col. Herbert S.
             Little, Chjief, MO) 28pp OSS 심리전과 한국문제, 전후 한국재건
             을 위한 4가지 원칙 1) 언론자유, 2) 종교신앙의 자유, 3) 빈
             곤에서의 자유, 4) 공포에서의 자유 등을 논함

1945/10/5   Disposal of documents(Eagle Project : Sargent to Helliwell) 10pp

1945/10/9   Napko : 9 persons clear property accounts with FEU(Property &
             Supply Section, FEU to Enlisted Personnel Section, HQ Detachment)
             1p E92 Box 521

1945/10/10   Data on Former Members of FEU who are of Korean Birth(18
             Napko Koreans) 22pp. M1642 Washington Director's Office
             Administrative Files Roll 47(유일한 변준호 등의 이력)

1946/7-8   임시정부 주화대표단(駐華代表團) 동북대표부(東北代表部)

의 대조선의용군(對朝鮮義勇軍) 선전물(한문과 국한문) 13pp

4. 맺는말

OSS와 한인 독립운동의 상관 관계는 밀접하다. 『중국에서의 OSS』의 저자 Maochun Yu는 OSS의 중국 근거지 수립목적이 한국인을 이용한 일본제국 내부권역의 침투였고, OSS의 해체가 마치 자칭 임시정부 주석 김구와의 바람직하지 못한 유대관계인 듯이 서술하기까지 한다.[8] 즉 그는 중국에서의 OSS의 시작과 결말은 한국과 한국인과의 관계설정이 결정적 작용을 했다는 견해이다.

사실상 태평양전쟁이 일어나기 훨씬 이전부터 재미 한인들은 미국정부에게 '한인 이용' 논의를 줄기차게 제창하여 왔고, 전쟁이 일어나자 호기도래(好機到來)라고 더욱 분발하여 운동했었다. 이러한 행위는 독일이나 일본치하의 여타 피압박민족들의 활동에 비하여 현저하게 눈에 띄는 것이기에 일본이 진주만을 습격한 직후부터 미국이 한인을 활용하려는 발상은 거의 즉각적으로 발생했다. 여기에 국민정부의 재중경(在重慶) 한인 단체에 대한 외부의 영향을 차단하려는 노력과, 미국과 중경 한인단체 내부의 상호 알력이 과대 포장으로 인식되어 한국인 이용논의는 적극성을 띠지 못하게 되었다. 사실상 어느 나라의 정보당국을 불문하고 채용하고 활용하려는 사람들이 서로 간의 당파싸움에 더 열심이라면 가장 믿어야 될 정보원으로서의 가치는 반감할 수밖에 없을 것이다. 바로 이 점을 지적하는

---

[8] Maochun Yu, op. cit., pp.14~15는 일본이 진주만을 습격한 후 도노반(Donovan)이 게일(Gale)을 중경에 파견한 진정한 목적은 중경한인을 이용하여 일본 내부권에 침투하는 것임을 서술했고, p.230은 김구가 트루먼 대통령에게 타전한 전문의 '후과(後果)'를 말한다. 그의 서술과 단언은 지나치게 단락적(短絡的)인 면이 있고, 더욱이 그의 한국인 이용에 대한 일관된 비판은 개인적인 편견을 드러낸 것으로 보인다.

OSS문서들이 존재하는 것도 흥미롭다. 따라서 1942년에서 1944년 전반 시점까지의 미국의 한인 이용은 개별적인 것이었고 정치적으로 무색무취의 인사들을 더욱 선호하였다고 생각된다. 독수리작전 미국 측 요원으로 배치된 함찬룡이 일찍 대위라는 타이틀을 받았지만, 이승만이나 임시정부와의 관계가 밀접한 장석윤에게는 아이플러가 거듭 대위진급을 상신(上申)했는데도 상사(上士)로 해방 후 제대하였다.

1944년 후반기 이후 미군의 일본상륙이 가시화되어 일본 내의 정보획득과 대륙과 일본열도 간의 차단이 그 비중을 더하게 되자 한인을 이용한 정보수집공작과 파괴활동, 한반도에서의 무장봉기활동 등이 값지게 여겨졌다. 사실상 도노반도 김구와 마찬가지로 납코와 독수리를 투입하지 못하고 전쟁이 끝나게 된 것을 한탄한 사람으로 두 프로젝트를 애지중지한 흔적은 여기저기 남아 있다. 1945년에 들어와 급피치로 달리던 독수리와 납코조직의 건립 과정 중 상호 간의 갈등과, 웨드마이어 주중미군사령관(駐中美軍司令官), 도노반 OSS국장, 그리고 니미쯔 태평양함대 사령관 간의 납코작전을 둘러싼 이해득실계산은 위에 연월일 별로 적시한 목록만으로도 매우 두드러지게 나타난다. 이렇게 여러 자료를 연월일 별로 나열해 본 후에야 역사의 '진상'이라는 것에 더 근접할 수 있었다. 여기에 이 글의 가장 큰 효과가 있다고 생각한다. 니미쯔 제독의 납코인원 수송 잠수함의 배정 승인과 웨드마이어 장군의 지지표명은 소련의 참전 직후에(10일) 있었던 일인데, 이는 당시 한반도와 만주에 미국이 발붙일 겨를도 없이 소련의 독식을 허용할 것이라는 도노반의 '협박'이 주효한 것이었다. 이 저간(這間)의 상황도 이 목록만 보아도 짐작할 것이다.

마지막으로 이 글은 OSS와 한인독립운동을 부감(俯瞰)하기 위한 전편적(前篇的)인 성격을 가졌다는 것을 지적하며 자세한 내용은 후일을 기한다.

❖『해방 전후사 사료 연구 1』, 선인, 2002

미군정기의 정보자료

유형 및 의미

1. 머리말

　본인에게 맡겨진 제목은 '미 군정기의 정보자료 개관'이다. 그러나 단순한 자료의 나열이나 설명보다 개개의 사례를 통한 문제제기방식이 보다 효과적인 것 같아 내용을 어느 정도 바꾸었다. 이곳에서 유형이라 함은 정보원(情報源) 접촉의 종류를 의미한다.

2. 포로 · 피난민의 심문을 통한 정보 획득 예(例)

　해방 직후 '오키나와'에서 남한진주 준비공작을 펴고 있던 미 제244군 G-2는 한인포로 중에서 교육을 받고, 일본군에서의 복무기간이 1년에서 3년까지의 포로 15명을 선택하여 '지하운동을 하고 있는 지도자'를 지명하게 하였다. 1945년 8월 29일자의 보고를 보면 다음 8인이 거명된 것을 알 수 있다. 즉 UM Hung Sup, YO Un Hyon, YUN Chi Ho, YO Fun Yon, I Kwan Su, YIM Sok Pai, BAK Mun Shik, KIM Il Sen인데 여운형이 두 번 나오고 있으므로 실질적으로 7인이었다(Summary of PW Interrogation Report : Korean

Political Matters, HQ XXIV Corps, Nakagusuku Castle, Okinawa). 이들 중에 이관수는 작가 이광수(李光洙)를 의미한 것으로『흙』등 문학작품을 통하여 일제의 한국 농업정책을 비판했다는 등의 설명이 있으며, 박문식과 임석배에 대하여는 일본에 위험한 인물이라는 것 밖에 아무 설명이 없고, 일본사관학교 출신으로 유격대장인 김일성은 "とりつぎ"라는 별명이 있다고도 하였다. '윤치호' 항목하에서는 전(前) 보성전문(普成專門) 교장, 입옥횟수(入獄回數), 민주주의 이념과 기독교에 대한 강한 신념소유, 그의 제자 중 반일투사가 많은 것 등을 들고 있었다. 또 미국 CIC 6개의 지대(支隊)가 공동으로 자료를 조사하여 작성한 1945년 8월의 '지역연구: 한국(Area Study: KOREA)'은 한국의 3대 인물로서 조만식, 윤치호, 김성수를 꼽고 있다. 이 자료는 OSS문서를 많이 참고로 했다고 하였는데 OSS와 기타 미군 정보기관에서 심문한 일군(日軍) 중의 한인포로들 중에서 한국의 인물로 윤치호를 지적하는 확률이 꽤 높았던 것을 여러 한인포로 심문기록을 보아 알 수 있다. 태평양전쟁기의『경성일보』를 보면 이토 치카우(伊東致昊)('伊東'은 '尹'의 일제시대 창씨개명임)를 포함한 많은 명사들이 황군지원입대(皇軍志願入隊) 근로보국(勤勞報國)할 것을 강연 방송 문장으로 선전한 것으로 되어 있어 사지(死地)로 끌려간 군인들의 반발심이 자못 컸을 것으로 생각한다면 이것은 예상 밖의 일이었다고 할 수 있다. 미국군의 한인포로 심문기록은 자못 많은 편이고, 해방 후 북한 피난민을 통한 북한실정의 파악도 꽤 치밀한 것이었다. 이것은 기간(旣刊)된 여러 G-2 정보문서집에서 잘 알려져 있다고 생각된다.

3. 한인의 자발적 접촉으로 인한 정보 획득 예(例)

여기서도 다시 '윤치호'를 문제 삼으려 한다. 9월 8일 아침 7시 20분 미군이 인천 앞 바다에 내도(來到)하자, 보트에 탄 4인이 기함(旗艦) 카톡틴 (Catoctin)에 올라가 하지 중장과 바아비 제독을 회견하였다는데, 그들은 일본인 장성과 여운홍, 백상규, 한영조 3인이었다고 한다(Deck Log U.S.S. Catoctin. by Captain P.E. McDowell. Naval Operational Archives, Barby Files). 그런데 이들은 미국 등에서 교육을 받은 '친일파' 14인의 명단을 제출하고, 특히 윤치호, 한상용, 신흥우, 양주삼의 4인을 거괴(巨魁)로 매도하였다는 것이다. 일제 말기의 신문에 이들이 징용과 징병에 호응할 것을 호소했다는 기사들이 대대적으로 실리고 있으며, 해방 후 좌익 측 문인들의 공격을 상기한다면 여운홍 등의 행동은 이소당연(理所當然)의 것이었는지 모른다. 하여간 미군의 남한진주 직전의 첫 한미접촉에서 첫째로 문제 제기된 것이 바로 '친일파' 문제였음은 이 회견이 차후 미군정기에 있어서의 하나의 큰 쟁점을 부각시켜 주는 상징성을 지녔다고 말할 수 있다. 바아비 제독은 백상규 씨가 매우 소중하고 정확한 정보를 제공하였다고 칭찬하고 있다(United States Naval Institute, MacArthur's Amphibious Navy, p.324).

전규홍 박사의 증언에 의하면 미군의 진주가 목전에 왔을 때, 과거의 미국 유학생들이 다방에 모여 일괄적으로 엽관구직(獵官求職)운동을 폈다는 것이다. 그들은 이훈구를 대표로 선정하여 이력서들을 일괄적으로 제출토록 합의를 보았으나 대표가 자기 것 밖에 제출하지 않았다고 주장한다. 이들 중에는 소위 친일행각(親日行脚)을 한 인사들도 섞였을 것이다. 전규홍 박사 자신은 일본 동경에서 대학교수로 8·15를 맞이하고 귀국했다고도 들었다. 그래서 이들을 견제하려는 목적이 있었을지도 모른다. 견제하려던 쪽은 인민공화국 쪽만이 아니었다. 미 24군 군사실(軍史室) 자료 속에는 이묘묵의 여덟 장에 달하는, 여운형을 평가하지 않은, 미군주둔 전의 한국사정분석이 있기도 하다(What has taken place since August 15th/The grave problems facing us/What the Koreans fear and what the Korean solicit 등의 제목으로 썼다). 그런데 위에서 인용한 문서나 기타 포로 심문 문서에 한국독립 후의 지도자로서 '윤치호'의 이름이 심심치 않게 끼고 있는 것은 많은 지식인 포로의 의식 구조 중에 그로 인한 피해의식이 없었던 것을 상정(想定)할 수도 있다. 국내자료에 어두운 필자가 묻고 싶은 것은 징용에서 돌아온 노동자들의 몇 할이 이들 '명사'를 적시하고 있었는가 하는 것이다. 미군은 그 속성상 친일파 문제에 냉담했으나, 미군정기의 소위 친일파 문제는 실증적으로 다루어지는 것이 마땅하다고 느껴진다.

4. 간행물 · 일기 등의 입수 분석을 통한 정보 획득

남한에서 출간되는 각종 신문, 또는 가두에 첨부된 격문, 삐라의 번역, 북한에서 입수한 신문의 번역은 제315 사령부 정보지대에서 취급되었다. 「정보일지(G-2 Periodic Report)」 부록으로 매일 출간됐으나 전문이 그대로 번역되는 예가 적었던 것이 흠이다. 초기 북한 신문을 예로 들면 『평양민보』·『正路』·『자유황해』·『인민신문』·『평북신보』·『새길신문』·『함남인민일보』·『강원인민보』·『원산인민보』·『바른말』·『함흥해방일보』·『조선신문』·『延邊民報』 등에서의 발췌 번역이 주목할 만하다. 그런데 여기에서는 위의 '윤치호'를 중심으로 한 인용에 호응하는 의미에서, 아직 공개된 바 없는 「윤치호일기」 1945년도 것이라고 추측되는 자료가 어떻게 미군정 인사에게 영향을 주었는지 살펴본다. 이 영어로 쓰여진 일기 이틀분의 일부를 발췌해 본다면 다음과 같은 구절들이 있다.

친일파라고 규탄되고 배척된 사람 중에는 유능하고 유용하게 쓰여질 사람들이 많다. 그런데 이들 독선적인 규탄자들은 누구인가? 그들의 대부분은 1945년 8월 15일 정오 때까지 동방요배(東方遙拜)를 하고 '황국신민(皇國臣民)의 서사(宣誓)'를 외우고 "천황폐하만세!"를 부르던 자들이 아니었던가? (중략) 진실로

친일파였다고 낙인을 찍는 것은 우스운 일이다. 34년간의 일본 합병 하에서 한
국의 위치는 무엇이었는가? 독립왕국? 아니오, 그것은 일본의 일부분이었다.
…… 국내에 살 수 밖에 없는 (그는 방점을 찍고 이 부분을 강조하였다) 우리로
서는 일본의 신민으로 그들의 요구와 지령이 전횡적(專橫的)이라 하여도 순종
할 수밖에 없었던 것이 아닌가? 우리의 아들들을 전쟁터에 보내고, 우리의 딸
들을 공장에 보내라고 요구하였을 때 거절할 수 있었단 말인가? 그러므로 일본
통치하에서 일본신민으로서 어느 누구가 한 소행을 비난한다는 것은 넌센스이
다. (1945. 10. 20)

그는 이렇게 자기 변호를 하고 "한인들이 민주주의 정부를 운영한다고
떠드는 이야기를 들을 때 나는 여섯 살 먹은 어린애가 자동차를 운전하고
비행기를 조종한다는 이야기를 듣는 것과 같이 느껴진다"고 단언한다. 그
래서 그는 선동정치가와 공산주의자들이 민중을 오도하는 것을 방지하기
위하여 인자(仁慈)한 부권적(父權的)인 강자(强者)의 출현을 메시아의 재
림을 기다리듯 갈망하고 있다(10. 14). 바로 이 점을 미군정요원은 강조 인
용하면서, 1946년에 작고한 그가 말하는 '철인(哲人)'의 생각에 동조하여
국무부에 보고한 바 있었다. 이것도 장래에 일어날 역사로 비추어 볼 때
미군정의 한인정치를 인식하는 하나의 척도로 간주할 수 있을지 모른다
(Langdon의 Dispatch No.60. 1948. 3. 19). 시각이 예민한 미 국무부의 관리
는 이런 견해를 재빨리 포착, 보고할 수 있었다.

5. 암호해독·통신 검열을 통한 정보 획득

G-2의 민간통신검열대는 15명 미만의 미군과 200명 미만의 한인으로 구
성되어 편지의 검열과 전화의 도청 등을 맡고 있었는 바, 이들의 통계를
살펴본다면 1946년 6월에만 약 100만 통의 우편물을 검열했었다. 중앙경제

위원회(Korean Economic Board)의 브루스 멜빈(Bruce Melvin) 박사는 검열대의 공적을 다음과 같이 치하하였다. "우리는 남한 경제의 골격을 알고 있었으나 이 부대는 여기에 피와 살을 제공하였다."

그런데 근·현대 세계 전쟁사를 개관할 때 영국과 미국이 여타 제국보다 출중하였던 점은 바로 과학적인 정보수집능력에 있었다. 미국의 경우 이미 1921년도에 워싱턴군축회의에 참석한 일본의 비밀암호를 해독하여 이득을 보았고, 제2차 대전 중의 Magic 암호해독작전은 참으로 백만의 대군과 맞먹는 공적을 올린 효과를 가졌었다고 믿는다. 필자는 저술 중에 있는 책을 위하여 일(日)·소(蘇) 평화교섭 중 한반도의 미래문제에 관한 자료를 수집하던 중 미국이 파악하고 있던 내용이 얼마나 소상한지 경악을 금할 수 없었던 일이 있다. 미국은 한국에 진주한 후에도 재한 일본군의 무선교신을 주의 깊게 해독하고 있었다. 윗 윤치호의 것으로 지목되는 일기에서도 그가 공산주의를 그렇게 혐오한 하나의 원인이 바로 북한에 진주한 소련군인의 폭행 난동인 것으로 설명되고 있지만, 미군이 해독한 9월 27일발 대전지구 일본 군사령부의 발신은 신사적인 미군에 대비되는 소련군의 행위를 잘 보여주고 있다.

> 9월 1일 남자 24명이 철원(鐵原) 홍간지(本願寺)에 감금되고 여자 32명이 적등가(赤燈街)에 소재한 히로시마야(廣島屋)에 수용되어 여학생들은 매일 14~15명에게, 성년은 매일 10명에게 강간되어 이 결과 6명의 소녀가 죽고 여타도 엄중한 신체 상해를 가져왔다. 철원을 점령한 소련군은 자질이 낮은 2600명 12중대로 구성되었다.

이것이 일제가 한국여성들을 강제 연행하여 정신대(挺身隊)에 집어넣고 갖은 학대를 다한 죄업의 한 결과라고 하면 그만이지만, 해방 직후의 소련군의 행동은 '신사적'인 미군의 진주와 판연히 비교되는 것이었다.

6. 지역사회의 답사 · 여론조사를 통한 정보 획득

지역사회를 답사 관찰하여 민정을 파악하고 여론조사를 공개적으로 실시하여 민심의 동향을 살핀다는 것은 은밀히 작업하는 편지검열이나 전화도청과는 양상이 좀 다르다. '의견을 묻는다'라는 의미에서 자의적이나마 군정의 제 성격을 규명하는데 도움이 되었으면 하여 윤치호의 의견을 좀 더 인용한다.

자칭 한국의 구세주들과 으스대는 그들의 추종자들이 마치 저들 자신의 힘과 용기로 일본군국주의에서 한국을 구출한 것처럼 도처에서 큰 소리를 치고있는 것은 참으로 웃기는 일이다. 저들은 너무나 어리석지 않으면 너무나 후안무치이다. 아마도 양 쪽 모두일 것이다. 자기들이 한국의 해방과 아무 관계가없는 것이, 달나라에 사는 자가 한국해방에 아무 관련없는 것과 같은지를 모르기 때문이다. 해방은 연합국 승리의 부산물로서 우리에게 주어진 것에 지나지않는다. 만약 일본이 항복하지 않았다면, 이들 으스대고 큰 소리 치는 '애국자'들은 어떤 큰 몽둥이를 가진 자가 어느 때인지 모르지만 나타나 일본을 축출할때까지 계속 동방요배(東方遙拜)를 하고 황국신민(皇國臣民)의 어리석은 선서(宣誓)를 외우고 있었을 것이다. 이들 큰 소리 치는 자들은 우화(寓話)에 나오는 파리와 같은 말을 지껄이고 있다. 이놈의 파리는 달리고 있는 수레위에 붙어 있으면서 제가 수레바퀴를 움직이고 있다고 떠벌리고 있었다는 것이다.

우리는 별들을 향하여 솔직하게 해방은 선물이었다고 인정하고 감사하자. 겸허와 감사로, 이 선물을 다시 찾은 진주처럼 받들자. 그리고 다시는 잃지 않도록 최선을 다하자. 우리는 모든 작은 개개인의 야심과 파당적 음모와 증오를 침몰시키고 우리의 고통받고 있는 조국을 위하여 합심 노력하자. 한국은 그의 지리상의 위치로 보아, 또 무지한 대중과 당파싸움으로 보아 그 미래가 장미의 빛깔이 되지 못한다. 흩어지면 죽을지니(hanged) 일심단합하자(let us hang together).

그는 전형적인 해방 외인론자(外因論者)로 그의 필봉은 국외에서 돌아오는 독립지사들에게 향한 것이 아니라, 국내에서 타협하던 자신과 비슷하다고 생각되는 인물들이 일조일석에 자신만 애국자연하고 남을 공격하는 사람들에게 향한 것임이 분명하다. 여하튼 미군정인사들이 이런 견해를 매우 귀담아 들은 것은 틀림없는 사실일 것이다.

본론에 돌아와 미군정이 어떻게 여론을 조사하였는지 간략히 예를 든다. 군정 공보부에서 1947년 7월에서 12월까지 도합 6처의 지역사회 (광주부근 농촌, 전북농촌, 영일 경주군, 마산, 춘천, 논산) 수백 촌락을 답사하여 좌우익 정당의 생태 및 여론을 조사하고 보고책자를 내어 놓았다. 이들 조사 보고서를 기초로 하여 국무부의 정보조사과(Office of Intelligence Research)에서는 「Social and Political Forces in Small Communities in South Korea」(OIR No.4648. June 10, 1948) 같은 냉정하고 객관적으로 보여지는 호저(好著)를 내어놓을 수도 있었다. 미 육군부 일반참모부 정보처가 1947년 11월 27일 내어 놓은 Project No.3799 「한국의 현 정세」에서 남한에 우익이 70%, 좌익이 25%, 중도파가 5%라는 수치를 자신있게 내어 놓을 수 있었던 것도 미군정의 기초 조사에 힘입은 바가 많았을 것으로 믿으며 다가오는 선거에서의 승리를 예측할 수 있는 근거도 되었을 것이다. 이것은 일 년 전, 즉 1946년 7월에 미군정에서 조사한(이것은 꽤 유명한 조사였다) 서울시내·외의 각 계층 8,000여 명의 여론조사에서 약 70%가 사회주의를, 13%가 자본주의를, 10%가 공산주의를 지지한다고 표명한 것과 큰 대조를 보이고 있다. 여기서는 우익이라고 자처하는 농민, 상인, 전문직업인의 60% 이상이 사회주의를 선호한 것으로 되어 있고, 의외의 결과는 우익학생의 45%가 자본주의를 지지하고 좌익학생의 49%만이 공산주의를 지지한다는 결과가 나온 데 있다(Department of Public Information, Subject : Type and Structure of a Future Korean Government, 10 September 1946. 36pp). 이 공보부에서는 정기적으로 많은 여론조사를 실시한 것으로 안다.

7. 맺는말: 미군정 정보자료가 보이는 것

이상 미군정 정보자료를 바탕으로 하고 인물 윤치호를 접착제로 하여
미군정의 제 성격(諸性格)에 관한 사견(私見)을 개진해 보았다. 상기한 제
유형 서술에 사용한 사례, 기타 지견(知見)을 종합하여 미군정의 성격을
규찰(窺察) 정리해 본다.

1) 미군정은 한국에 주둔한 외국군 중 드물게 신사적인 군대이었다.
2) 미군정은 객관적 냉정한 상황판단에 능하였다.
3) 미군정은 속성상 '친일파'의 제거에 흥미가 없었다.
4) 미군정은 미국의 국익에 위배하지 않는 한 강인(强人: Strong Man)의 출현에
   반대하려 하지 않은 것으로 생각된다.
5) 미군정과 그 후속 미 고문단은 당연히 자국의 국익차원에서 한국 문제를 보
   는 것이며, 여기에 도덕을 운운하며 비난하는 것은 마땅치 않다. 미 군사고
   문단장 Roberts 준장이 "한국 군인들은 우리가 그들을 훈련하는 목적이 미국
   인이 피를 흘리는 대신 피를 흘리고, 미국을 위하여 쏘라고 하는 것을 알고
   있지 못하다(They do not realize that we are training a group of people to
   shoot for America and to take the losses in Korean blood before American
   blood is shed."(RG 319 Plans & Operations Division. Decimal File 1949~1950,
   091 Korea, Section Ⅲ. Box 548 Letter to Major General Charles L. Bolte.
   Director of Plans & Operations. Department of Army General Staff)라고 하였을
   때 그는 문제를 순전히 국익 차원에서 본 것뿐이다.
6) 미군정기의 제 혼란을 미국의 국익과 정치미숙에만 돌리는 것도 문제이다.

여기에는 문화적 충돌이 있다. 어떠한 의미에서 미 거제도 포로수용소
는 미군정기의 축소도(縮小圖)라고도 볼 수 있겠다. 미측 자료에 의하면
이 안에서는 빨갱이가 반공뿐만 아니라 친공도 죽이고, 반공이 빨갱이를
죽이고, 함경도파가 황해도파를 죽이고, 큰 이유없이 비위 상하게 한다고

죽이고 흡사 무법천지가 아닌가 생각케 할 정도로 서로 살상하였다. 원산
대학살이나 해주감옥 대학살에서 구사일생으로 살아남은 기독교 목사들
이 거제도에서 포로가 되어야 했고, 빨치산 토벌에 종사하다 인민군에 붙
잡힌 대한민국 경찰관이 인민군 후퇴 시 대학살에서 용케 살아남아 중상
을 입고 미군에게 도망하였더니 거제도 수용소에 몇 해 동안 처박아 놓은
케이스도 자료를 통하여 볼 수 있다. 이러한 혼란의 일부 원인은 미국의
문화전통, 즉 철저한 통제를 배제하고 얼마만큼의 자유를 용인한다는 데
도 원인이 있겠다고 생각 된다. 제2차 대전기의 미국 내 일본인·독일인
포로수용소에서도 '조국파' '민주파'의 충돌 살상이 찾았다는 것은 미군정
기를 생각하는데 있어 매우 흥미있는 것이다. 오로지 한인 포로·노무자
수용소가 가장 모범적이었고 미국인에 감사의 정념이 넘쳤다는 기록도 그
러하다. 친일파문제는 원칙적으로 한민족 내부문제였고, 친일파문제의 계
속적 내연(內然)은 6·25의 발발에도 하나의 원인이 되었다고 보여져 유감
이지만, 소위 친일파의 분류정리가 선행되어야 할 것으로 생각된다.

참고문헌

방선주, HQ, USAFIK, 『해설: G-2 Periodic Report―주한미군정보일지(1945. 9. 9~1946.
    2. 12)』 1, 한림대학교 아시아문화연구소, 1988

방선주, 「미국 제24군 G-2 군사실 자료해제」, 『아시아문화』 제3호, 한림대학교 아시
    아문화연구소. 1987

【부록】 미군정기 정보자료 일람 및 간개(簡介)

Headquarters, United States Army Forces in Korea

· 『G-2 Periodic Report - 주한미군정보일지(1945. 9. 9~1949. 6. 17)』한림
  대학교 아시아 문화연구소 간행 1~8책.
· 『G-2 Weekly Summary - 주한미군주간정보요약(1945. 9. 9~1948. 11. 26』
  동상 1~5책.
· 『Intelligence Summary Northern Korea - 주한미군북한정보요약(1945.
  12. 1~1948. 11. 26)』동상 1~4책.

Headquarters, United States Military Advisory Group in Korea

· 『G-2 Periodic Report - 미군사고문단정보일지(1949. 7. 26~1950. 6. 15)』
  동상 1~2책.

971st Counter Intelligence Corps Detachment. United States Army Forces in Korea

· Annual Progress Report For 1947 150쪽
· Annual Progress Report For 1948 95쪽.

이상의 두 문건은 아시아문화연구소 소장. 주한 CIC의 활동, 적색 및 백
색 테러의 편모 등 유익한 자료가 많음.

United States Army Intelligence Center. Fort Holabird. Maryland

· CIC During the Occupation of Korea, History of the Counter Intelligence
  Corps, Volume XXX. 205쪽

미국 National Archives와 아시아문화연구소 소장. 주한 CIC의 약사(史略)
를 흥미있게 서술. 단 많은 부분을 Annual Progress Reports와 당시의 CIC

관련자 인터뷰에서 얻음.

Records of Civil Disturbances in South Korea

이것은 원래 남한 각처의 소요사건 보고를 제24군 G-2 군사실에서 모아 두었던 것으로 각 지방 CIC지부나 경찰의 생보고(生報告) 등으로 구성되어 사료적 가치를 가진다. 아시아문화연구소 소장. 약 1,000매.

CIC Histories And Supporting Papers

이것은 미 국가기록보존소에 아직 공개되지 않은 방대한 자료군으로 한국관계 문서가 많음(RG 319).

CIC Area Study : KOREA, August 1945, Compiled by 310th. 224th. 7th. 497th,

· 498th & 911th CIC Detachments 42매. 아시아문화연구소 소장.

이것은 남한진주에 앞서 미군이 한국에 관한 예비지식을 가지려고 CIC 각 지대에 편찬시킨 것.

OSS자료에 의하여 한국의 3대 중요인물로 윤치호, 조만식, 김성수를 들고 있음.

USAFIK, CIC

· 971 Detachment Monthly Information Report

정체(整體)로서 발견되지 않음. 1948년부터 시작.

Monthly Report of CIC Activities

· Counter Intelligence Corps Monthly Bulletin

이것은 1948년 5월 3일에 제1호가 나왔다. 실물은 아직 보지 못함.

Weekly Information Bulletin

이것은 1947에서 1948년에 존재하였다는 것은 확인되고 있으나 정체(整體)로 나오지 않음.

Summary of Information

이것은 1946년의 것이 여기저기 발견되고 있으며 1947년 이후는 속행하지 않았다고 생각됨. 1946년 9월 21일호에 Subject : 「Record of Joint Round Table Talk of Communists From Central and Provincial Districts」라는 것이 실렸다는데, 이것이 2월 19~20일의 회의인지 또는 9월에 들어 이런 회의가 있었는지 모르겠음.

Headquarters, XXIV Corps G-2 Section Civil Communications Intelligence Group-Korea

· A Digest of Information Obtained from Censorship of Civil Communications in Korea
· A Digest of Occupation Trends in Korea
· A Digest Of Economic Conditions in Korea
· A Digest of Political Activity in Korea
· A History of Civil Communications Intelligence Group—Korea

이상에 볼 수 있는 자료 또는 시리즈들은 USAFIK, XXIV Corps G-2 Historical Section Box 45, 52 등에 수록되고 있으며 또 다른 곳에도 볼 수 있다. 주로 1945년에서 1946년 초 기간에 출간된 것들이다.

USAFIK, CIC

· Memorandum Actual and Suspected Espionage Agents in Korea. File no. 14-00-L-1(27 March 1948) (RG 407) Entry 427 Central Intelligence Box

18340.

이것은 1945년부터 1948년 초에 이르는 동안 주한 CIC에서 보관중인 「혐의자」카드를 정리한 것이다. 내용에 별 놀랄만한 것이 없다. 31쪽 (아시아문화연구소 소장)

Investigative Records Repository

· Record Group 319 (Army Staff)

· Investigative Records Repository(IRR)

· Personal Name Index

미 CIC에서 각국 중요 인물의 신상조사 기록을 모은 것으로 미 국가기록보존소에 보관되어 있다. 1945년 이후 1950년도까지, 인물들의 조사기록으로 '알파벳' 순으로 나열된 이름에서 한국인인 듯한 것을 고르면 1%에 이른다. 이승만, 신익희, 이강국, 임영신, 박진목 등의 이름이 나오고 있다. 말미에 명단을 첨부하였다. 별표가 달린 것은 이미 공개된 것이다. 원래 여운형의 이름도 있어 공개 요청을 했지만 분실되었다고 하며 명단에서 빼버렸다.

모윤숙의 조사기록을 보면, 그가 유엔총회에 대표의 일원으로 갔을 때, 왜 소련인 대표들과 희희낙락 담소하였는지, 왜 그녀가 좌익사상을 가진 자들과 교제가 있었는지 무고하는 자가 있었고, 미 CIC 서울지부에 호출된 것을 볼 수 있다.

U.S. Army Investigative Records Repository는 상기한 대로 인물철이 주종을 차지하지만, 또 단체명으로 된 조사도 들어가 있다. 1990년 9월 「조선로동당의 조직과 구조」라는 제목이 약간 흥미를 끌어 정보자유법에 의한 공개를 신청하였는데 11월 14일에 허락이 되어 열람과 마이크로화를 병행하였다. 도합 7철 1534매의 방대한 내용으로 6·25전쟁기에 대한민국 또는 미 CIC에 포착된 북한 첩보망 구성인원의 조사, 유격대 관련인사의 심문과

과거 국군에 침투한 노동당 협조자 조사, 민간인의 과거 남로당 관련자조
사 등 건별로 구성되었다. 이곳에 나오는 남로당·북로당출신인사들의 조
사과정에서 그들의 군정기 활동양상도 서술되고 있는 경우가 많음으로 인
하여 이 문서는 남로당역사 연구뿐만 아니라 미 군정기의 사회연구에도
일정한 유용성을 지녔다고 인정된다.

 이상에서 인용한 남한내부에서 수집된 자료 이외에도 미 극동군사령부
의 G-2 Daily Intelligence Summary, 육군부의 Intelligence Review 등에 한국
관계 고정란으로 기사가 있으나 제1차 자료를 남한에서의 것으로 충당하
고 있기에 여기에서는 생략한다.

Box No. Case No. Name

268	XA545062	Shi Kan Boku	277	G8148591	Chang Han
333	XA540560	Sho Koku Cho	73A	G8144663	Pack Yol Han
333	G8148666	Chang Ki Ch'oe	73A	H8007307	Sung Kyok Hah
30	G8148582	Po Il Ch'oe	73A	G8148549	Won Sop Han
30	XA502040	Charles W. Choi	88	G8013916	In Kap Ho
30	G8148579	Tak Choi	88	G8148553	In Ok Ho
30	G8150379	Chin Pyo Chong	88	G8148551	Kap Ho
30	G8150383	Ik Young Chong	?	G8159382	Ui Hwan Hwang
30	G8148435	Chin Chong	93	G804691	Kon Sun Im
30	XA502402	Yong Sun Chong	92A	XA537215	Kei shaku Jo
30	F8114256	Jae D Chong	103	XA509715	Oojeup Kang
30	X8146415	Joseph Chung	103	XA509780	Pyeong Ton Kaok
30	G8148677	Young Suk Chong	286	G8067994	Chang Hi Kim
58	XA501243	Yotoku Gen	111A	G8153152	Che Chun Kim

111A	G8148558	Chong Ha Kim
355	XA511217	Chun Young Kim
355	XA511221	Chung Kwo Kim
111A	G8153154	Hae Sik Kim
111A	XA511238	Hak Ro Kim
111A	G8160906	Hak Ro Kim
111A	G8148576	Hui Sun Kim
111A	F8126122	Hyoug Oon Kim
111A	XA511282	Ke Cho Kim
111A	G8148723	Ki Kap Kim
111A	G8148682	Kwan H. Kim
286	XA543465	Hyong Yong Kim
111A	G8072833	Pokum Kim
111A	XA511346	Sa Mok Kim
111A	G8148746	Tae Yu Kim
286	XA571403	Tei Bong Kim
111A	G8150474	Yang Hwan Kim
111A	G8150476	Yun Muk Kim
111A	G8150478	Young Man Kim
111A	G8150481	Young S. Kim
111A	G8150482	Young Hwan Kim
112	XA511628	Choong Wuk Kim
112	XA511737	To Yu Kin
358	G8156466	Sun Hyo Kwon
359	G8148465	Eung Lee
130	G8148638	Hyun Jae Lee
130	XA512437	So Min Lee
130	G8059923	Sang Ku Lee
130	G8014703	Seung Ne Lee
130	XA512442	Sho Nam Lee
130	G8148243	Tong Yop Lee
130	H8038773	Wan Shan Lee
130	G8059946	Young Ok Lee
153	G8148515	*Pyung Chu Min
296	XA516361	Yoon Sook Moh
		(모윤숙)
164	G8001022	Hyong Mo O
165	G8002136	Gang W. Oh
171	G8162638	Kwang Sik Pae
171	G8152372	Tong Chun Pae
171	G8145810	*Chin Mok Pak
		(박진목)
171	XA516674	〃
368	G8148766	Chong Pak
171	B7006a32	Jenny Pak
171	G800110	Moon Sik Pak
171	G8148478	Wun Jin Pak
171	XA543838	Ung Sop Pan
185A	XA519886	*Is Shu Rhee
185A	XA519887	Syngman Rhee
		(李承晚)
307	XA519894	Chu Kan Ri

308	XA543891	Ki Shu Ri
308	XA519962	Sho Ki Ri
185A	XA519980	Song Pom Ri
211	XA524320	*Ik Hi Shin
		(신익희)
211	XA524732	*Sung Mo Shin
		(신성모)
217	G8144984	On Sok So
219	G814863	Ki Sok Song
221G	G9007271	*Jai Son Suh
221H	XA545049	Carl C. Sunoo
326	XA529600	Whang Young
250C	G8148606	Tae Yon Won
254	XA531839	Che Pung Yi

254	G8161145	Kang Kuk Yi
		(이강국)
254	G8073176	Kil U Yi
391	XA531857	Mun Kun Yi
254	G8148618	Pil Yong Yi
254	G8148470	Pok Hui Yi
327	XA531861	Pon Sak Yi
391	XA531857	Pong Nam Yi
254	H8050673	Sang Huan Yi
254	G8151220	Yong Kye Yi
254	XA531880	*Louise Yim
		(임영신)
254B	G8037826	Chin yon Yun
254B	H8052867	Myong Ui Yun

❖ 『한국현대사와 美軍政』, 한림대 아시아문화연구소, 1991

제2부

기타 발굴자료

고종(高宗)의 1905년 밀서(密書)

미·영·불 등 재외공관에 보내는 암호전문(電文)

이른바 「을사조약」 체결 직후 고종황제가 미국인 스테판 셀든 씨와 알렌 씨를 통해 해외주재 한국공관에 보낸 미·영·일 3국의 공동보호국요청 전문을 국내 최초로 공개한다. 이 자료는 방선주 씨가 뉴욕공공도서관에 보관중인 「알렌사문서(私文書)」에서 발굴해낸 것으로, 방 씨는 이를 확인하기 위해 미국립문서보관서 등에서 당시의 기록을 대조, 확인 후 본지에 그 내용을 기고해 왔다.

—편집자 주

변호사 스테판 셀든의 기록

한말에서 해방 직후까지 외세에 의하여 이루어진 한반도분할·병탄·신탁통치의 구상과 행동은 우리가 그 윤곽을 대체로 인식하고 있다.

그런데 고종(高宗)이 「을사보호조약」 체결 직후 한국을 미·영·일 3국 공동관리하의 보호국으로 귀속시키려던 노력이 있었다는 것은 우리 학계나 일반에게 잘 알려지지 않고 있다. 최근 필자가 입수한 자료를 토대로 그 전개과정을 살펴보고자 한다.

때는 1905년 11월 21일, 즉 「을사보호조약」이 강요된 지 한 주일도 못되는 시점이었다. 콜브란 보스트위크(Collbran & Bostwick)회사의 변호사 스

테판 셸든이 저녁 늦게까지 일을 보다가 막 귀가하려던 참에 언더우드 선
교사가 뛰어들어 왔다.

언더우드는 방금 궁중에서 나오는 길이라며 셸든 변호사와 더불어 헤이
그 국제사법재판소에 한국문제를 제소하는 것을 함께 의논하겠다고 약속
하고 왔다는 것이었다. 언더우드는 민비(閔妃)시해사건 후 고종이 더욱 신
임하던 인물로 친일세력을 타도하려던 춘생문(春生門) 불발 쿠데타에도
관여한 인물이다.

셸든은 국제사법재판소는 단지 중재하는 법정이기 때문에 양측이 합의
하지 않는 한 소용없고 또 일본이 중재받을 아무 이유가 없다고 우길 것이
므로 별다른 성과를 바랄 수 없을 것으로 전망하였다.

셸든 변호사는 언더우드가 가져온 서류를 집에 가지고 가서 자세히 읽
어보았으나 희망적인 점들을 발견할 수 없었다. 그는 그의 회사사장인 미
국인 보스트위크에게 편지로 이 토론의 경과를 보고하고 이어 다음과 같
이 적고 있다.

> "월요일 저녁 저는 이토 히로부미(伊藤博文), 그의 일행, 몰간공사, 그리고
> 에리웃과 만찬을 같이 했다. 그때 안 것이지만 저들은 한국을 완전 복종시키려
> 하고 있으며, 만일 최후순간까지 일이 순탄하지 않을 경우에는 여하한 극단적
> 인 수단도 불사할 생각을 가지고 있다."
> "위협감을 심어주기 위하여 저들은 매일같이 보병연대, 기병대, 포대 등을
> 동원하여 구보로 시내를 수비케 하고 있으며 심한 소요를 일으키고 있다."」

셸든의 기록에 의하면, 그는 11월 22일 후 거의 매일같이 남이라는 인물
과 이근상(아마 이근택(李根澤)의 동생인 이근상(李根湘))과 밀회하여 어
떻게 하면 보호국이란 곤경에서 벗어날 수 있을지 상의했다는 것이다. 셸
든은 다음과 같이 쓰고 있다.

"이 조약은 표면상으로는 합의하에 이루어진 것처럼 되어 있고 세계적으로 그렇게 인식될 것이지만 사실은 그렇지 않다. 이 조약은 8명의 대신 중 4명만이 서명하였고, 이들 4명도 생명이 위협당하는 공포감에서 서명했다. 황제와 총리대신은 서명을 거절했고 또 계속하여 거절하고 있다. 외무대신은 거부하였는데도 경찰관 일대를 그의 저택에 보내어 강제적으로 직인이 들어가 있는 상자를 압수하고 궁중에서 그 상자를 파괴, 조약문에 날인하였다. 이 따위 행위가 세계에 알려질 때 이 보호국조약을 보는 눈이 달라질 수 있다. 루즈벨트 대통령도 그가 주장하는 '공평한 거래'를 여기에 해당시키려 할지 모르겠다."

이 기록의 날짜는 '을사보호조약'이 강요된 지 두 주일째 되는 11월 29일이다. 셀든은 '을사오적' 중에 한 사람인 이근택의 동생으로 생각되는 이근상과 정보를 교환하고 있었음으로 이 시점에서 이근택의 속마음도 약간은 짐작될지 모른다.

박제순(朴齊純) 외무의 호소문

사실상 '오적'의 1인이었던 박제순 외무대신이 을사조약이 강요되었던 11월 어느날 루우트 미 국무장관을 상대로 쓴 장문의 호소문을 통해 일인의 만행을 규탄하고 있는 데서도, 굴복은 굴복이지만 일인의 협박이 얼마나 무서웠던가 짐작하게 한다.

박제순은 이 서간에서 우선 황제의 지시에 의하여 귀하를 통하여 대통령에게 요청하는 것인데 이는 '제3국의 불공경모(不公輕侮)가 있을 경우 필수상조중재(必須相助仲裁)한다'는 한미수호조약의 조목에 기초하여 조력 중재 차후에도 독립운동가들이 미국대통령에게 편지를 쓸 때마다 써먹었다.

이어 박 외무대신은 일본에게 강압적으로 당한 불공평한 사례를 다섯

종류로 분류하고 일일이 그 예를 들고 있다. 첫째는 정치면에 있어서 민중을 착취하고 부정불의를 저지른 4~5명의 인물을 억지로 요로에 집어넣었고 일인을 고문으로 수용시켜 실질적으로 정부를 마음대로 움직이고 있다. 둘째는 사법면에 있어서 수도와 지방의 사법경찰권을 장악하여 일인은 범죄를 저질러도 무사방면하게 하는 등 횡포행위를 자행한다. 셋째는 재정면에 있어서 정부가 국채상환(國債償還)을 위하여 국내의 30여 명에게서 3백만 원의 차금(借金)을 입수하게끔 되었는데도 일본공사는 이 차금을 막고 대신 일본정부로부터 고금리로 빌리게 하였다. 그 후 다시 화폐개혁을 하여야 된다는 핑계로 교환을 불공정하게 하였다.

또 교환을 제한하여 한국인의 재산을 고갈시키고 그들은 대폭리를 취하였다. 자산도 별로 없는 일본 제일은행(第一銀行)의 은행권을 유통시켜 폭리를 취하게 하고 세금은 이 은행에서만 취급하게 하여 한국의 모든 금융자산을 이 사립 소은행의 손아귀에 쥐게 하였다.

넷째, 군사면에서는 러·일전쟁을 핑계하여 경향의 요충지대를 함부로 점령하여 소유주의 매매를 거부하고 점령한 구획에서는 일인들이 불법건축, 토지 겸병행위를 자행하고 있다.

다섯째, 상업면에 있어서 전보국·우편국을 강제로 접수하였고 합의도 없이 견사산업을 진흥하는 부문을 접수하였다. 전차궤도를 부설한다고 평양의 동문과 남문을 헐고 철거인에 보상도 지불하지 않았다.

이어 박 외무대신은 1년 전에 체결된 한일의정서에서 일본은 '대한제국의 독립 및 영토보전을 보증한다' 하였고 '상호간에 승인을 불경(不經)하여 본협정 취의에 위반할 협약을 제3국간에 정립(訂立)못한다' 하였는데도 제2차 영일동맹조약의 제3조에서 일·영은 일본의 이익을 옹호 증진하기 위하여 '한국에서 정당한 또는 필요로 인정되는 지도, 감리 및 보호의 조치를 승인'하기로 협약한 것은 일본의 '협약 위반행위이다'라고 공격하였다.

마지막으로 朴외무는 청·일전쟁 때에는 우리 측이 '불공경모'를 받아

귀정부에 도움을 요청하였을 때 그래햄 국무장관의 신속한 도움으로 무사할 수 있었던 것처럼 지금도 영향력을 행사하여 달라고 결말을 지었었다. 이 편지는 작성하기는 하였지만 전달됐는지의 여부는 미지수이다.

'남'은 이 편지가 11월 30일 콜브란 보스트위크회사 대변인 엘리옷이 한국을 떠난 후 1, 2일 안으로 발송될 것이라 하였다. 그러나 엘리옷은 '한국인들의 꾸물거리는 성격을 잘 아는 나로서는 결국 보내어지지 않을 가능성도 적지 않다고 생각한다'고 적고 있다.

필자는 아직 이 편지의 원문을 국무성문서철에서 찾지 못하였다. 혹시 겁을 집어먹는 박 외무 자신이 폐기했을 가능성도 있다고 하겠다.

고종의 외국인 밀사들

여하튼 셀든 법률고문은 '일인에 의하여 저질러진 이 추악한 한정(韓廷)에서의 교섭행위로 판단하건대 장래에는 훨씬 추악한 짓을 할 것이 틀림없으며 백인들도 이 나라에서나 청국에서 안전하게 장사할 수 있는 곳을 찾지 못할 것이다'라고 내뱉듯 쓰고 있다. 이어서 그는 다음과 같은 고종의 내의(內意)를 보스트위크에게 전달하고 있다.

　　폐하께서는 당신이 알렌 前공사와 의논하여 한국문제를 루즈벨트 대통령에게 이해시킬 수 있는 가장 유능한 국제법 전문가를 주선하여 줄 것을 원하고 있습니다. 폐하께서는 공동보호(국)안의 주선을 원하고 있으며 어떤 나라보다도 3국, 즉 미국과 영국이 일본과 같이 참여하게 될 것을 희망하고 있습니다. 신문을 매개로 하는 호소도 동시에 진행시켜야 합니다. 왜냐하면 미국에 있어서는 신문이 강력하기 때문이며 만약 루즈벨트가 고집을 부릴 때 여론이 그로 하여금 이 문제에 관심을 돌리지 않을 수 없게 만들 수도 있기 때문입니다. 한국인들은 알렌의 조력과 판단에 크게 기대하고 있습니다.

셸든으로서는 전 주미대사 초오테(CHAOTE) 씨가 이 사명을 위한 가장 적절한 인물로 생각한다고 그의 편지에 첨부하였다.

11월 30일 보스트위크회사의 엘리옷은 고종에게서 나온 공작금 대신인 사금(砂金) 몇 자루와 박 외무가 미 국무장관에게 보내려는 편지사본, 을사조약 성립 시 궁중에서 벌어진 강요극 내막, 그리고 고종이 성 페트로스버그에 주재하는 이범진(李範晉) 공사를 비롯한 파리 · 베를린 · 워싱턴 한국공관들에게 보내는 암호지령문을 가지고 인천을 떠나 상해로 건너갔다.

엘리옷은 미화 일만 불 이상의 가치를 지닌 사금자루는 은행에서 환금하게끔 하고, 구라파에서 돌아오는 콜브란과 12월 9일 상해(上海)에서 만나 의논했다. 엘리옷 부처와 콜브란 씨는 같이 독일객선으로 일본 코오베(神戶)에 가서 샌프란시스코로 떠나는 굿리치에게 비밀 서류뭉치를 맡겨 보스트위크에게 직접 전해주도록 하고 12월 19일 서울로 귀환하였다. 굿리치가 미국으로 떠날 때 엘리옷과 콜브란은 보스트위크에게 편지를 쓰고 있는데 그 내용을 종합, 요약하면 다음과 같다.

① 우리가 하려는 일은 그 성공 가능성이 천분지 일도 안되지만 고종이 너무 열심히 도움을 간구하는 까닭에 또 그가 우리 공작금을 전부 대고 있기 때문에 천분지 일의 요행에 감히 도전하는 것이 좋겠다.

② 우리 회사간부들이 이런 일에 말려들어 간 것이 알려지면 사업을 할 수 없으니 극비로 진행시켜야 한다.

③ 고종은 엘리옷이 친히 구라파로 가서 이범진 공사를 비롯한 몇몇에 밀서를 전달할 것을 요구하였으나, 회사 일이 바쁘기 때문에 당신의 친구인 굿리치의 미국행 길을 이용하니 비밀을 철저히 보장해야 한다.

④ 고종은 알렌 前공사의 도움을 절실히 요구하고 있다. 그런데 알렌은 금전면에서는 너무 등한히 하는 사람이기에 그에게 강력하게 경비와 보수를 받아야 된다고 말해 달라.

해외공관에게 보낸 암호문

⑤ 서류뭉치가 안착하였을 경우, 'ABERNETHY'라는 단어를 전보로 쳐달라, 알렌 前공사가 일하여 주기를 동조하였을 때는 'OSBORNE', 거부하였을 때에는 'ARROWROOT'라는 단어를 전보로 쳐달라.

⑥ 을사조약은 일대 사기극이다. 고종황제는 3국 보호국안을 몹시 원하고 있다.

⑦ 한국재외공관에게 보내는 밀서들은 암호로 되어 있고 밀봉하지 않아 들여다볼 수 있는데 무슨 이야기인지 통 분별할 수 없다. 두 장은 암호문이며 한 장은 백지에 황제옥새를 찍은 것이다. 황제는 우리에게조차 한문(漢文) 편지를 맡기기 꺼려서 각국 공사관의 공사들에게 직접 한문편지를 넣고 그 나라 원수에게 직접 전달하게끔 하였다.

⑧ 황제께서는 혹 루즈벨트 대통령이 그의 편지를 일본 측에 넘길까 두려워하고 있기 때문에 당신과 알렌이 잘 알아서 그런 위험성이 없을 것으로 확신할 때 수교하게끔 하여 달라.

[필자주 : 황제의 어새가 찍힌 구한국 외교암호문서는 주미공관의 김윤정(金潤晶) 대리공사에게 전달되지 않았기에 우리가 구한국외교암호 구조의 편린을 엿볼 수 있다.]

여기 소개하는 이 암호문장은 '일본' '보호국' 등 단어를 딴 영어철자로 짐작되며 그 출현상황과 빈도로서 해독의 실마리를 찾을 수 있겠다. 참고로 보스트위크회사의 암호문의 구조를 예로 든다.

SOBERNESS 한국황제NOBABLE
일본 일본인
AMERICAN 미국FORTFALLEN
신문은 이 책동을 도왔다
INZAKKING …에서 받은 전보에 의하면…
[해독을 위한 또 하나의 길은 프랑스나 소련의 공문서관을 조사하여 원문의 번역이 나오면 문제는 간단하다]

⑨ 고종은 의지가 박약하기 때문에 언제 강요에 굴복하여 서명할지 모른다. 그러면 우리 공작은 수포로 돌아갈 것이다.

⑩ 박 외무의 편지는 보내어질 가능성이 반 정도밖에 되지 않는다.

⑪ 나가사끼에 기항하였을 때 민영환(閔泳煥)과 그 모친, 그리고 박제순이 자결하였다고 토미 코엔에게 들었는데 이것이 사실이면 박 외무의 서간은 보내어지지 않을 것이다.

전(前) 공사 알렌의 기록

한편 샌프란시스코의 보스트위크는 상해 체류 중인 회사 간부들로부터 암호전보를 받은 후, 곧 12월 9일과 10일에 알렌 전 주한공사에게 편지를 썼다. 그 내용은 물에 빠진 사람을 보고만 있을 수 없다는 전제 아래 이론을 전개시킨 것. 여기에 대하여 알렌은 회신을 보내어 고종을 위하여 일하다가 도리어 배신을 당한 염려도 있다고 말하고 지금 헐버트가 열심히 뛰고 있으나 별 성과가 없을 것으로 전망된다고 하였다.

그러나 알렌은 이 일에 힘을 써준다는 자세를 포기한 것은 아니었다. 회신과 같이 알렌이 그의 친우 윌슨 장군에 보낸 편지의 사본을 첨부하였는데 그 내용은 대강 다음과 같다.

과거 2년간 고종은 나에게 일본인의 행동에 관하여 워싱턴에 보내는 호소편지를 전달하여 달라고 거듭 요청했다. 그러나 나는 편지가 전달되자마자 미국정부는 일본공관에 알릴 것이며 일본인은 당신 앞에 나타나 이에 대한 설명과 철회를 요청할 것인데 그래도 좋은가고 반문하여 침묵시켜왔다. 그런데 고종은 요즘 공개적으로 헐버트에게 전보를 친 모양이다(사실은 그렇지 않다). 또 많은 한국인들이 나에게 미국정부를 설득하여 달라고 부탁하여 왔지만 내가 앞장서면 루즈벨트 대통령은 한국을 더욱 가혹하게 다룰 것이며 나의 잘못을 찾아내려고 과거 통신문을 들추어 흠을 잡으려 할 것이다. 사실상 나는 몇 해 전에 실

비아 만(진해만·마산포 일대)의 미군점령을 제안하였었고 신정권 수립을 의논
한 전력이 있대이뿐 아니다. 1905년 1월 19일의 알렌보고문을 보면 고종이 미
국공관에 피신할 것을 요구하여 왔으나 그가 담장을 친히 넘어와서 보호를 요
청한다 하여도 돌려보낼 것이라고 으름장을 놓은 것으로 적혀 있다. 지금 조선
국왕은 미·영·일 3국에 의한 보호국안을 추진하고 있으며 이 공작을 위하여
일만 불을 송금히였는데 과연 추진하여야 되는지, 한다면 누구를 통하면 좋을
까 의견을 물었다. 하기는 보스트위크회사의 이익만 생각한다면 일본인과 합작
하는 것이 제일 좋을 것으로 안다. 조선국왕은 의지가 매우 박약하기 때문에
일본인의 위협에 굴복해 버릴 수 있겠다….

여기에 대하여 윌슨 장군은 전 주영대사 초오테 씨를 추천한다 하였고
알렌의 진해만 강점안을 탓하였다.
한편 보스트위크가 보관하고 있던 외교암호문은 한국 측에서 다시 지시
가 내려 보스트위크회사의 영국주재대표 쎄이스에게 우송되고 쎄이스가
직접 파리와 베를린에 있는 한국공관에 전달하도록 했다.
파리에 5백 파운드, 베를린에 1천 파운드 (주 러시아공관 몫까지 합쳐)
전달하게 하고 쎄이스는 하루에 5파운드의 보수를 받게끔 됐다는 것이다.
워싱턴의 공관에게 보낼 황제의 암호서간은 미국정부가 이 편지를 일본
측에 넘기지 않는다는 보장이 있을 때까지 알렌이 보관하기로 되었다.
이런 중에 1월 20일부터 초오테의 완곡한 사절편지가 도착하여 보스트
위크는 일만 불을 모두 써버리라고 거듭 요청하였다. 그러나 알렌은 사무
비 5백 불만 받고 이 일에서 손을 뗐다.

헐버트의 회고

뒷날 헐버트는 고종의 공동 보호국안은 자기의 아이디어였다고 술회하

고 자기가 미국에 휴대하고 온 황제의 친서 중에 한국이 영구중립국으로
보장될 때까지 미국을 포함한 조약국들의 공동보호국(JOINT PROTECTORATE)
됨을 받아들일 용의가 있다는 조항을 삽입시켰다고 술회(述懷)하였다(『뉴
욕타임즈』1916년 3월 5일). 1905년 12월 14일자의 신문보도를 보면 고종에
게 받은 전보는 다음과 같은 것이었다(『뉴욕타임즈』).

> EMPEROR DECLARES
> AGREEMENT OF NOV. 17 NULL
> AND VOID BECAUSE
> OBTAINED UNDER DURESS.
> ENTER PROTEST
> IMMEDIATELY. TRY TO
> SECURE A JOINT
> PROTECTORATE OF JAPAN
> AND AMERICA, EMPEROR
> DECLARES HE WILL NEVER
> SIGN THIS AGREEMENT
> UNLESS TERMS ARE
> MODIFIED

이 전보는 11월 19일 일요일에 받았다는 것으로 지금까지 알려진 전보
내용과 다른 점은 일본과 '미국'의 보호국이 되게 운동하여 달라고 지령이
내린 '사실'이다.

그러므로 후일 자신이 '을사보호조약이 강요되기 한 달 전에 미국으로
떠날 때 공동보호국안을 담은 친서를 가지고 왔다는 술회는 아직 검토의
여지가 있다고 하겠다. 헐버트는 미국에 온 후에 보스트위크 등과 자주 접
촉하여 의논한 바가 있었다.

또 1907년 1월 16일자 『대한매일신보』에 게재된 『런던 트리뷴』지 특파

원에게 위탁하여 그 신문에 실렸다는 황제의 친서(『매일신보』 사진 참조)를 자세히 관찰하면 제6항 「皇帝께서는 世界各大國이 韓國外交를 同爲保 □□□□□限은 以五年確定」이라는 곳이 대한국새에 가리워 보이지 않는데 이것은 '同爲保護함을 허하며 期限은 以五年確定'이라는 것이 아닌가 짐작된다.

해방 후 신탁통치(또는 후견제)가 5년을 기한으로 한 선례가 여기 보여 흥미로운데 어쩌면 유럽 여러 공관에 밀송한 암호문서 원문이 이런 것이 아닌가 상사되며 이들 암호문서 내에도 공동보호국안이 내포되어 있을 가능성이 높다.

고종이 일본인에 의한 민비참살을 목격하였고 그 하수인이 무죄석방되는 것을 본 뒤 일본인은 자기 생명까지 위협하는 무뢰한집단으로 인식하고 있었으므로 전전긍긍하여 러시아 공관에도 피신하였고 거듭 미국공관에의 피신을 요청하였던 것이다.

따라서 마지막까지 무척 노력하였으나 죽음을 결심한 의연한 태도로 헐버트나 콜브란 보스트위크를 지휘하지 못하여 처음부터 그의 3개국 공동보호국안은 빛도 못보고 물거품처럼 사라질 운명에 있었던 것이라고 할 수 있다.

알렌은 자기도 털면 먼지가 날 사람이었던 관계로 앞장을 서지 못하였다. 아이러니칼하게도 독일이 벨기에의 중립을 침범하였을 때 윌슨 대통령의 태도가 애매했다고 1916년 루즈벨트 전 대통령과 푸우트 전 국무장관이 아우성을 치기 시작하자, 윌슨 대통령 측에서는 그러면 너희들은 먼지가 안 나는가 옛날의 외교통신문을 다시 공표하며 그들의 구악(舊惡), 즉 일본이 한국을 보호국화 하였을 때의 그들의 정책을 매도하기 시작하여 한때 이 문제가 재조명되기는 하였던 것이다.

❖ 『월간경향』 3월호, 1987

재상해일본총영사관(在上海日本總領事館) 경찰부(警察部), 1930년대 상해(上海) 거주 한국인의 실태

1.

사료라는 것은 문헌에 국한하여 분류할 때 분류법에 따라서는 표면사료와 이면사료로 구분할 수 있겠다. 즉 신문 잡지나 관공문서 등의 소재에서 성립하는 사료와 외부에 발표할 의도가 없었던 기밀문서나 비밀기록을 소재로 하는 사료로 구분해 보는 것이다. 특히 현대와 같이 사실은폐 기술이 발달한 시대에 있어서 이면 사료가 공개되면 될수록 역사학에 대한 공헌이 클 것은 의심할 여지가 없겠다. 표면사료만의 이용은 자칫 허위사실의 기정사실화에 공헌할 우려가 있다는 말이다.

이 점에 대하여 예를 하나 들어본다. 상해 대한민국임시정부의 파벌항쟁은 널리 알려진 기정사실로 취급되어 왔다. 표면상으로 관찰하면 상해 임정의 지방색과 파벌에 의거된 상쟁은 부인할 수 없는 사실이다. 소위 서북파 안창호 대 기호파 신규식의 상쟁,『독립신문』과『신대한신보(新大韓新報)』의 알력 등이 그것인데, 이 알력의 일단을 조선군 참모부『조특보(朝特報)』제9호(1920. 2. 18)에서 전재하여 보면 다음과 같다.

상해 재류 불령선인기관인 '독립'과 '신대한' 신문의 알력 때문에 국민대회를 연 결과 '신대한'을 발행금지하지 못하여 '독립'측은 암암리에 간책을 써서 '신대한'의 인쇄소에 비밀교섭하여 (이들) 조선인은 일본인이므로 排日을 결행하는 當공장에서 이를 인쇄할 수 없다는 구실을 만들게 하여 인쇄를 거절케 함으로써 '신대한'은 그 후 휴간할 수밖에 없게 되었다. 그런데 該신문은 원래 신규식의 힘으로 설립된 것이기 때문에 (중략) 휴간에 이르게 됨은 필경 이를 교사하는 자가 있기 때문이라는 議論이 생기고 그 교사자로서 안창호를 지목하게 되어 申派 중에서 안 및 현정부를 비난하는 자가 점차 많아져 2월 초부터 소위 '임시정부' 파괴운동을 개시하게 되고 (중략) 그중에는 안창호 암살계획을 세우는 자까지 생겨 (중략) 안은 병을 칭하고 외출하지 못하게 되었다.

또 일경(日警)에서 입수한 「상해거주배일선인(上海居住排日鮮人)의 서신(書信)」(高警 제2308호, 1920. 2. 5)을 보면

더욱 心痛한 것은 '신대한' 신문은 신채호씨가 주간하는 것이기에 그 언론이 심히 정직 통쾌하여 (임시)정부의 책동을 監視하고 또 주의박약한 논조나 사이비 설명행위를 용서없이 게재하여 저들은 이를 눈 안의 못으로 겨기고 백방저해하여 폐간시키고 자기의 기관지 소위 '독립신문'만 존재시키려 하오(하략)

라고 쓰고 있다.

그런데 이 알력은 조선군 참모부에서 꾸민 모략이 성공한 결과라는 것이 그들의 『조특보(朝特報)』 제62호(1919. 10. 17)와 제65호(1919. 10. 28)에서 드러나고 있다.

새로 발행을 계획하고 있는 상해 '신대한신보'는 지금까지 발행되고 있는 '독립신문' 측에서 여러 방해를 받아왔지만 드디어 10월 17일 제1호를 발행하게 되고 我側 첩보자 사용의 方孝相이 그 감독에 임명되었다. 該신문사는 현재의 소위 임시정부와 의견을 달리하는 일파의 계획으로 당초에는 인기에 영합하기 위하여 약간 격렬한 논을 펼 것이지만 나중에는 자치주장을 할 것이라고 한다.

소위 임시정부의 기관 '독립' 밖에 지금 도 하나의 신문발행계획이 있음. 10월 10일경 제1호를 간행할 예정인 이 신문은 이동휘가 주장하는 무력독립에 반대하고 자치를 얻고 그 후에 독립에 이르려는 점진주의인 것으로, 신규식의 아우 某等이 이를 계획하고 鮮人 一富家의 출자에 의거하는 것인데 첩자가 사용하는 방효상이 주필로서 초빙되었음. 方은 申과 동창관계가 있어 그 신용을 얻었음. 이 신문이 발행되면 자연히 자치파와 독립파의 알력을 일으키게 되고 소위 임시정부 기초 동요의 원인이 될 것으로 예견됨.

1919년에서 1920년에 걸쳐 활약한 일제의 밀정으로는 이 방효상(方孝相) 외에도 김효헌(金兼憲), 한경순(韓敬順), 황옥(黃鈺)(일명 黃玉), 이우명(李愚明) 등이 이러한 기밀문서에 출현하는데 한경순 같은 자는 임정 산하 독립청년회 안에 다시 청년회를 조직하고 자기는 단내의 경찰과장에 자임하고 "거주자의 민적을 정리하고 정부의 의향에 순응, 비밀업무에 종사하고 일본인의 상황을 내탐(內探)한다"고 하면서 일제를 위하여 임정과 교민의 내막을 샅샅이 밀고한 자인데 이러한 자들은 예외없이 과격한 애국언론을 발설하면서 임정 안에 파고들어 임정 지도자들 간의 분열과 정보의 탐지에 전력을 다하였던 민족반역자들이었다. 이들 일제 주구들의 정보망이 얼마나 신속 주도하였던가는 다음의 예가 잘 보여준다.

1921년 3월 17일 장사(長沙)시에서는 정식으로 장사중한호조사(長沙中韓互助社)라는 것이 성립되었다. 그 취지는 중한 양국 인민의 감정 및 발전을 연락하고 중한 양국민의 사업을 계획함을 목적으로 한다고 했다. 발기인으로서는 상해임정을 대표로 하여 이우민(李愚珉) 황영희(黃永熙)(외무부 임시선전원) 이기창(李基彰) 등 제씨가 있었고 중국인 측에서는 모택동(毛澤東) 하숙형(何叔衡) 하민범(賀民範) 등이 열거되고 있다. 모택동이 적극적으로 그의 일당을 인솔하고 한국임정 원조에 나선 이유 중의 하나는 아마도 동년 여름 상해에서 비밀리에 거행된 중국공산당 창당대회에 출석하기 위한 위장활동이었겠지만, 이 사실은 어느 모택동 전기에도 나오지 않는 새 사실이다. 그런데 이 사실은 사후에 일경(日警)에게 보고되었을 뿐만 아니라(高警 제2376호. 1921. 7. 22) 사전에도 일경이 알고 있었다는 것을 高警 제13706호 「상해 독립운동자 활동에 관한 조사보고」(1921. 4. 29)가 말하고 있다. 즉 이 기밀문서는 조선총독부 경무국 『상해재주 불령선인의 상황』을 인용하여

지나(支那) 한구(漢口) 및 장사(長沙) 등지에서는 근래 중한호조단 주비처(中韓互助團 籌備處)라는 것을 설립하고 該지방 신문기자 및 기타 지나인과 협동하여 지나인의 결속을 책하려고 계획하고 있다는 정보가 있다.

라고 쓰고 있다.

우리(고등경찰)의 집무의 성적은 거의 밀정의 획득 및 조종의 교졸(巧拙)에 달려 있다 하여도 과언이 아니다. 우수한 밀정의 획득은 특무(特務)가 가장 고심하는 점이다. (중략) 우수 밀정이란 즉 대상에 가장 접근한 자이므로 한편으로는 위험성이 많은 것이다.

라는 기록이 [미공간기록인 북지경찰부(北支警務部) 제2과, 고등경찰사무연습회구술요지(高等警察事務講習會口述要旨), 1940. 210~211쪽] 상기한 기사의 해설에 적합할 것 같다. 일제의 모략과 정보수집 기술이 이러한 것이었기 때문에 일제 치하에서 일어난 의심스러운 사건들은 비록 이에 대한 이면사료의 뒷받침이 없다 하여도 모두 일단은 딴 시각에서 재검토하여 보는 것이 바람직하다.

이런 의미에서 보면 상해사변의 한 계기가 된 일련종(日蓮宗) 승려 살상사건도 그 배후가 더 알려져야 할 사건이다. 1932년 1월 18일 대련에 본거를 둔 일련종의 승려 천기계산(天崎啓山) 수상수웅(水上秀雄)과 신도 후등방평(後藤芳平) 흑암천차랑(黑岩淺次郎) 등촌국길(藤村國吉) 등 5명은 북

을 치고 '제목(題目)'을 외면서 항일로 알려진 타월제조공장 삼우실업사(三友實業社) 앞을 통과하다 중국인 군중의 습격을 받아 3명이 중상을 입고 불인(佛人) 경영의 성심병원(聖心病院)에서 응급치료를 받은 뒤 다음 날 일본계 복민병원(福民病院)에 수용되었다가 수상수웅(水上秀雄)은 24일 사망하였다.

그런데 이 사건은 당시 상해주재 공사관 부 무관보좌이었던 전중융길(田中隆吉) 소좌의 모략이었음이 전후 그가 쓴 수기로 확인되었다. (田中隆吉, 「상해사변은 이렇게 일으켰다」 별책『지성』『숨겨진 소화사』1957 및 臼井勝美, 『만주사변』1974 150~151쪽). 그는 만주 건국공작에서 열국의 눈을 돌리기 위하여 국제도시 상해에서 사건을 일으키도록 관동군 이타가키(板垣) 참모의 의뢰를 받고 당초에 일인 대신 한인을 희생시킬 계획이었다고 술회하였다. 그런데 작가 마쓰모토 세이초(松本淸張) 씨는 그의 논픽션에서 일인을 죽이려 하다가 다시 일본명을 가진 한인 일련승을 죽이게 되었다고 쓰고 있다. (「군부의 妖怪」『별책문예춘추』1965. 1). 전중 소장은 동경재판에서 검사 측 증인되어 많은 군인을 전범으로 확정시킨 인물로 지목되어 구 군인층의 증오와 협박의 대상이 되었던 자이다. 그러므로 그가 자기의 비행을 기사화한 것도 따지고 보면 적당한 선까지 후퇴하여 더 드러나지 못하도록 하는 보신책이 있지 않았나 생각된다. 이 논픽션을 보면 마쓰모토(松本) 씨는 분명히 아직도 엄격한 군율 속에 살고 있는 구 군인들에게서 취재한 것으로 간주된다. 수상수웅(水上秀雄)이 한인이었는지 일인이었는지 일본 역사학도들의 협조를 바랄 뿐이다.

2.

이상에서 장황하게 상해를 주심으로 한 이면자료에 대하여 적은 것은 상해에 관한 여하한 이면자료의 출현도 보다 진실에 가까운 상해 임정사의 편찬을 위하여, 또 나아가서는 일제시대사를 위하여 다행스러운 일이라는 것을 강조하고 싶어서였다.

이번에 소개하는 재상해일본총영사관경찰부(在上海日本總領事館警察部) 편찬『소화십이년(昭和十二年) 특고경찰에 관한 사항(特高警察に關する事項)』제3장「재류조선인의 상황(在留朝鮮人の狀況)」은 지금까지 공간된 바 없는 신자료이다. 원본은 등사판으로「昭和十三年十一月二十六日 上秘第654號」라고 육필로 적혔다. 원본은 제1장 재류방인 좌우익동정(在留邦人左右翼動靜)(13~36쪽), 2장 출판물검열 상황(出版物檢閱狀況)(37~52쪽), 3장 재류선인(在留朝鮮人)의 상황(53~164쪽), 4장 대만인(臺灣人)의 상황(165~262쪽), 5장 중국공산당 급 노동운동의 상황(263~360쪽), 6장 재상해 러시아인(在滬露西亞人)의 상황(351~402쪽), 7장 일반외국인 관계(一般外人關係)(403~414쪽)로 구분되었다.

제3장 '재류조선인의 상황'은 대충 사회단체의 상황과 취체의 상황으로 가를 수 있는데, 취체의 상황은 중요사실만 요약되어 내무성(內務省) 경보국(警報局)「소화12년에 있어서의 사회운동의 상황」에 들어가 있으며, 또『특고외사월보』와 경성고법 검사국 사상부『사상휘보』의 재화불령조인(在華不逞朝人) 관계기사와도 연관이 되는 것으로 생각된다. 경보국의「소화××년에 있어서의 사회운동의 상황」중의 재화한인 취체상황은 원서방(原書房)에서 출간한『조선독립운동II』에 전재되어 있으므로 본 자료 '재류조선인의 상황'의 절반은 약간이나마 세상에 알려지고 있는 셈이다. 그 자세한 비교연구는 생략하고 여기서는 첫 부분의 사회단체의 상황을 살펴보기로 한다.

우선 주요영업자 조사는 좋은 자료이나, 결코 완비된 것이 못 된다. 국부군의 후퇴에 따라 오지에 이동한 한인 상공업자들도 적지 않았다. 상해에서 미제만년필을 취급한 거상 임득산(林得山)이 여기 보이지 않는 것은 이때 그가 남경으로 철수했기 때문이다. (『사상휘보』 1939. No.14, 230쪽) 이 자료가 보여주는 하나의 의의는 본국에서 자본금을 끌어대고 일본패망 후 알몸으로 귀국할 수밖에 없었던 공상업자의 실태의 일단을 알 수 있으며, 대국과 소국의 국외업자의 상이한 처지를 보여주는 것이다.

한인 직업별 조사표가 보여주는 두드러진 현상은 낭자군(娘子軍)의 진출이 전체의 과반수를 넘는 데 있다. 1937년 9월에서 1938년 12월까지 상해방면(華中)으로 떠나는 도항목적이 상업 456명에 예창기(藝娼妓) 293명, 여급 92명, 무직 288명으로 되어 있는 것과 아울러(「최근에 있어서의 조선 치안상황」 1933, 1937년. 1966년 嚴南堂서점에서 복제) 호자료(好資料)이다. 1937년만의 통계를 보아도 한국여성들이 중국으로 '팔려'간 숫자가 최소 1천 명을 넘으며 만주까지 합치면 3천 명을 넘는 것으로 생각된다. 일제말 육군 위안부로 강제징용된 인원수까지 합치면 가공할 숫자를 이루는 것이 아닌가 생각되며, 송·명대에 중국에 범람한 고려비(高麗婢)에 이은 일대 역사현상을 포착할 수 있겠다.

다음 일경(日警)의 상해한인교회 대책은 한인 목사로 하여금 "종교 본래의 사명에 입각하여 활동"하게 하는데 있음을 알 수 있다. "그 전도에서도 다분히 민족의식을 불어넣던 경향"이 소화9년 말경부터 '시정'되어가고 있음을 본다. 본문은 "소화11년 4월말 방효원(方孝元)이 목사로 내임. 소화12년 6월(교회당 건립) 자금 조달차 귀선 중"이라 하였는데, 방효원 목사는 필자의 조부로 이 '귀선 중' 신의주경찰서에서 혹독한 고문을 당한 바 있다. 따라서 본문 중에 김성배(金聖培) 목사가 "당관(當館)의 주의를 잘 준수하여 교회로 하여금 민족 독립운동 등에 이용됨을 피하게 하기 위하여" 운운한 배후에는 어떠한 사정과 고충이 있었는지 모른다.

이 해에 일본 특고의 일본본토 기독교사찰보고문은 "소위 저들의 일본화운동도 그 진의가 과연 기독교로서 충심으로 나온 것인지 또는 시국에 영합하여 교선(教線)확장의 수단편법으로서의 일시적 타협인지" 그들의 이중적 동태로 보아 의심스럽다고 쓰고 있다(『특고외사월보』 1937. 12. 181~188쪽, 「지나사변에 관한 종교 제단체의 동정」) 그러나 '온전히 포교에만 힘쓰고' '종교 본래의 사명에 입각하여 활동'함이 또한 외세의 이익에 부합한 것도 묵과할 수 없는 사실이다.

한 가지 여기에 부기하려는 비밀문건이 있다. 1939년 화북지방 일본경찰서 사법주임들이 토론회를 가졌을 때, 한국인 아편밀매자와 유랑민 대책으로 각지에 세워진 선인 입식촌('鮮人入植村')의 성적이 부진한 문제가 제기되고 산동성 充州 분서장이 "조선인은 그리스도교를 신앙하는 자가 많다고 듣고 있는데 차등 설비를 농촌 내에 두지 않음으로써 입식을 기피하는 것이 아닌가 사료하는 바 여하한가"라고 제의하자 조선총독부 북경 출장소장 대야(大野) 사무관이 답변에 나서 "왕년 평안북도에 차종(此種) 신도가 많았지만 현재 하등 현념(懸念)할만한 필요가 없는 상태이다"이라한 것은 (미공간기록 북지영사관경찰국사법주임회의록(北支領事館警察局司法主任會議錄)) 대야 사무관이 보는 대로 이미 1939년에는 그리스도교가 민심에 끼치는 영향력이 거의 없다는 것일 것이다.

다음으로 상해거류 조선인회 단체의 성립과 유지에 일측의 어떠한 뒷받침이 있었는가에 대하여 「상해거류 조선인회의 상황」이 생생하게 개관하고 있다. 이 단체의 성립과 성장에 일본기독교청년회가 담당한 교량적 역할을 우선 지적하지 않을 수 없다. 기독교를 중심으로 하여 전개되는 상해의 한인운동에 파고들려면 반드시 일본 기독교 단체를 이용하여야 되었을 것이며, 아동교육열에 주목하여 선인유치원부터 성립시킨 것으로 생각된다.

이 친일단체의 「사변에 대한 활동개황」을 보면 "청장년을 독려" "포연탄우 공습하에서" "토낭조작에 종사" "군수품의 운반 육양(陸揚)에 연일 힘쓰고" "공대(公大)비행장의 건설" "군수품의 운반" "상병간호" "시체처리" "얻어진 임금의 육해군 헌금" 등 "감격할만한 행동"이 많았다고 칭찬을 아끼지 않고 있다. 물론 여기 동원된 청장년이 모두 친일파일 수는 없다. 1937년 10월 1일부 고경이 국부군 측에서 얻은 정보를 보면 이들 한인인부 중에는 독립운동을 지지하는 사람들이 상당수 끼어 있었던 모양이나(『사상휘보』 1937년 3월. 「재지불령선인의 암약에 관한 정보」 226쪽) 이들 친일파 인사에 그런 흔적은 보이지 않는다. 여기에는 경제적인 문제, 민족적 자각심의 결여, 출세욕 등이 문제가 될 것이나, 독립운동에 투신한 사람들은 "단돈 5원의 지불에 궁하여 부도수표를 발행하고 심지어 궁한 나머지 친자식을 중국인 가택 내에 유기하는 등 그 참상은 형용할 수 없는 것이 있으며 그 중에는 1일 1식으로 감식(減食)하고 또는 호떡으로 겨우 생활하는 자들이 있는"(高警 24265호의 1, 대정10년 8월 1일, 상해 불령선인 궁핍의 상황) 처지이었음을 또한 명심하여야 될 것이다. 만철 상해사무소에서 발송된 『상해정보』 54호(대정14년 11월 9일) 벽두에 "상해조선가정부의 전 대통령 박은식은 영양불량 때문에 11월 1일 당지 공제병원(共濟病院)에서 사거했음"(『현대사자료』 33, 만철 III, 519쪽)이라고 전한 것도 상기 내용에 의거하여 해석되어 마땅하다.

미공간자료인 본 자료의 출판은 비단 하나의 사료를 발굴했다는 것 외에도 많은 교육효과를 가져올 것을 확신한다.

❖ 『신동아』 8월, 1979

미국의 한국 관계 현대사 자료

제가 오늘 말씀드리고자 하는 것은 미국 내 한국 현대사 관계 자료입니다. 즉 연구자들이 미국에 왔을 때 길잡이가 될 만한 안내 목록을 제공하고, 그 내용에 대한 해석 임무를 가지고 있는 것 같습니다. 배포해 드린 자료는 미국 국립 기록 보존소 및 기록 관리소에 소장되어 있는 한국 관계 자료의 일부로서, 한글로 번역해 주신 손보기(孫寶基) 교수님께 감사드립니다. 이 자료 목록은 지금까지 소개된 자료 목록과 비교해 간단하지만 보다 자세한 것으로 생각합니다.

이 목록은 한국이 일본에 강제로 병탄된 1910년부터 편집하였습니다. 먼저 미 국무성에 소장되어 있는 외교 문서부터 소개하겠습니다. 미 국무성 문서는 'special collection'과 'decimal file'로 구분할 수 있습니다. 'decimal file'이란 미 국무성 일반 문서를 소수점을 포함한 숫자를 이용, 십진법으로 분류한 문서군(群)입니다. 예를 들어 895의 95는 한국이고, 800은 내부 상황을 가리켜, 결국 895는 한국의 국내 상황을 얘기합니다. 또 94는 일본을 가리키므로 894는 일본의 국내 상황을 말하고 있습니다. 즉 "International affairs of Korea"는 연구자들이 즐겨 사용하는 문서군으로, 연차별로 한국 내의 상황 보고가 중심이 되어 미국 내에서의 한국 독립 운동도 취급하고 있습니다. 또한 3·1운동이 가장 자세하게 기록되어 있기도 한 문서군이기도 합니다. 어제 호춘혜(胡春惠) 교수님께서 대만과 장개석(蔣介石) 문서에 의지하여, 미국이 대한민국 임시정부 승인에 인색하였던 까닭이 인도의 독립 문제와 관련이 있었다고 말씀하셨습니다. 그래서 제가 그분 말씀을 듣고 메모를 들춰 관계 기록을 찾아보니 완전히 부합하고 있습니다.

그러면 895로 시작되는 문서 가운데 1941, 42년의 기록 몇 가지를 우선 소개하겠습니다. 1941년 12월 9일 이승만 박사는 미 국무성을 방문하여 임시정부 승인을 요청하고 자기의 신임장을 제출하였습니다. 이틀 후인 12월 11일 대만에 있는 임시정부의 조소앙(趙素昂)도 주중(駐中) 미국 대사를 방문하여 임시정부 승인을 요청하였습니다. 1941년 12월 12일 이승만은 무기대여법의 적용을 목적으로 한다 하여 중국 정부가 대한민국 임시정부를 승인하도록 미국이 측면 지원해 줄 것을 요청한 바 있습니다. 또 1942년 2월 4일 이승만은 신임장을 정식 제출하였는데 다음날 미 국무성은 신임장을 이승만에게 되돌려 주었습니다. 2월 7일 이승만은 신임장을 다시 제출하였습니다. 이것은 895—01—72라는 decimal file에 기록되어 있습니다. 2월 19일의 회답에서 미 국무성은 신임장을 묵살하고, 미국 내에서의 "free movement"를 존중한다는 미국의 입장을 천명하였습니다. 3월 24일 이승만은 미 국무성에 편지를 써서 임정은 한국 국민의 유일한 정통 정부로서 "free movement"가 아니라고 반박하였습니다. 그러나 이때 미국은 이미 임시정부 불승인 방침을 굳혔기 때문에 이 요구를 묵살했습니다.

한편, 미 국무성은 중경의 주중(駐中) 대사관에 알려 중국 정부의 임정에 대한 태도와 임정의 규모를 알려 달라고 훈령하였습니다. 그 대답은, 중국 정부는 임정 지지에 적극적이 아니고 임시정부 규모도 매우 작다고 보고하였습니다. 이 사실은 decimal file 895—01—56에 나와 있습니다. 2월 10일 미 국무성은 영국에 조회하여 영국과 미국이 보조를 같이 하여 한국 문제를 다루도록 의견을 조정하였습니다. 즉 임시정부의 한반도에 대한 영향력이 미지수이기 때문에 임시정부 승인을 미루자는 데 의견의 일치를

보았습니다. 그리하여 3월 20일 미국과 영국은 이러한 입장을 중경의 대한
민국 임시정부에 전달하였습니다. 3월 28일 주중 미국 대사는 한국의 독립
문제는 다른 아시아 식민지, 즉 인도와 관련하여 고려해야 한다고 전달했
습니다. 이는 어제 호춘혜 교수님께서 말씀하신 것과 같습니다.

 1942년 4월 송자문(宋子文) 중국 정부 외교 장관은 미국 대통령에게 한
국 망명가들을 대동단결시키고 북 중국에 있는 50,000명의 한국인을 무장
시키자고 주장하였습니다. 4월 12일 미 국무성 메모는 송자문의 제의를 호
의적으로 다루었지만 임시정부 승인 문제는 보류하기로 결정하였습니다.
그리고 한국의 독립 문제는 인도의 독립 문제와 연관시켜 생각해야 하며,
인도 독립 문제 토의가 한국이나 필리핀의 독립 문제 토의보다 선행되어
야 한다고 지적한 바 있습니다. 여기까지만 인용하겠습니다. 금후 미 국무
성 자료를 보는 각도와 중국의 장개석 자료를 보는 각도를 서로 연결시킬
것 같으면 한국 독립 운동 및 임시정부 연구에 좋은 자료가 되리라 생각합
니다.

 그리고 이승만 박사의 미국에서의 독립 운동도 주로 이 문서군에 포함
되어 있습니다. 이승만의 미국에서의 독립 운동이 어떠한 공훈이 있었으
며 어떠한 기준에 의해 평가해야 할 것인가 하는 문제는 1910년부터 1945년
에 이르는 미 국무성 자료를 이용하면 비교적 용이하게 추적할 수 있습니
다. 즉 이 자료에 관한 'name list'가 비치되어 있습니다. 따라서 Doc. Syng
Man Lee라는 name list를 볼 것 같으면, 이승만과 미 국무성과의 연락 문서
가 모두 들어 있습니다. 제가 이승만 박사나 국민회, 한길수 및 다른 독립
운동가들이 미 국무성과 교신한 사실을 조사해 보았습니다. 이승만이 약
30건, 국민회가 약 30건, 서재필(徐載弼)이 약 10건, 한길수가 약 30건이었
으며, 그 내용은 주로 독립 청원으로서, 임시정부 승인 요구 문서들이었습
니다. 따라서 이승만의 미국 내에서의 활동과 그의 외교를 통한 독립 운동
방략이 과연 효과가 있었는가에 대해서는 충분한 토론이 있어야 할 것으

로 생각됩니다. 이승만의 재미 활동이 방송 청취나 지하 루트를 통해 과연 국내에 영향을 끼칠 수 있었던가, 영향을 줄 수 있었다면 이승만의 독립 운동 공적을 크게 인정할 수 있겠습니다.

또 이승만의 미국에서의 활동이 만주나 중국 대륙에서의 독립 운동에 좋은 영향을 줄 수 있었던가, 도리어 나쁜 영향은 주지 않았던가 하는 문제가 제기될 수 있습니다. 미국에 있는 당시 『동포신문』 등을 보면 당시 미주 동포들, 특히 육체 노동자들은 임시정부 및 중국 지역 한국 독립 운동이 고생스러운 그들의 생활에 있어서 절대적인 지주이었고 정신적 위안이었습니다. 그리하여 그들의 분수에 넘치는 헌금을 국민회·동지회·한길수 등을 통해 기부하였습니다. 그러면 이승만과 그의 지지 기반인 동지회의 1인당 헌금액이 국민회나 다른 기관에 비해 어떠했는가, 이것이 또한 우리들의 관심사가 아닐 수 없습니다. 저로서는 역량이 부족해서 아직 이 문제에까지 미치질 못했습니다만 이러한 문제들이 충분히 토론될 때 이승만의 재미 활동의 공적이 드러나게 될 것으로 기대됩니다. 이상의 모든 활동의 대강이 895로 시작되는 file에 담겨져 있습니다.

다음으로 "한미관계(American Korean Relations)"는 211.95, 311.95 등으로 분류되어 있습니다. 95는 한국이고, 11은 미국입니다. 11과 95를 합할 것 같으면 미국과 한국의 상호 관계를 가리킵니다. 200·300·400·500·600·700은 emigration, 즉 이민·법률·법적 문제 등을 가리킵니다. 미국과의 무역관계·미국의 대한 정책 등을 살펴보려면 711.95를 보면 됩니다. 이 decimal file에는 재미있는 자료들이 산적해 있으며, 우리들이 10년 걸려서도 찾지 못할 방대한 분량입니다. 제가 두 달 전에 이 decimal file에서 서재필이 구한말 사기당한 자신의 토지를 되돌려 달라고 조선총독부에 신청한 기록을 발견했습니다. 그 기록을 유심히 살펴보았더니 이 토지는 화동(花洞)의 경기고등학교 자리로, 서재필·박영효(朴泳孝)·김옥균(金玉均) 등이 합자에서 구입한 땅으로, 갑신정변 후 정부에 몰수당하였다가 후일 이들이 복권된 후 서재필이 토지 문서를 미국 공사관에 맡겨 놓았었습니다. 그러다가 서재필이 미국으로 다시 건너간 후 한국 정부는 이 땅을 몰수하였습니다. 1911년 서재필은 미국 영사관을 통해 이 사실을 확인하고 조선 총독부를 대상으로 20만 불 배상 소송을 제기하였던 것입니다. 이후의 사실에 대해서는 자세히 모르겠고 이와 관련된 자료들을 국사편찬위원회에 제공했기 때문에 앞으로 더 연구 검토되어야 할 문제입니다.

다음은 "국무부의 해외활동 문서(Records of the Foreign Service of the Department of States)"입니다. 이는 미국의 재외 공간 기록을 말합니다. 이 가운데 한국 관계 기록은 1911년부터 1955년까지입니다. 1911년부터 1936년까지는 서울 영사관 항에 들어 있고 1936년부터 1941년까지는 동경 대사관 항에 들어 있어서 지금까지 한국 연구자들이 발견하지 못했던 것입니다. 1936년부터1941년 사이의 자료 중에는 특히 신사 참배 문제에 대해 많은 선교사들이 대사관과 주고받은 기록들이 있고, 당시 미션계 학교에 대한 탄압 기록들이 포함되어 있습니다. 그리고 ugly missionary와 good missionary도 확연하게 구분하고 있습니다.

다음은 "미소공동위원회 미국대표단 문서(Records of the American Delegation U.S—U.S.S.R joint Commision on Korea)", 즉 미소공동위원회에 관한 보고서입니다. 이는 미국 측이 회의 진행·교섭 과정 및 남북한의 반향 등과 조만식(曺晚植) 선생을 만나 뵌 기록 등 중요한 당시의 자료들을 마이크로 필름화한 것입니다.

다음은 "유엔조선임시위원단 관련 문서(Records Relating to the United Nations Temporary Commission on Korea)", 즉 유엔 임시 한국 위원회의 보고서입니다. 여기에는 최능진(崔能鎭)이 이승만으로부터 선거에서 부당하게 압박당했다는 기록 등 여러 가지 문서들이 있습니다.

다음은 "웨드마이어 사절단 중국·한국 방문 문서(Records of Wedemeyer Mission to China and Korea)", 즉 웨드마이어 사절단이 한국과 중국을 방문한 기록입니다. 한국 관계 자료는 5~6상자 분량으로, 이 가운데 2상자는 남한 주민의 투서들입니다. 웨드마이어는 한국민의 투서를 장려했습니다. 그래서 좌익·우익 할 것 없이 많은 투서를 하였습니다. 그리하여 허헌(許憲)·이극로(李克魯) 및 유명한 우익의 거두들과 많은 국민들이 자기 나름대로의 남북한 통일에 관한 의견들을 피력하고 있습니다. 이 투서들은 전부 한글로 되어 있어 참고하기에 용이합니다.

다음은 "한국전쟁과 관련 있는 극동과 문서(Records of the Bureau of far Estern Affairs Relating to the Korean War"로서, 한국 전쟁에 관한 미 국무성 동아 국장의 기록 5건은 아직 비밀 해제가 되지 않고 있으나 금년 안으로 해제된다고 합니다.

다음은 "삼우조정위원회, 국군 - 육군 - 공군 조정위원회 사건문서(The State-War-Navy Coordinating Committee and State-Army-Air Force Coordinating Committee Case Files)"와 "삼무조정위원회, 소위원회 및 각 부서 문서들(The State-War-Navy Coordinating Committee and State-Army-Navy-Air Force Coordinating Committee Subcommittee and Departmental Files)"입니다. 이는 국무성·육군성·해군성 조정 위원회 관계 문서입니다. 여기에는 이들 기관이 합동해서 결정한 미국의 대한 정책 관계 문서로 마이크로필름화되어 있습니다.

다음은 "전쟁부 일반참모부 및 특별 참모부 및 미영 대화 기록(Records of the War Department General and Special Staffs, American-British Conversation Files)"입니다. 이는 국립고문서관(古文書館)에 있는 현대 군사부 자료입니다. 이는 특수 참모 본부에서 나온 것으로, 미국과 영국이 의견을 조정하기 위해 오고간 문서들입니다. 속칭 이것을 "ABC file"이라고도 합니다. 여기에 들어 있는 자료들을 살펴보면, 일례로 미국 군부와 국무성이 한반도를 점령하여 합법적인 정부가 수립될 때까지의 외국군 주둔 계획을 들겠습니다. 함경도는 소련, 평안도는 영국, 전라도는 중국, 서울과 경상도는 미국이 점령한다는 계획이 지도와 함께 나타나 있습니다. 이 자료는 모두 90상자 분량인데, 미국의 유명한 한국 연구가들이 가장 많이 이용한 자료가 바로 이 자료입니다. 그런데 이들이 이용한 자료의 번호는 작년에 재분류하는 과정에서 변경되었기 때문에 주석을 그대로 인용하는 것은 위험한 일입니다. 제가 이번에 정리한 목록은 재분류한 자료의 목록입니다.

다음은 "Records of the Assistant Chief of Staff, G-2, Intelligence Library File" 입니다. 이 자료는 미 육군성 정보 도서관에 있는 한국 · 중국 · 일본 · 필리핀에서의 정보 보고인데, 만주에서의 중국 국민당 정보기관의 활동, 북한에 대한 중공군 지원 부대의 활동 상황 등과, 한국 관계 정보 문서들이 많이 수록되어 있습니다.

다음은 "한국군사고문단 문서(Records of Korea Military Advisory Group)" 으로, 이는 군사고문단에 관한 기록입니다. 브루스 커밍스 교수가 찾다가 못 찾고 제가 찾아냈습니다마는 별로 중요치 않은 20상자는 비밀이 해제되었으나, 중요한 내용이 담겨져 있는 것으로 여겨지는 10상자는 아직 비밀이 해제되지 않고 있어 제가 계속 공개를 요구하고 있는 중입니다.

다음은 아직 보지는 못했습니다만 "태평양 미 공군 문서, 극동사령부 (Records of the U.S Army Forces Pacific, The Far East Command (FEC))", 즉 미 극동 사령부 기록이 약 5,000상자가 있습니다. 이는 맥아더 사령부 기록으로 이 가운데에도 적지 않은 분량의 한국 관계 기록들이 포함되어 있는 것으로 알고 있습니다. 이 문서는 1945년 4월부터 9월까지 계속되는데 정확한 날짜가 명기되어 있지 않아 제가 논문으로 발표하고 싶어도 아직 못하고 있고, 건국대학교의 신복룡(申福龍) 교수님께서도 이 자료를 찾고 계시는 것으로 알고 있습니다.

제가 이 자리에서 특별히 소개드리고 싶은 자료는 OSS(미 전략국, CIA의 전신)에 있는 한국 관계 문서입니다. 여기에는 대한민국이 수립되기 이전의 미국의 대한 정책에 관한 자료들이 많이 있습니다. 한국에서 철수한 미국인 선교사·상인·교수 등을 상대로 인터뷰를 한 기록입니다. 이는 한국의 독립 능력 문제·국민성 등을 객관적으로 인식하는 데 큰 도움이 됩니다. 또 이와 함께 1945년에 OSS 대원이 태국·버마 등지를 돌아보고 보고한, 여자 정신대가 해방 후 곤경을 당하고 있는 상황에 대한 보고도 포함되어 있습니다. 그리고 한경직·이하영 목사 등이 월남하면서 조사받은 보고서 등이 있습니다. 금년부터 OSS 관계 문서들이 보다 많이 공개된다고 합니다.

다음은 메릴랜드에 있는 일반 기록 문서부에 있는 자료들입니다. 이 가운데 가장 중요한 것이 미 군정에서 한국 역사 편찬을 위해 수집한 자료를 미 제24군단 G-2 군사부에 보낸 자료들입니다.

다음은 "연합국최고사령관 문서(Records of the Supreme Commander for the Allied Powers, SCAP)"로서, 이는 연합군 최고 사령부 문서 10,000상자를 말합니다. 이 자료는 일본 정부에서 1,200만 불을 투자하여 10년 계획으로 정리하고 있습니다. 현재 정리되는 대로 일본으로 보내져 마이크로필름화하고 있으므로 일본 국회 도서관에서 혹시 볼 수 있을지도 모르겠습니다.

다음은 미 국립 공문서관에 있는 미군정 관계 자료들입니다. 이는 "주한 미군정사(History of the United States Military Government in Korea)"라는 자료로 주한 미군정사(軍政史)라 할 수 있겠습니다. 이 자료는 마이크로필름화하여 미 국회 도서관, National Archives에 소장되어 있습니다. 또 "주한미군사(History of the United States Armed Forces in Korea)", 즉 주한 미군의 한국 점령사로서 이 역시 마이크로 필름화되어 미 국회 도서관과 National Archives에 소장되어 있습니다.

다음은 "정보참모부 북한 정보요약(G-2 Intelligence Summary Northern Korea)"으로서 북한에 관한 G-2의 정보 요약입니다. 한림대학에서 거의 전부를 수집하여 출판 단계에 있습니다. 이 자료는 매우 귀중한 자료로서 이 자료를 통하지 않고서는 미군정에 관한 얘기를 논할 수 없을 것입니다.

다음은 "정보참모부 일일보고서(G-2 Periodic Report)"입니다. 1945년 9월 8일부터 1950년 6월까지 미 군사 고문단의 정보 일지입니다. 여기에는 1945년 미군이 인천에 상륙할 때 여운홍(呂運弘)이 미 군함에 가서 친일파를 거명하며 이들을 등용할 수 없다고 하는 내용 등 재미있는 사실들이 수록되어 있습니다.

다음은 "주한 미군정 활동 요약(Summation of United States Army Military Government Activities in Korea)"으로, 이는 남한에 있어서의 미군정의 통계 월보입니다. 1945년부터 1948년까지의 미군정 노동부 · 교육부 · 교통부 등의 자료가 부처별로 분류되어 있습니다.

다음으로는 당시 남한의 좌우익 신문과 북한 신문을 요약한 "신문 변역 (Translation of the Daily Newspapers)"입니다. 여기에는 1945년 9월 9일부터 1949년 초까지의 남한에서 발행된 신문들이 일부 남아 있고 미군정에서 입수한 북한 신문을 번역한 것도 있습니다.

이상으로 미국 내에 소재하는 한국 관계 자료의 소개를 마치겠습니다. 여러분, 감사합니다.

The Korea-Related Modern Historical Materials At the National Archives And The Other Institutions

National Archives And Records Administration

1. THE DIPLOMATIC BRANCH

Records of the Department of State Relating to Internal Affairs of Korea
Record Group(RG) 59. Decimal File 895 1920~1954 Also, Decimal File 795

& 995

- American-Korean Relations.

RG 59, Decimal File 211.95

311.95

411.95

511.95

611.95

711.95

- Records of the Foreign Service Posts of the Department of States.

RG 84 Korea, 1950~55

1948~50(two boxes only)

Japan, 1936~41(Tokyo embassy)

1911~36(Consulate in Seoul)

- Consular Trade Report, 1925~50(RG 59)
- Records of the American Delegation U.S.-U.S.S.R. Joint Commission on Korea(GR 43)
- Records relating to the United Nations Temporary Commission on Korea
- Records of Wedemeyer Mission to China and Korea(RG 59)
- Records of the Bureau of Far Eastern Affairs Relating to the Korean War, 1950~1952
- Bureau of Far Eastern Affairs(Economic Aids), 1948~1959
- Records of the Office of Northeast Asia Affairs:
  Records Relating to Korea
  Briefing books & Reference Material
  Miscellaneous Records Relation to Japan and Korea, 1945~53
- Records of the Special Assistant for Intelligence

Records of the Deputy Under-secretary of State

Korean Situation File of H. Freeman Matthews(1951~54)

· Records Relating to Special Subjects on Events

"Korea Project" of the Division of Historical Policy Research, 1950~51

Records Relating to the Korean Cease-Fire, 1950~1952

· The State-War-Navy Coordinating Committee and State-Army-Air Force Coordinating Committee Case Files, 1944~49

· The State-War-Navy Coordinating Committee and State-Army-Navy-Air Force Coordinating Committee Subcommittee and Departmental Files, 1944~1949

2. THE MODERN MILITARY BRANCH

· Records of the War Department General and Special Staffs, American-British Conversation Files(RG 165)

· Records of the United Sates Joint Chiefs of Staff, 1942~59(RG 218)

· Records of the War Department General and Special Staffs, Civil Affairs Division, 1943~54(RG 165)

· Records of the War Department General and Special Staff Plans and Operations Division(RG 319), Decimal File, 1946~48 091 Korea

· Records of the Office of Strategic Services, Research and Analysis Branch, 1941~46(RG 226)

· Records of the Army State Office of the Chief of Staff, 1942~50(RG 319)

· Records of the Adjutant General's Office, Decimal Files, 1917~54(RG 226)

3. THE GENERAL ARCHIVES DIVISION

· Records of U.S. Theaters of War, World War Ⅱ, USAFIK, 24th Corps, G-2, Historical Section(RG 332)

- Records of United States Army Force in Korea, Unit 11071 & Unit 11070(RG 338)
- Records of the Adjutant General's Office, World War Ⅱ Operation Reports 1940~48 & Occupied Area Reports (RG 407)
- Records of the Assistant Chief of Staff, G-2. Intelligence Library File, 1944~~54(RG 319)

  Army Intelligence Project File

  Publication File

  Intelligence Data Document File
- Records of Korea Military Advisory Group(Declassification Review Project) (RG 338)
- 24th Corps, Adjutant General Section(RG 332) Boxes 50274, 50276-9, 50284-291, 45466, 37278, 37280-2, 37297, 37345-6, 37353-354, 37360-362, 44624, 65383

  8th Army

  6th Division

  7th Division

  etc.
- Records of the U.S. Army Forces Pacific, The Far East Command(FEC) c. 3,000 boxes
- Records of the Supreme Commander of the Allied Powers(SCAP) c. 10,000 boxes

4. SOME IMPORTANT TITLES USEFUL TO THE MODERN KOREAN HISTORY
- History of the United States Army Military Government in Korea, Period of September 1945~30 June, 1946. (LC NA)

- History of the United States Armed Forces in Korea (History of the Occupation of Korea, August 1945~May 1948) LC & NA
- U.S. Army Forces In Korea, Office of the Assistant Chief of Staff, G-2 Intelligence Summary Northern Korea(Dec. 1, 1945~1947).
  It merges with G-2 Weekly Summary from January 1948 to November 1948 at no.167.
- G-2 Weekly Summary(from Sept. 9, 1945 to Nov. 26, 1945)
- G-2 Periodic Report(from September 1945 to June 1948, then continues as KMAG Periodic Report to June 1950.)
- G-2 Periodic Report (6th Infantry Division)
- G-2 Periodic Report (7th Infantry Division)
- Summation of United States Army Military Government Activities in Korea (later the title changes to South Korean Interim Government Activities and Republic of Korea Economic Summation, 1945~48)
- Headquarter United States Army Forces In Korea, G-2. Language and Document Section :
  Translation of the Daily Newspapers
  South Korea(Available from No.201 Nov. 9, 1945 to 1948)
  North Korea(available intermittently from Feb. 21, 1946 to July 12, 1947)

❖ 『한국현대사론』, 을유문화사, 1986

미국 내 자료를 통하여 본
한국 근·현대사의 의문점

미국에 있는 국립공문서보존기구(National Archives) 등에 있는 한국관계 자료를 정리하다 보니 한국 근현대사에 관계되는 몇 가지 의문점이 생겼다. 이를 두서없이 정리하면 다음과 같다.

1. 한국에 처음 미국 배가 상륙한 것은 1853년의 일로서 포경선이었다. 그 포경선은 한국인 표류 어민을 구출해서 부산항을 방문하여 관헌에 인도하였다.

2. 1871년 미국 연합장로교 총무로 있던 스피어 목사에 의하면, 신미양요를 일으키게 된 셔먼호 사건에서 미국 쪽의 잘못은 태평천국난 때의 패잔병 난폭자 무리를 선원으로 고용한 점이었다. 이들이 말썽을 일으켰을 가능성이 높다.

3. 1902년 알렌 공사가 미국무성에 기밀보고한 것을 보면 조선 점령 방법을 건의하기를, "어차피 망할 나라인데 러시아나 일본에 넘기느니 말썽은 있겠지만 미국이 점령하는 것이 낫겠다."고 보고했다. 알렌은 나중에 이를 후회하고 잘못을 시인했다.

4. 당시 구한말 민중에게서 외세에 저항했던 주체적 민족의식을 찾을 수 있는 객관적 사료가 희박하다. 현 남북에서 주장하고 있는 주체사관의 신뢰성과 설득력에 의문이 간다.

5. 태프트-가쓰라(桂) 밀약의 초고(drafts)가 발견되었다. 기존 학설 중 이 밀약 후에 나온 가쓰라-고무라(小村太郎) 밀약이 한국의 운명을 결정짓는데 더 중요하다는 논문의 주장이 있는데, 이는 태프트-가 쓰라(桂) 밀약 초고의 발견으로 잘못임이 밝혀진다. (자료 I 참조)

6. 아관파천 당시 알렌 공사가 러시아와 사전 공작했을 가능성을 시사하 는 문서가 발견되었다. 다만 이런 국무성 보고자료를 해독할 때는 정 식공문의 격식에 따르는 허위성을 간파하고 비판해야 올바른 해독이 가능하다는 문제가 남는다.

7. 이승만 박사, 서재필 박사(의과 3년 중퇴)의 국민회에서의 독립운동 실상에 관해 의문점이 많다. 하와이대학에 마이크로필름이 있는『신 한민보』는 국내 영인본보다 3분의 1 정도 자료가 더 있어 독립운동 사료로서 큰 가치가 있다. 또한 국무성 자료에는 이승만 30건, 한길 수 30건, 국민회 30건, 서재필 10건 등의 문건이 있다. 특히 이승만의 워싱턴에서의 외교활동과 임정과의 관계에 의문점이 많은데, 독립운 동 자금 횡령 문제가 대표적인 예(例)이다.

8. 해방 직후 미 군부 내에서는 한반도를 독일과 마찬가지로 4분(四分) 하는 안이 논의되었다는 문서가 있다.

9. G-2(미군 정보기관) 문서 중 조선정판사 위폐사건에 대한 관계기록은 흥미로운 문제점을 던져준다. 즉 당시 미군정 당국이 좌익 피고에 온 정적이었다는 증거가 적지 않다는 사실이다. 그러나 공판기록 자체는 아카이브에 열람 불가 상태로 보관되어 있다.

10. 미군정기를 연구하는데 버취(L. M. Bertsch) 중위의 개인 메모도 중 요한 자료가 된다. 그는 우익의 장택상, 조병옥을 비난하고 여운형 을 지지했으며, 여운형의 암살에 대해 강한 의문을 제기했다. 또한 이승만 측의 공채 사기, 횡령, 사생활을 비난했으며 심지어 이승만 이 해방 직후 미국무성의 봉급(자금)을 받았다고 주장했다. (자료 II,

Ⅲ 참조)

11. 일본의 와다 교수 같은 이는 북한요약(North Korea Summary), 북한군 노획문서, G-2문서 중 이홍광지대(李紅光支隊)에 관한 문건에 큰 관심을 보인다. 왜냐하면 이들이 북한군의 원류이면서 중공군을 지원했고 이북 출신이 중공에 들어가는 경유 부대였기 때문이라는 것이다. 6·25 때 중공군이 투입된 것은 이홍광 지대가 중공군을 지원했던 전력에 대한 답례 성격도 한 원인이었다는 가능성을 시사하고 있다.

12. 해방 후에 활동했던 북한의 국내파 공산주의자 지도자인 현준혁의 암살문제는 지금까지 김일성이 지령했으리라는 북쪽테러설이 서대숙, 김학준 교수 등에 의해서 주장되었다. 그러나 G-2문서에 근거를 둔 와다 교수의 백색테러설도 나오고 있다.

미국 내 한국관계 자료 이용 상황과 제언은 다음과 같다.

1. 국가에서 적극 지원하는 일본 등의 경우와는 달리 우리나라의 자료 이용 실태는 국내 학자의 개인별 작업 차원에 그치고 있다.

2. 한국관계 자료의 정리가 미비하고 제대로 개방이 되지 않고 있다.

3. 국사편찬위원회, 고문서관리소, 정부문서보관소, 기록보존소, 국립중앙도서관 등이 유기적 관계를 가지고 자료센터를 설치해 체계적인 자료 정리 작업을 해야 할 절대적 필요성을 느낀다.

❖ 『아시아문화』 제2호, 한림대 아시아문화연구소, 1987

해설: 상해공동조계(上海共同租界) 공부국(工部局) 경무처(警務處), 한인독립운동 관계 문서

  상해의 공동조계라는 것은 원래 1845년 영국인과 상해 도태(道台) 사이에 토지장정을 절충하여 생긴 영국조계가 그 시초이었다. '태평천국의 난' 시 미국인의 거주지(속칭 미국조계)와 프랑스조계가 연합하여 공동적으로 방어하였던 것이 공동조계 개념의 기초가 된 것이었으나 프랑스조계(佛租界)는 다시 독립하여 1863년 속칭 미국조계가 영국조계(英租界)에 합병되어 발전하다가 1899년 최종적으로 공동조계의 경계가 확립되었다. 공동조계는 상해의 중심지역이었고 남쪽에 불조계 그 남쪽에 상해현성(上海縣城) 구시가지가 위치하였고 공동조계에서 황포강(黃浦江)을 건너 동쪽에 포동(浦東)지역이 위치하였다. 상해의 조계 '시정부'는 영·불 모두 공부국(工部局)이라는 중국이름을 가졌고 공동조계 공부국은 의결기관으로서의 납세자회의, 집행기관으로서의 참사회(參事會), 그리고 토지위원의 3자로 조직되고 있었다. '납세자회의'의 의원은 가격 500냥 이상의 토지소유자로 세금을 일년 10냥 이상 내고 있는 자 또는 일년 500냥 이상의 집세를 내고 있는 공동조계 내에 거주하는 비중국인 가장을 대상으로 하였고(1920년대) 의원은 회의소집과 같이 배포되는 예산안 기타의 결의안을 의결하고 또 그 자체의 의결안을 제출하는 것이었다. '참사회원'은 정원이 9명으로 납세자 의원 2명 이상의 추천을 받은 후보자 중에서 투표에 의하여 선출하였는데 그 자격은 매년 50냥 이상의 조세 납입자 아니면 매년 1,200냥 이상의 가옥세를 물고 있는 자이었다. 그들 참사회원은 명예직으로 평균 매주 한 번 회의를 열고 행정을 지도하였는데 재무·경찰·교통·위생·교육·토목·전기·소방의용대·토지 등 부문에 매년 1천만 냥 이상을 사용하였다. 1927년도 예산안에서 가장 큰 지출은 경무처의 2,86,390냥으로 토목과의 2,848,240냥보다 앞서고 있었다. 공동조계의 인구분포는 1927년도에 120만 명 정도이며 일본인이 25,000명, 영국인이 8,000명, 미국인이 4,000명, 러시아인이 6,000명 정도이었는데 납세사회의, 참사회보다 영국인의 절대적 세력 밑에 있었다. 참고로 프랑스조계(佛租界)의 인구를 말하면 약 20만 명, 현성(縣城) 50만, 갑북(閘北) 45만, 포동(浦東) 8만으로 대상해지구(大上海地區)는 통틀어 약 240만 명 정도로 생각되었다(1927년).

공동조계 공부국 경무처는 1927년도를 표준으로 하면 3,500명의 요원에 280여만 냥의 경비를 보유한 대기관이었는데 간부는 모두 영국인이지만 순사 중에는 중국인·인도인·일본인 기타 월남·러시아·버마인 등이 모두 망라되고 있었다. 일본인 경찰은 약 140명으로 주로 일인 상가주택 지역인 홍구(虹口) 일대를 경비하게 하였고 따로 일본영사관 경찰이 있어 한인 독립운동도 '취체'하고 경시(警視)·경부(警部)급 간부는 재판검사의 직책도 겸하였다. 공동조계는 이렇듯 일본인의 입김이 센 곳이 되어서 한인 운동자들은 프랑스조계(佛租界)에서 출동하는 것이 그 상례이었다. 프랑스조계 공부국(工部局)의 1927년도 예산은 약 300만 냥이었고 경찰은 1,000명으로 약 73만 냥의 예산을 소모하였는데 공동조계 경찰에 비교하여 취체가 관대한 것으로 알려져 각국의 정치망명객·공산주의자·무정부주의자들이 들끓는 지역이기도 하였다. 공동조계 공부국의 경찰도 일정한 규칙이 있어 공동조계 내 외국인 주택 이외의 장소에서는 외국인이나 중국인을 체포할 수 있지만 외국인 주택 내에서 체포하려 할 때는 해당국 영사관의 승인이 필요하였고 또 체포한 외국인은 곧 해당국 영사관에 송치하게 되어 있었다. 따라서 그 정탐대(偵探隊)의 질적 유지에 힘을 써 그 성가 (聲價)는 현금에 오기까지 오래 전하여지고 있다. 특별히 구미 · 러시아인 의 사회주의자에 대한 감시는 매우 출중한 바가 있어 그 유명한 조르게 (Solge) 사건규명에 미국 극동군은 여기서의 자료를 유용하게 사용하였다.

공동조계 공부국 경찰처(Shnaghai Municipal Police)의 특수관(Special Branch) 이 바로 이러한 정치사상을 관장감시하였고 이 과의 보고문서집합체 즉 1916년에서 1945년에 이르는 문서들이 미국의 국립기록보존소인 National Archives에 보관되고 있다. 그 이유는 다음과 같다. 태평양전쟁이 일어나자 일군(日軍)은 공동조계를 받아들여 그 경찰체제를 그대로 유지하였으나 일인에 관한 중요문서는 빼돌렸다. 다음 전쟁종결과 함께 상기 문서군은 미국당국에서 계속 유지하여 오다가 1949년 중공군이 몰려들자 상해주재 미국전략사무부대(American Strategic Service Unit) 기관요원들이 최후로 철수 하는 미국 배에 싣기 시작하였는데 총알이 날아드는 상황 하에서 선적하 느라고 많은 문서상자를 황포강에 떨어뜨린 바도 있었다는 것이다. 이 문 서군은 CIA에서 보관하여 왔으나 1979년 National Archives에 옮겨져 1984년 이 문서가 거의 마이크로필름화 되었으며(6,961 feet, 67 rolls, 값 $2,397.13, Modern Military Branch에서 통신판매) 브랜데이스(Brendeis)대학교의 버나 드 바설타인(Bernard Wasserstein) 교수가 그의 저서 *The Secret Lives of Trebitsch Lincoln* (1988)에서 처음으로 이 문서군의 중요성을 입증한 바 있 었다. National Archives에서의 이 문서군이 가지는 정식 제목과 번호는 다 음과 같다.

Record Group 263 (CIA) Records of the CIA
Shanghai Municipal Police Files, Security Classified Investigative Files, 1916-1947

이 Special Branch의 보고문들은 공산주의 · 반공단체 · 테러행위조사 · 중

대사건·범죄·수상한 인물의 종적·외국거류민동태·중일전쟁·반일운동·
중요인물의 도착과 출발 등에 대한 보고가 주종을 이루고 있으며 문서의
번호는 다음과 같이 구별된다.

D문서.　1929년에서 1949년까지의 문서. D1에서 D9999까지 있으며 98상
　　　　자에 수용

IO문서.　1916년에서 1929년까지의 문서들로 제99상자에서 제111상자에
　　　　수용

MIS문서.　잡문서, 제112상자 20건.

H문서.　본부문서, 제119상자

N문서.　1943~1945년의 문서. 제112상자에서 제116상자에 수용

U문서.　1940~45년간의 문서. 제116~117상자에 수용

W문서.　W서(署)의 문서. 제117상자

FMP문서.　프랑스경찰문서. 제118상자

BW문서.　Bubbling Well서(署)[靜安寺路] 문서. 제119상자

CID문서.　범죄수사과문서. 제119상자

CS문서.　특수범죄과문서. 제119상자

F문서.　프랑스 정치경찰문서. 제119상자

이상에서 본 것과 같이 D문서가 가장 많으며 그 다음이 IO문서의 순서
이며 딴 문서군은 매우 보잘 것이 없다. 상해거주 한인에 대한 사찰은 주
로 H. S. Kim이란 한인 경관과 2~3인의 일인 경관에 의하여 조사되었는데
김의 직위는 경사급 형사(D. I. Detective Sergeant)이었으며[1] 그 직책은

---

[1] [편자주] 이는 김헌식이다. 안현경이 이승만에게 보내는 서한(1920. 4. 23)에 따르면 영국조
계 통변으로 나온다. 「48. 安玄卿이 李承晩에게 보낸 서한 (문서번호 通信 二十二号) (四月
二十三日 1920년 04월 23일) 安玄卿 → 李承晩」, 『대한민국임시정부자료집』 42권 서한집.
"장두철(張斗轍) 씨실을 달은 편으로 혹 들으셨는지 알 슈 업스되 오날신지 씨실(査實)ㅎ야
보는 바로는 겨간(這間) 정탐(偵探)이라는 말 듯는 것시 이미흔 것 분이며 김종상으로 말ㅎ
면 현금 상히 와서 유ㅎ는 바 영조계(英租界) 통변(通辯)으로 잇는 김헌식이라 ㅎ는 스룸과
갓치 잇스며 김헌식은 일령수관 통역으로 자조단이는 스룸인 고로 상히에셔 잘 신용치 안
흠닉다"

1. 질서를 문란하게 할 요소가 있는 여하한 한국인의 시위와 집회를 사전에 파악한다.
2. 일본인의 신문 잡지를 정독하여 공부국이나 경무처의 흥미가 있을 기사를 번역한다.
3. 경무처가 요구하는 한인문서의 번역
4. 일인의 새로 발간되는 신문잡지와 간행물의 동정을 살펴 공부국을 적대시하는 기사의 번역
5. 한인 혁명자 단체의 문서를 발췌하여 번역
6. 일인과 한인이 상해에서 발행하는 신문잡지의 주소, 편집인, 발행부수, 논조 등을 보고할 것
7. 상해와 기타 중국에 있는 모든 일본인 통신사의 사주, 정책, 목적 등에 대하여 정보를 제공할 것
8. 한인 혁명당원의 활동을 사찰하고 그들과 교제하는 모든 외국인의 동정을 보고할 것
9. 한인에 관한 딴 부처의 회의에 참석할 것.
10. 한인의 집회에 참석하여 상황을 보고할 것.
11. 매일 달갑지 않은(undesirable) 한인의 동정에 대하여 보고할 것 등이 있었다.

불행히도 김형사 전담문서철은 이 문서군에 포함되고 있지 않고 분명히 있었을 것이라고 추측되는 윤봉길 폭탄투척사건의 보고가 들어가 있지 않는 것은 일인이 참고로 빼어 냈을 가능성이 크다. 이렇게 판단한다면 이 문서군이 가지는 의의가 반감(半減)한다고 생각될 수 있으나 그래도 지금 우리의 빈곤한 독립운동사 자료사정을 감안하여 보면 이하에서 소개하는 자료들의 의미가 엄청나다는 것을 쉽게 인식하게 될 것이다. 이 문서군을 조사하여 한국독립운동 관계문서를 보는 대로 추출하였다. 마이크로필름

은 신속한 조사에 유용하나 한인관계문서에 부수된 한글 선언문 따위는 수록되지 않아 상자를 하나씩 뒤지는 수밖에 없었다. 여기서 약 한 달간 추출한 자료를 연대별로 간략히 소개하면 다음과 같다.

　　IO 4465번 문서. 일본(日本) 다나카대장(田中大將) 폭살기도사건(爆殺企圖事件)
　　경무처 문서 앞에는 보통 관련 인사의 씨명과 정확한 한자를 알리기 위하여 사각호(四角號) 속 숫자가 뒤에 따르는 표지가 있다. 이 사건의 문서는 당시의 사건묘사 신문기사의 클리핑과 사진판으로 된 거사 2일 전의 부산(扶山)(김익상 金益相)과 오성륜(吳成崙)의 난세의 유적이 나이 어린 의열단원의 필봉(筆錄)에 의하여 기록되고 있다. 그들의 나라를 생각하는 일편단심과 생명을 내어던진 그 무후(無朽)의 인간상이 문장 가구 간에 스며 있는 것 같고 조사하면서 눈물이 막 나오곤 한 기억이 있다. 일제의 심문기록에 있는 대로 량달호는 좀 주저한 것 같다. 이 사진판은 가히 역사적 교육가치를 지니고 있다고 보고 싶다. 이들은 당시 사회주의운동을 이용한다는 자세를 가지고 있었기 때문에 이 문서군에서 수많이 발견되는 당시 상해의 무정부주의운동과 공산주의운동의 개황을 적은 문서 IO 4514를 참고로 첨가하고 이들 의열단원을 도운 것으로 짐작되는 2종의 일본사병에게 전하는 반전삐라도 수록하였다. 이 부록논문은 한인과 이러한 운동과의 밀접한 관계를 보여주고 있는 것이다.

　　IO 4542문서. 국민대표회 주비위(國民代表會 籌備委) 선언문(宣言文)
　　이 선언은 일제문서에 일역(日譯)되고 있기는 하나 원문의 기백이 완전히 빠져 원문의 획득이 얼마나 중요한가 다시 한번 확인케 하여주는 것이 된다.

　　IO 4550.　김구 등 7인의 독립당원의 체포와 안창호의 석방교섭
　　IO 5044.　한국노병회 취지서와 규칙
　　IO 4834.　김규식(金奎植)의 재(在)상해 사업활동에 관한 조사
　　D 10.　　　강창제(姜昌濟) 체포사건
　　D 92.　　　K. S. Park의 경무처(警務處) 취직원서
　　D 14.　　　상해한인 3·1 십주년기념대회의 각종 선언문

D 154.   장기찬(張基贊) 체포사건

D 679.   김영진(金英鎭) 체포사건

D 2015. 안창호 등이 남경으로 간다는 중국신문 보도 (이것은 마이크로필름에서만 볼 수 있다)

D 2588. 임시정부의 만보산사건 관련 화교살상사건에 대한 성명서

D 3059. 한국임시정부에 대한 보고

D 3087. 『상해한문(上海韓聞)』보의 소개

D 4050. 상해 General Omnibas 회사 한인직원 집단 해고사건철과 프랑스조계(佛租界) 경찰보고 「프랑스조계(佛租界)에서의 한인공산주의자의 활동」 그리고 조봉암 체포보고

D 4213. 이원호(李元鎬) 송환사건

D 4626. 한국인 납치사건

D 5599. 김해산(金海山) 신문기록

D 6435. 박영호(朴永鎬) 송환서

D 6466. 김인태(金仁泰) 체포의 건

D 6577A. 이갑녕(李甲寧) 주살사건(誅殺事件)

FMP 9.   안창호와 흥사단 소개문서

D 6623. 이덕구(李德九) 체포의 건

D 6618. 이성용의박(李星鎔醫博) 실종(失踪)의 건

D 7591. 김창수(金昌洙) 체포의 건

D 7583. 김동범(金東範) 체포의 건

D 7600. 최옥녀(崔玉女) 댄서 구류

D 7721. 연병학(延秉學) 송환의 건

D 5044. 태원(太原)에서의 한인공산주의자의 활동

N 955.   일한(日韓)의 러시아인 유괴사건

이상이 추출한 한인관계 문서이다. 이밖에 미 극동군 G-2에서는 '조르게' 간첩사건의 조사와 관련하여 이 상해공동조계 경무처의 문서를 활용하였고, 이 과정 중에서 G-2문서 78, 79가 한인관계의 것으로 '상해' 문서 중에

서 빼어낸 것이며, 다른 G-2 자료에는 헨리 웍(Henry Wog)이라는 일본을 위한 한인 정보공작자(情報工作者)의 활동양상과 사진도 있으며(G-2 문서 77) 또 한빈(韓斌)을 범태평양노동조합운동과 관련지어 만든 명단카드에 포함시킨 것도 있다.

상해 임정관계 문서의 이러한 대량 출현은 우리로 하여금 좀 더 큰 욕심을 품게도 한다. 즉 불조계 공부국 경무처 문서들도 현존하고 있지 않는가 하는 문제이다. 중국 본토에서나 프랑스가 이러한 자료를 가지고 있다는 것이 알려지기를 바라는 마음 간절하다. 상해임정은 불조계에 자리 잡고 있었고 불 공부국 정탐들은 상해임정에 대하여 영 공부국보다 더 많은 자료를 가지고 있었을 것이기 때문이다. 현재 중국은 중공당사의 연구의 진전을 위하여 몹시 힘쓰고 있다.

상해공동조계 공부국 경무처문서의 마이크로필름도 모두 구입하여 갔다. 차후 중공당사 논문들이 과연 이 자료들을 이용할 때 어떠한 자체 보유 자료를 이용하는지 관찰함으로써 중공이 어떠한 상해조계 자료를 가지고 있는지 판단할 수 있겠고, 따라서 자료획득의 새로운 길이 열릴 수 있을지 모른다. 이러한 길이 열리기를 간절히 희망한다.

❖ 「해설: 상해공동조계 공부국 경무처 한국독립운동관계 문서」

일본의 한반도 대책 관련 문서 자료집

8 · 15시기 편 해설

이 자료집은 미국 국립공문서관에서 수집한 8 · 15 "해방" 직전 직후시기의 일본국 또는 일본인들의 한반도 대책 관련문서를 모은 것이다. 이 시기의 이런 종류의 문서들은 공개문서 또는 비공개문서로서 일본에 대량 존재할 것을 짐작하고는 있다. 그러나 그것은 일본에 거주하는 연구자에게 맡기는 것이며 우리 아시아문화연구소에서는 당시 미국이 수집한 자료에 의거하여 이 자료집을 내어 놓게 됐다.

이 자료집에 수록되어 있는 문건들은 일본 외무부문(外務部門) 육해군(陸海軍) 조선총독부(朝鮮總督府) 조선군사령부(朝鮮軍司令部)를 중심으로 한 무전방청(無電傍聽)기록들을 그 주종(主宗)으로 삼고 한반도를 둘러싼 각국의 주요 관심사 정보촉각(情報觸角)의 실상을 보이는 기록들도 수록하려고 하였다. 또 당시 일본제국주의 밑의 각국 사회의 특징도 포착할 수 있는 대로 수록하려고 노력하였다. 이런 의미에서 이 자료집은 단지 기계적 자료나열이 아니라 하나의 작품이라고 느끼게 되기를 바라는 마음으로 편집하였다. 이하 각 부문별로 본 자료집을 간략히 설명하기로 한다.

1. 일본 무전통신 해독문서를 어떻게 읽을 것인가?

일반적으로 일본외교통신의 방수(傍受) 및 그 해독작업은 MAGIC이라는 별명 하에 알려지고 있으며 일본 육해군의 암호통신의 방수(傍受) 및 해독작업은 ULTRA라는 별명으로 알려지고 있다. 그런데 우리가 국립공문서관에서 볼 수 있는 무전통신 방수기록은 Records Group 457, National Security Agency의 것을 이용하는데 불과함으로 그 문건들을 담은 용지는 거의 모두 당시 미군에서 사용했던 Top Secret Ultra라는 글자가 인쇄된 것을 사용함으로서 여러 가지 착각이 일어날 수 있어 우선 주의를 환기해 둔다. 미국이 일본 무전통신의 교신을 방수했다는 그 자체가 극비사항이니, TOP SECRET이지 일본 무전통신의 전부가 극비사항이 아닌 것이며 평문으로 친 전보가 더 많이 포함되어 있다. 극비의 외교무전 해독문서는 국무부 문서에서는 "매직" 문서로 통일되었지만 여기 것은 군의 용지를 쓰고 있음으로 Ultra라고 했어도 사실은 외교통신문서요 군사통신문서가 아닌 것이 있다. 우선 이 점을 주의해 주기 바란다.

다음, 해독문서 중에 --M--이라 된 것은 Missing의 약자인 것으로 짐작되니 --23 line M--이라고 적힌 곳에서 증명된다. --G--이라고 적힌 것은 아마 하나의 어휘 음절 난수표 숫자가 잘못되어 정확하게 받을 수 없었다는 뜻이 아닌가한다. MANJU[饅--1G-]라는 것은 첫 한자의 숫자 구성은 만(饅)인데 다음 글자가 잘못 전달되어 정확한 의미를 몰라서 1G가 되는 것이며 관례(慣例)로서 그 글자가 JU를 나타내는 것으로 생각하여 적은 것이다. 2G, 3G라고 되어 있는 것을 전사(轉寫)한 미 해군 문서에 밑줄로 _ _ , _ _ _ 라 적힌 것이 있다. 또 H-196418문서에 "importing ─1U--"이라고 되어 있으며 그 주석에 "code word 2MA YU may stand for NAME or BEANS"로 추측했었는데 앞 뒤 문의(文意)로 보건데 이것은 "지마유(芝麻油)"(참기름)이니 one unit이 unclear이라는 뜻이 아닌가 한다.

2. H-시리즈 무전통신문서의 내용(AAH)

1996년 새로 공개된 약 1,500상자의 국방부 국가안전국문서들은 원래 독일군의 유태인대책을 연구하는 연구자 단체의 요구에 응하여 기밀해제가 이루어진 것인데 그 내용은 일본, 독일, 이탈리아 등 적성국가의 무전통신장치의 구조면에서 통신문 자체에 이르기까지 다방면에 걸친 문서들의 집합체이다. 이 안에 H-Series 약 250상자가 들어 있고 그 일부는 이미 요약문의 존재를 통하여 알려진바 있지만 이 시리즈가 희한한 것은 모두 불태워 없이 한 것으로 알려진 조선총독부의 통신들이 들어가 있는 것을 특필(特筆)할만하고 또 독일과 일본의 "diplomatic correspondences"를 수록한데 그치지 않고 중국 국민정부, 연안(延安) 중공정부, 왕정위(汪精衛) - 주불해(周佛海) 친일정권, 프랑스(친독 Vichy정권과 드골정부 포함), 네덜란드, 이탈리아, 바티칸법왕청(法王廳), 스위스, 터키, 이란, 이라크, 사우디아라비아, 이집트, 포르투갈, 스페인, 불가리아, 크로아티아, 체코, 룩셈부르크, 그리고 중남미 각국의 외교통신문도 다수 수집되어 있는 데 있다. 없는 것은 맹방(盟邦) 영국과 캐나다 그리고 후일의 적수(敵手) 소련의 통신문들뿐이다. 국민정부와 연안정부의 무전통신문들은 기밀성이 짙지 않는 것 같고 한반도 총독부의 것들은 1945년 6월 이후 선적(船積) 통신에 주의를 집중하고 있는 것이 하나의 특징이니 그것은 독일이 항복하고 일본 본토로의 진공을 눈앞에 두고서야 서울발 무전에 더 관심을 두었음을 뜻하는 것이다.

일본의 외교 관련 무전암호는 약 20종이 있었는데 미 당국에서는 그 각종에 별명을 일일이 붙였다. 가장 교통량이 많았던 종류는 JAH로 별명이 부쳐진 코드로 이것은 무전을 치는 쪽과 받는 쪽이 고정 난수표 책자에만 의거하여 통신하는 것으로 독일이나 모스크바 주재 일본 대사관에서는 주로 신문의 번역, 잡지 논문의 소개 등 가장 등급이 낮은 통신을 주고받는데 사용했다. 그러나 아시아의 대동아성 산하 각지 공관에서는 이것이 상호통신의 주요 매체가 됐는 바 이 코드는 한문과 가타카나를 구분했다고 추측되며 발신자의 한자 잘못 인식으로 왕왕히 한자 명칭의 잘못 전달이 이루어지는 것을 관측할 수 있다. 예를 들면 포항(浦項)을 포경(浦頃)으로 잘못 발신하여 미 당국에서는 HOKEI의 항구라고 잘못 적어놓은 곳을 많이 발견했다. 또 국부 정보조직의 왕초 대립(戴笠, Tai Li) 장군을 대축(戴竺, TAI JIKU)로 오기(H-189386)하거나 주문웅(朱文熊)을 주문룡(朱文龍)으로 오기(H-188147) 하게 된 것은 모두 무전 발신자의 한자 인식부족에 터한다.

이 점은 의문부호가 달린 총독부 문서중의 의미 추측 시 알아 두어야 될 대목이다. 일본 외교기관에서 극비를 요하는 무전은 PURPLE로도 알려진 JAA 또는 JAA-2 코드를 사용했고 이것은 decoding이 아니라 deciphering의 과정을 거치야 되는 복잡한 해독기계가 있어야 해독 가능한 것이었는데 미국에서는 진주만습격이 일어나기 전에 벌서 이 코드를 해독하고 있어 일본의 개전(開戰) 의도를 알고도 남고 있었지만 다만 어느 곳을 칠 것인지 몰랐을 뿐이었다는 것은 잘 알려진 사실이다. 이하 일본 외교 암호코드의 종류, 기밀등급, 교통량을 보이는 3종의 도표를 부록으로 제시한다. 원문을 읽기 전에 우선 어느 코드를 사용했는가를 알아 두는 것이 중요하다.

본 자료집에서는 이 시리즈의 암호문서는 날짜별로 따르지 않고 번호순에 따랐다. 그 이유는 날짜별로 나열한다면 번호순이 크게 혼란되어 검색하기가 불편하기 때문이다. 미국 측에서는 해독을 완성한 날을 기준으로 해서 번호를 달고 있기 때문에 1945년 5월 16일 발신한 무전이 10일 후 또는 한 달 후에 등록될 수도 있었지만 대략 번호순과 날짜순이 일치하고 있다. 본 자료집에서는 약 1945년 5월부터 8월까지의 각국 무전통신을 수록했다. 처음에는 모든 수록 문건을 나열하다가 다음부터 중요하다고 생각되는 통신에만 원문이나 약간의 설명을 붙일 것이다. 각 통신문내의 일본어 원어는 독자의 이해를 돕는 의미에서 편자가 한자를 다는 경우가 있다.

#184325 내몽고 포두시(包頭市) 만취 경찰관, 접대부에 열을 올려 동행군
　　　　인 부상케 함.

#184660 조선군과 북지방면군(北支方面軍) 사이에 고주파 특수강과 대동
　　　　탄(大同炭)의 교역에 합의.

#184855 중경(重慶) 소재 프랑스공관, "한국임시정부승인사건"으로 미국외
　　　　교관과 신경전. 미국은 임정을 지지하지 않는다 운운.

#184352 화북 개란(開灤)석탄을 겸이포(兼二浦)와 총독부 교통국에 9만 3천
　　　　톤 보내는 건.

#185075 한국임시정부파견 광복군 3인을 상해경찰서에서 체포의 건.

#185127 조선 만주 화북 물자동원에 관한 연락회의 개최의 건.

#185128 주(駐)경성 소련영사관에 대한 생활필수품 공급의 건.

#185165 조선총독부 대석(大石) 등 3인이 남경(南京)에 사무소개설의 건

#185483 일본 조선 만주국에 배당된 화북지방 석탄량에 대한 건.

#185615 조선에서 흑연을 화북에 수입하는 건.

#185619 내몽고의 아편 20만 량을 부산을 통하여 일본정부 후생성(厚生省)
　　　　에 송치하는 건[원문 KOSEISHO를 번역자는 광서성(廣西省)으로
　　　　간주하였지만 착오일 것. 여기에는 삼정물산(三井物産)과 교역영
　　　　단(交易營團)이 관련되어 있음].

#185721 강원도 묵호진(墨湖津)에 쾌속 선박을 배당할 것을 선박운영회에
　　　　건의할 건.

#186036 일본 야와다 제철소행 선박 2척을 인천에 배당하는 건.

#186086 마카오영사관발 첩보. 소련이 참전하는 대가로 만주국 사할린의
　　　　소유를 요구하고 한반도의 지배권을 요구했다는 건.

#186710 얄타회담에 관해 한길수가 정덕인[정덕근에 보낸 전보 내용.

#186715 상해영사관에서 총독부에 보낸 통신. 친일파 안원갑녕(安原甲寧)
　　　　의 조직에 재정지원하는 건.

#186776 나진항 사화(卸荷) 적화(積荷) 능력에 관한 건.

#186777 나진항에서 동경 자료통제 제일부장(資料統制第一部長)로. 나진항 적하(積荷)의 문제점.

#186977 인천에서의 흑연적하(黑鉛積荷)의 건.

#186840 중경(重慶)에서 프랑스 주중대사(駐中大使)가 본국으로(5/24 발). 프랑스의 인도차이나 지배권회복 군대파견 시리아 문제 등으로 미국 국무부 그루와 협상한 내용.

#186841 불(佛) 외교부에서 상항(桑港)회담 대표단에게(5/25 발). 국제정세 분석. 국민정부와 중공에서 입수한 정보 전달. 소련이 조만간 조선과 만주로 진격할 것.

#187303 5월 5일 부산항내 선박수 선적품 물량보고의 건.

#187536 인도지나에서의 프랑스의 지배권회복에 대한 Grew의 보증 인출의 건(5/28 파리 발).

#187554 미군의 상륙작전에 대비하여 산동성(山東省) 청도에서 조선 등에 소개(疏開)할 인원 통계의 건.

#187701 한국임시정부 김구 주석이 드골장군에게 축하 메시지 전달요청의 건(중경 발 5/15).

#187765 5월 25일 청진항 사화(卸貨) 적하(積荷)보고의 건.

#187766 용산(龍山)소재 조선중계통제본부(朝鮮中繼統制本部)가 동경선박운영회(東京船舶運營會)로(5/27 발).
원산북항(元山北港)에 5월 말일까지 적하용 쌀 13000톤과 소금 확보의 건.

#187767 부산, 나진, 웅기 청진에서 선적될 식량의 내용 보고의 건.

#187774 조선에서 흑연수출업자가 화물차의 부족에 대해 불평의 건.

#187775 일본 고베(神戶)출항 나진행 화물선의 소식.

#187875 마산에서 일본으로 출항하는 강철 선적 톤수와 선명(船名)(3월분).

#187876 겸이포 철재품의 선적보고.

#187877 일본 니가타 등에서 청진으로 가는 배의 이름과 용량.

#187883 동경 – 겸이포 간 철재 수출에 관한 통신.

#187884 미국 폭격기 경남 침입 보고의 건(5/17).

#188060 일본 사토 주소 대사가 몰로토프 외무부장과 5월 29일 회견한 내용.

#188796 조선에서 생산되는 화약의 배달지연에 대한 불평건.

#188857 주바티칸 일본대사의 극비보고(6/3). 미국인의 전쟁종식 탐색군과
의 접촉건. 소련참전 전의 전쟁종식과 일본 육해군의 해체(解體)
와 미군의 한반도 점령, 침략영토의 반환 등을 조건으로 했다는
보고.

#188963 한반도로 소개(疏開)한 중국거주 일본인들이 한 달에 60엔으로 생
활하기 곤란하다는 서주(徐州)영사관 발신.

#188974 산동성(山東省)의 군사항구 청도(靑島)에서 일본인들을 한반도 만
주 등에 철거 소개(疏開)시키는 문제.

#189077 주스웨덴 공사 오카모도는 윌프레드 플레이셔(Wilfred Fleischer)가
쓴 일본의 처리문제에 관한 책의 요점을 인용했는데 그중에는 한반
도를 일정 기간 국제관리 하에 두고 이곳에서 일본을 감시하게 한
다는 국무부 관리 섬너 웰스(Sumner Welles)의 구상도 소개하였다.

#189169 일본 사토 주소 대사가 몰로토프와 5월 29일 회견시 한반도문제를
다룬 부분의 자세한 경과보고.

  * 이곳에서 사토는 장황하게 일본의 전쟁목적은 동남아시아의 식민지 제
  국(諸國)의 자치와 독립에 있고 이것이 소련의 노선과도 부합된다고 말
  하자 몰로토프는 야릇한 웃음을 띠면서 일본의 남방정책은 북방 것과
  다른가 하고 물었다. 사토는 역시 웃음을 띠면서 조선문제를 이야기하
  는 것인가 하니 몰로토프는 더 시니컬한 표정으로 [일본의]정책은 지방
  에 따라 다른 것인가고 물었다. 자기는 조선문제는 전쟁이 끝난 후에

진지하게 토론하면 될 것이라고 얼버무렸다. 당시 일본은 소련을 통하여 평화공작을 열심히 추진하고 있었고 소련의 참전을 막으려고 최대의 노력을 경주하고 있는 시기였다.

#189178-189179 청진에서 동경 일본제철회사에 선철(銑鐵)생산에 관한 보고.

#189301-189402 청진항의 선적(船積) 사화(卸貨) 상황보고.

#189379 주소련 프랑스공관에서 파리에 회전(回電)한 중국 소련 일본 간의 관계에 관한 관찰. 즉 일본을 너무 약화시키지 말고 전쟁을 끝내자는 중국의 의도 존재 여부를 물음에 대하여의 회답. 이런 종류의 전쟁결말론은 특히 일본 치하의 왕정권(汪政權) 안에서 무성했음.

#189482 나진항에 선적을 기다리는 화물명과 톤수(6/4).

#189833 파리주재 그리스 공사가 본국과 상항(桑港)의 대표단에게(6/7). 스웨덴대사에게 들은 바를 전언(傳言). 즉 소련은 곧 참전할 것이며 1904년 러일전쟁에 잃은 영토를 회복하고 한반도를 차지하려 하는데 중국과 이해가 상충할 것이라는 정보.

#189905 개란탄(開灤炭)의 조선수송에 대하여.

#189907 고주파특수강의 화북송출에 관한 문건.

#189921 주쏘 사토 대사가 현하의 위급정세에 대한 소신 상신(6/8). 소련의 참전은 가능성이 희박하지만 참전을 한다면 눈물을 머금고 국체(國體)유지를 위하여 신속하게 그 품안에 뛰어 들어가는 것이 낫다.

#190021 청진항에서의 선적문서.

#190483 북경에서 총독부경무국장께(6/5). 국태(國泰)극장에서 폭탄을 발견한 건.

#190484 동경에서 총독부 체신국 총무과장에게(6/4) 체신의용대(遞信義勇隊)를 전투조직으로 전환하는 건.

#190485 북경에서 총독부 광공국장(鑛工局長)에게. 조선에 석고(石膏) 1500톤 수출하는 건.

#190487 북경에서 동경주재 조선총독부 사무총장에게(6/5). 5월분 화북지방에서 조선에 수출한 품목과 수량.

#190488 북경에서 총독부 교통국장에게. 화북에서 일본에 수출하는데 필요한 화차(貨車)의 확보 협조요청.

#190574 나진에서 후시키로 출항한 대구환(大邱丸)의 선적 내용.

#190641 대동탄(大同炭) 1만 톤의 수출문제.

#190711 주스위스 가세공사(公使)의 연락(6/11). 스웨덴의 주일공사 배그(Bagge)가 스위스를 방문하여 의견교환한 건.

* 철저한 친일가인 배그(Bagge)는 시게미쓰(重光) 외상(外相)의 뜻을 받고 일시 귀국, 5월 26일 주스웨덴 미국공사 존슨과 회합한 자리에서 "(조선과 대만을) 일본에서 빼앗는 것은 상당한 고려의 여지가 있다고 생각한다. 조선과 대만에 있어 과거 40~50년에 걸친 일본의 치적은 참으로 훌륭한 것으로 일본이 아니고는 도저히 해낼 수 없는 것이 아닌가" 말해보니 존슨공사는 "만일 조선인에 독립능력이 없다고 말하는 자 있다면 미국이 원조를 주어 기필코 훌륭하게 독립시켜 보일 것"이라고 반박했다는 것이다(일본외무성 편 『終戰史錄』 124쪽).

#190894 미쯔비시 마그네시아공장을 조선 내에 건설하는데 대한 건.

#190895 개란탄(開灤炭)의 조선수출 개황(槪況)(6/6).

#190999 나진항에서 모지(門司)로 떠난 유우젠환의 선적내용.

#191000 나진항에서 후시키에 출항한 하나사끼환의 선적내용.

#191086 일본제철회사 청진공장 6월 11일 생산량.

#191221 조선총독부가 동경사무소에(6/11). 반일행동(反日行動) 확산의 조짐.

* 제국의회(帝國議會) 특별회의에 참고재료로 제출하기 위해 우송한 문건의 개요를 타전(打電) 함. 이 글의 내용을 간추리면 다음과 같다.

과달카날의 패전 이래 일반 민중은 뚜렷이 불온사고(不穩思考) 쪽으로

달리고 있었던 바, 오키나와의 사태와 독일의 패배를 보고 조선의 미래
는 미국과 소련의 손에 달렸다고 인식하게 됐다. 심지어 친일적 경향의
인사들까지 이러한 생각을 띠게 됐다. 이러한 경향 때문에 우리 총독부
의 시책을 흔들어 놓을 정도에까지 도달하게 됐다. 당국에서 조선인에
대한 탄압을 가중시켰음에도 불구하고 강력한 항거를 나타내지 못했던
것은 큰 재해를 당하지 않았기 때문이었다. 농촌은 수년래 농작의 생산
하강과 더욱이 금년의 냉해(冷害)의 가중되는 짐을 질 수밖에 없었다.
현하 우리는 노동력의 가속화되는 동원에 연유하여 농업과 산업의 피폐
화(疲弊化)를 목도하는 바이니 미래가 암담하기 짝이 없다. 절박한 전시
하의 생활여건은 반전(反戰)기운을 낳게 하고 따라서 반일정신을 낳게
하기 때문에 조선인의 철저한 감시를 요구하게 된다. 일본 전투역량에
보충되어지는 사상불온 청년들, 일본인의 보호에 의지하려는 자들에 대
한 조선인의 경멸감, 일본 내지인과의 분규 도발경향성 등은 낙관을 불
허하는 바가 있다. 다행이 조선은 지금까지 대규모 공습을 모면했기 때
문에 표면상으로서는 평온을 유지해 왔다. 그러나 조선내부와 외부에
존재하는 혁명적 기운과 그들의 선동에 연유하는 더욱더 격렬해지는 폭
력화 행동은 적의 선전과 맞물려 중대한 상황으로 치달리고 있다. 조선
인들은 앞이 막막한 십자로에 서 있다는 유언비어가 돌아다닌다. 더욱
엄중단속이 시급하지만 예기하지 않았던 사건들이 터질 가능성이 있다
(다음은 암호원문의 제5쪽은 수정할 필요가 없기 때문에 그냥 둔다는
주가 달리고 원문이 없다. 그러나 다행하게도 Magic Diplomatic Summary
No.1152, 20 June 1945에 그 간략한 서술이 있어 여기 보충한다).
예를 들면 4월 29일 함흥에서 천 명이 넘는 죄수(罪囚)들이 "조선독립을"
위하여 궐기하여 9명의 간수(看守)를 살해하고 42평의 감옥 일부를 불
질렀다. 4명의 죄수들이 각자 권총을 휴대하고 도망갔는데 수모자(首謀
者)와 그 부하들은 체포되고 오전 중으로 폭동은 완전히 진압됐다. (다

음은 정상적으로 암호 수정문에 의함) 또 하나의 음모는 기독교인과 "시온산 제국(帝國)"이 일으켰다. 이 음모의 중심지 경북 청송(靑松)지방은 과거 미국 선교사들이 선교한 곳으로 영미사상이 준동(蠢動)하는 곳이다. 당지의 장로교회는 복음전도만 하지 않고 1944년 4월부터 예수의 재림과 천년왕국의 도래가 가까왔다고 주장했고 적(敵)그리스도 국가인 일본과 독일은 아마게돈(Armageddon)의 선악(善惡) 대결전에서 필시 멸망할 것이며 하나님의 뜻을 받들고 있는 영국과 미국의 승리가 불가피하다고 선전해 왔다. 저들은 시온산제국이라는 국호를 채택하고 국기와 국가 또 제국헌법과 독립선언문을 제정하였다. 저들은 정부대신들과 군사령관, 일본총독, 국회의장, 도지사 각지 행정관리들을 임명하였는데 약 600명에 이르는 인원이었다. 또 일본이 패전할 때마다 승리축하집회를 가졌다. 미국군이 상륙하였을 때 환영하기 위하여 저들은 시온산제국 국기 1600개를 만들기로 했다. 물론 이들은 병적인 열광신자들이기는 하지만 이것은 근래의 조선인의 반일선동을 반영하고 기독교종파의 영미숭배사상의 저류를 반영하는 것임으로 주목할 만한 사항이다.

#191635 선몽교역회의(鮮蒙交易會議)에 제출될 화약공급의 건

#191952 조선 내 채소종자결핍대책에 관하여

#192003 상항(桑港)회의에 참석한 중국대표단이 중경 외무부로(6/18). Grew 와 그루의 부하 두먼(Dooman)의 "친 일왕(日王)성향"에 대하여.

#192206 만주국 신경(新京)에서 동경 대동아성으로(6/17). 시국에 대한 만주인 조선인 일본인의 상황인식 보고.

#192636 몽강(蒙疆)은행권 유통량 증가와 아편구매 자금.

#193212 동아시아 각 공관에 돌린 미국 등 서방국가의 식민정책 분석.

#193570 하얼삔 주재 소련 영사관측에서 얻은 첩보-소련군의 진공시기 등.

#193608 조선은행이 소련 측에 넘길 금괴의 무게에 대하여(6/27).

#193644 동경에서 대만총독부 경무국 미나미 보안과장(保安課長)에게(4/28).

오키나와 전투가 종결되면 무조건항복 교섭으로 들어간다는 소문
에 대하여.

#193785 내몽고에 있어서의 가격인상표(6/5). 이 표에 의한다면 '풍속업(風
俗業)' 다음 다음에 보이는 Licensed White slavery가 무엇인지 확실
하지 않다. 관허백계(官許白系)[러시아] 위안소를 의미하는 것인지
모르겠다.

#193800 일본군 "평화탐색촉수(平和探索觸手)"의 귀환보고(6/26). 전쟁 후
에 중국은 전면적인 국공내전(國共內戰)이 벌어지고 미쏘 간에 대
립이 첨예화할 것이라는 예측은 그대로 맞아 떨어졌다.

#193802 동경에서 대만총독부 경무국 미나미 보안과장에게(5/18). 오키나
와 전투가 종결된 다음 미군은 큐슈(九州), 제주도를 칠 것.

#193971 소련 잡지 논문「제3단계의 태평양전쟁」의 소개(6/20).

#193976 미군 비행기들이 전남 경남 해안 일대를 폭격(6/22). 또 다케시마
의 등대 등을 폭격.

#194144 원산(元山) 북항(北港)과 본항(本港)의 효과적 사용 등에 대하여.

#194300 노르웨이 오슬로에서 파리에 타전(6/29). 독일군 위안부인 46명의
프랑스 여인이 계속 이곳에 거류한다면 프랑스의 위신에 관계됨으
로 비행기로 송환함. 또 강제 사역당한 14인의 프랑스인도 송환.

* 독일군에서도 위안부의 강제징용이 있었다는 것은 차차 알려지고 있지
만 암호문서상으로는 이것이 처음이 아닌가 한다.

#194318 일본 사주하의 남경괴뢰(南京傀儡)정부 평화탐색촉수(平和探索觸
手)의 귀환보고(6/25). 밀사(密使)로 중경에 가서 장군(張群) 하응
흠(何應欽) 등 굵직한 지도급 인사와 밀담한 결과 보고임. 중경당
국이 소련의 참전으로 인한 중국영토의 잠식을 두려워하는 심리,
그 결과 일본과의 교섭에 의한 평화를 은근히 바라는 심리를 묘
사. 편자(編者)가 밑에 적은 "Also in White House Interest"라는 것

은 대통령이 열람할 정도로 흥미 있던지 중요한 밀전(密電)을 모
아서 딴 철(Box 1033)을 만들어 둔 그 속에도 있다는 것임. "대통령
에 반환할 것"이라는 육필이 보임.

#194345 상해(上海) 불령선인(不逞鮮人) 김경재(金敬?載?)를 밀착감시할 건
(6/23). 황해도 황주군 황주면 출신인 그는 공산당사건에 연루된
일이 있고 두 동생을 적의 지구로 보낸 바 있다.

#194557 국민의용대(國民義勇隊) 조직의 건(6/28 동경발). 해당 연령이 남
자는 국민학교 졸업생에서부터 65세까지, 여자는 불구자 임신부
를 제외한 모든 40여 살? 이하로 규정됨.

#194585 주소 사토 대사의 송자문(宋子文) 모스크바 방문 목적에 관한 보
고(7/2). 일본대사는 미국이 막후 조종하여 중소 간의 협조관계를
만들게 하고 소련의 대일참전을 촉진시키려는 것이 아닌가 추측.
송씨가 조선문제도 토론했을 것으로 추측함. 대통령이 열람하는
암호로 분류됨. "훌륭한 배경문서이다!"라는 육필 문자가 적힘.

#194674 내몽고 일본국적인의 인구조사(6/23). 이 표에 나타난 한국인으로
보건대 이것은 남성만이던가 예창기(藝娼妓) 군위안부(軍慰安婦)
를 제외했음을 시사함. 후자의 숫자는 다른 암호문서 참조.

#194807 화중(華中)과 상해(上海)의 조선인 문제 담당이 야나기가와(柳川)
와 우메다니(梅谷)임을 알림(7/3).

#195502 주화일본여성(在華日本女性)을 군(軍)에 동원하는 프로그램(남경
발 7/3). 동원범위는 직업이 없는 독신여성. 직업이 있어도 긴급하
지 않는 직업여성. 아동이 딸리지 않는 부인. 어린애들이 있어도
필요한 경우 보육원을 만들고 징집.

#196232 7월 10일 사토 대사가 몰로토프를 만난 경과보고(7/11). 이 보고에
서 일본대사는 송자문(宋子文)의 방문목적이 일본국에 관한 것인
지 질문했고 신문방송 보도에 소련의 참전과 만주국문제가 토의

되었다는데 사실인가 질문했음. 몰로토프는 부인했고 다음 히로 다가 말리크 주일대사에 제안한 만주국의 중립화, 일본군의 전쟁 종식 후 만주국 철수, 양국의 상호불침범조약 체결, 소련 석유제 공의 대가로 소련연안 어업권의 자진철폐 제안을 어떻게 생각하 는가 질문함.

#196285 일본 도고 외상(外相)이 사토 대사에게 긴급타전(7/12). 몰로토프 와의 회담경과 보고를 아직 받지 못하였다고 알리고 평화를 갈망 하는 천황의 특사로 고노에(近衛) 공작을 파견하겠다고 몰로토프 에게 타진할 것을 지시.

#196354 재중경(在重慶)의 체코 공사가 타전(7/10). 한국임시정부의 외무부 부장 정환범(HAN PUM CHUNG)이 한국독립의 지원요청을 위하여 유럽제국을 순회하려는데 체코슬로바키아에 입국비자를 신청함.

#196468 재스위스 중국 공사가 중경에 보고(6/26). 첩보에 의하며 일본 정 보관 사사모도는 일본 외무성에 기밀전보를 치고 미국은 소련의 대일참전을 반대하지 않기로 했으니 미영과 소련의 분열에 희망 을 두지 말 것을 당부했다는 것. 또 일본 관동군이 7월에 소련을 선제공격할 계획이 있다는 첩보도 입수 주장.

#196488 미 중폭격기가 제주도를 폭격함(7/7).

#196489 군산(群山)에서 동경 야마시다 우선회사(郵船會社)에 타전(7/9). 7월 1일 야마시다(山下)회사 선박들이 고래에 공격당하여 3척 침 몰함을 보고.

#196490 상기 사건들의 사상자명단 보고.

#196544 사토 대사가 동경으로 타전(7/12). 우리가 주려는 조건으로는 소련 을 움직일 수 없다. "동아의 평화를 유지하기 위하여" "일본은 점 령지역을 소유하려는 야심이 없다" 등등의 '궤상미구(机上美句)'를 쓸 필요가 없다. 벌써 모두 잃고 본토가 초토가 되려는데 현실을

직시하고 전쟁종결을 결심하는 것이 급무이다"라는 취지의 간언(諫言)을 제시함.

#196717 블라디보스토크의 일본영사관에서 동경으로(7/12). 외몽고 총리와 송자문(宋子文)의 모스크바 방문이 뜻하는 점에 대하여 의견을 진술하다. 미국의 중국 해안지대 상륙이 박두했음으로 소련은 만주와 화북의 권익을 보호하려고 참전할 것이다. 외몽고의 총리를 부른 것은 이점과 관련된다고 관측.

#196720 남경(南京)에서 상해(上海)에 타전(6/23). 여성의 군대동원실적. 1) 통신부대에는 14세에서 30세까지 151명 동원. 2) 기술자동원. 작년 12월부터 자동차 운전수 등 101명? 동원했음. 3) 기혼부인 226명과 요리점 종사원 25명 동원함.

#196730 아일랜드 사람 다니엘 토마스(Daniel Thomas)와 기타 2명은 적성국가인으로 수감된 것이 아니라 범죄했기 때문에 광주(光州)감옥에 수감했었다는 내역.

#196901 위북경시장(僞北京市長) 허수직(許修直)이 7월 10일 다케나까(竹中)에 전언했다는 의견 요지(대동아성 주남경 대사 주북경 공사에 타전).

* 이것은 일본 스즈키 내각의 대중경(對重慶) 평화탐색공작 일환으로 전개한 국부군 제10전구(戰區)부사령 하주국(何柱國)과 남경총군참모부장(南京總軍參謀副長) 이마이가 7월 9일 비밀리에 하남성에서 회담한 것과 관련될듯하다. 즉 중국인이 우려하는 점은 일본이 패배하여 물러가면 중국은 영미쏘를 위한 도마 위의 생선 꼴이 되지 않나 하는 점이라는 것. 따라서 일본은 속히 국민정부와 평화교섭에 들어갈 것을 이 사람이 종용했다함. 이것은 대통령의 열람암호문서에 포함되었고 "좋소!"라는 육필 필적이 적혀있는 것을 보면 열람자는 느끼는 점이 있었던 모양이다.

#197052 도고(東郷) 외상이 각국주재 공관에 통보 – 상황분석(7/16). 뉴욕

헤랄드 트리뷴의 월터 리프만 평론 중 한반도의 신탁통치문제 언
급도 소개함.

#197194 중국 주스위스 공관의 리앙 룽(Liang Lung)의 첩보 수집 보고(6/11).
즉 스위스의 일본 공사가 미영을 상대로 평화탐색 공작을 벌이고
있다. 미영 측에 물어보니 일본 측은 평화공세를 전개할 것이지만
아직도 명확한 표시가 없다는 것이나 프랑스 쪽이 획득한 첩보로
는 소련이 참전하기 전에 명확한 표시를 하면 무조건 항복의 조건
을 철회할 용의가 있다는 것이 그 요지. 이 첩보가 정확했다는 것
은 전후의 일본 외무성자료가 극명하게 보여주고 있다. 전세가 절
박하게 되자 스위스에 주재하고 있던 일본 외교관 언론인 육해군
무관들은 제각기 자주적으로 평화탐색 촉수(peace feeler)를 뻗쳤
다. 해군무관 후지무라 요시로오 중좌(中佐)의 경우를 예로 들면
그는 알렌 덜레스와 접촉을 가지고 일본이 생존하기 위하여는 조
선과 대만을 일본에게 남겨줄 것을 요청하였다. 즉 양자는 일본의
식량자원으로 필수불가결 이라는 것이었다. 대만과 조선은 마치
뉴멕시코주가 미국의 영토가 된 후 발전한 것과 같이 발전했다는
것도 주장하였다. 덜레스는 조선은 안 되지만 대만에 관하여서는
장개석과의 교섭여하로 되어질 가능성도 있다. 단 이것은 6월중
으로 교섭이 성립할 수 있음을 전제로 한다는 뉘앙스를 풍겼다
(방선주 『한민족독립운동사』 제8집 수록논문 참조).

#197301 6월10일 시점의 내몽고 소재 일본국적인의 연령별 남녀별 인구.

#197461 조선반도, 수도이식(水稻移植) 작업 순조롭게 진행(7/13).

#197592 동경에서 총독부 교통국으로(7/16). 조선 서해 선박통로 폐쇄 통지.

#197593 총독부 근로(勤勞)제일과장이 동경 시바구(區)에 존재하는 총독부
동경사무소에 출장 간 근로(勤勞)제1과의 우시다에게 타전한 통
고. 일본에 할당 동원된 노무자 수치. 6월분에 일본에 할당된 조

선인 노무자 15100명(탄광 4200, 금속광 1050, 육군작업 4200, [해
군?]작업 2600, 해군 토건土建 1950, 통운성運通省 토건土建 500명).
7월에 할당된 노무자 송출인원은 8000명.

#197715 사토 대사, 국체(國體)보존 조건 하 조속항복 독촉 애걸(7/20).
10파트 23매에 적힌 사토 대사의 비통의 항복권고문이다. 유일의
출로는 천황의 칙서(勅書)에 의한 항복인데 국체보존만을 조건으
로 할 것을 주장했다.

#197737 조선총독부에서 동경사무소에 일본 동원 노무자문제에 대해 설명
(7/12).

#197834 광동(廣東)시의 일본국적인 내지, 조선, 대만인 남녀별 통계. 조선
인으로는 20대 미만으로 생각되는 b)가 남성은 없는데 여성이 282명
이나 되는 것이 수상하다.

#198382 주 스위스 일본인들의 평화탐색 공작 (7/20)

#198390 태원(太原)시 부근의 일본국적인 통계.

#198801 친일파 야스하라(李甲寧)가 총독부의 재정지원으로 활동하는 상
황의 보고. 산해관과 세관을 통관하는 문제 제기에서 보는 물품은
아편인 것 같음.

#1988?? 일본 외무상 도고가 스위스 공사에게(7/23). 중국 주 스위스 공사
가 당지 일본 측의 평화탐색 공작을 탐지하여 중경으로 보낸 첩보
(H-197194)를 일본 측에서 해독하여 알린 것. 각국 첩보전의 일단
면을 드러냄.
대통령 열람용문서에서 추출. 원래는 이 시리즈의 전문이겠지만
찾지 못함.

#198857 천진에서 총독부 관방(官房) 총무과장 야마나카에게(7/24) 미군 비
행기가 미국이 조선독립을 지지한다는 국무부 그루(Grew)의 성명
을 담은 삐라를 산포했다는 통보 전보.

#199040 상해(上海)지구 일본인, 조선인, 대만인, 중국인의 시국관(7/25).

#199131 주 스웨덴 일본 공사의 시국관(7/27). 소련의 참전문제, 한국을 보호령으로 삼으로는 의도 등 의견 개진.

#19933 동경에서 대만총독부 경무국 보안과장에게(7/27), 조선과 대만의 독립 문제에 관한 첩보 등 취급.

?   사토대사가 동경에(7/30) 그의 시국관찰. 대통령열람 암호문서집에서 보충.

#200113 산해관(山海關) 일본국적인의 통계(7/29)

#200996 상해발. 상해 타스통신사 기자에게서 획득한 첩보(8/9). 스탈린은 조선의 독립을 강력히 주장한다고.

#201099 서주(徐州)에서 상해(上海)로(7/23). 일본여성의 동원방법 등에 대하여. 한국인을 일본인을 취급하는 식으로 취급하지 말 것을 지시.

#201428 Pao-t'an의 일본국적인구의 통계.

#201543 북경에서 경성 총독부 니시히로 경무국장에게(8/12). 중경방송이 일본이 항복의사 표명했다고 방송.

#201556 제남시(濟南市)의 일본국적인구 통계(8/13).

Spec.67 동경 외무성에서 각국 주재 공관에게(8/14). 동요말고 책무에 충실하라고 훈계. 조선인과 대만인은 차후 통지할 때까지 일본국인으로 취급하라고 언급(대통령 열람용).

Spec.76 일본 지나파견군(支那派遣軍) 총사령관이 동경 육군대신과 참모총장에 긴급전보(8/15). 1) 천황의 지위가 보존된다고 하지만 우리가 무장해제하고 해산하면 누가 천황제를 보장하는가? 2) 일본국의 영토를 내지(內地)에만 국한한다면 야마토 민족의 인구가 3천만이었을 때로 돌아가라는 것이다. 지금은 7천만이니 절대적으로 대만, 조선, 남만(南滿?)을 소유해야 생존할 수 있다. 3) 전투없이 수백만의 군대가 항복하는 것은 군사 역사상 유례를 찾을 수 없는

수치이다. 그리고 백만의 완벽하게 건전한 정예군대가 패잔 중경
군(敗殘重慶軍)에 무조건 항복하는 것은 절대로 불가능하다(이하
불명).

#203373 동경 외무대신이 남경 대사관에게(8/25).

패전 후의 일본의 재기(再起)를 위한 지침으로 간주되는 지시문.
동아의 장래를 위하여 일본과 중국의 제휴에 노력하여야 된다. 조
선 문제에 관하여는 다음과 같이 적고 있다.

"나는 중국에 거류하는 조선인 문제에 한마디 하려한다. 우리는
조선의 운명을 짊어질 계획을 세울 수 없게 되었다. 그러나 먼 훗
날을 기약하면서 우리는 아직도 조선이 일본제국(日本帝國)에 복
귀하게 되는 날을 보게 될 원망(願望)을 마음에 간직하고 있다고
단언하는데 주저하지 않는다(여기에 미 대통령 열람용 번역문에
펜으로 줄들이 3개 힘차게 그어져 있어 읽는 자의 감정을 나타내
고 있다). 우리는 장래에 있어서의 조선과의 관계를 강화하는 방
책들을 강구하기 위하여 고급 자질을 소유한 유능 인사들과 이 노
선으로 협력하여 나가야 할 것이다. 그래서 나는 귀하가 이 노선
에 따른 우리의 노력을 좌절시키는 행위가 없기를 희망하는 바이
다. 나는 이 글을 4개 처의 대사관과 모든 총영사에 송전(送電)했
음을 알린다." (말미에 Good이라는 필적이 있는데 이것은 대통령
또는 그 측근이 참 흥미있게 읽었다! 라는 표시일 것이다). 참 무
서운 사람이다. 이 사람은 딴 사람이 아니라 윤봉길 의사(義士)의
폭탄에 다리 하나 날아간, 새로 부임한 시게미쓰(重光) 외상(外相)
이었다. (미완)

❖ 「일본의 한반도대책 관련 문서자료집: 8·15시기편 해설」

▌찾아보기 ▌